大学生人际交往问题研究：

以T大学为例

汪玉峰 著

DAXUESHENG RENJI JIAOWANG WENTI YANJIU
Yi T Daxue Weili

中国社会科学出版社

图书在版编目（CIP）数据

大学生人际交往问题研究：以 T 大学为例 / 汪玉峰著 . —北京：中国社会科学出版社，2018.12
ISBN 978-7-5203-3925-4

Ⅰ.①大… Ⅱ.①汪… Ⅲ.①大学生—人际关系—研究 Ⅳ.①C912.15

中国版本图书馆 CIP 数据核字（2019）第 000252 号

出 版 人	赵剑英
责任编辑	田　文
特约编辑	张冬锐
责任校对	张爱华
责任印制	王　超

出　　版	中国社会科学出版社
社　　址	北京鼓楼西大街甲 158 号
邮　　编	100720
网　　址	http://www.csspw.cn
发 行 部	010-84083685
门 市 部	010-84029450
经　　销	新华书店及其他书店
印　　刷	北京君升印刷有限公司
装　　订	廊坊市广阳区广增装订厂
版　　次	2018 年 12 月第 1 版
印　　次	2018 年 12 月第 1 次印刷
开　　本	710×1000　1/16
印　　张	15.25
字　　数	236 千字
定　　价	66.00 元

凡购买中国社会科学出版社图书，如有质量问题请与本社营销中心联系调换
电话：010-84083683
版权所有　侵权必究

目　　录

导论 …………………………………………………………… (1)
 一　问题的提出 …………………………………………… (1)
 二　研究的意义 …………………………………………… (4)
  （一）理论意义 ………………………………………… (4)
  （二）实践意义 ………………………………………… (7)
 三　相关研究现状综述 …………………………………… (8)
  （一）多维视域下人际交往的理论分析 ……………… (8)
  （二）不同群体大学生人际交往现状 ………………… (19)
  （三）大学师生人际交往问题研究 …………………… (22)
  （四）大学生人际交往的障碍与调适研究 …………… (24)
  （五）大学生人际交往能力的培养与提升研究 ……… (27)
  （六）研究存在的不足与可能的发展空间 …………… (29)
 四　研究方法 ……………………………………………… (30)
  （一）问卷法 …………………………………………… (31)
  （二）访谈法 …………………………………………… (31)
  （三）文献法 …………………………………………… (32)
  （四）观察法 …………………………………………… (32)
 五　研究设计 ……………………………………………… (32)
  （一）研究思路 ………………………………………… (32)
  （二）问卷设计 ………………………………………… (33)
  （三）问卷调查说明 …………………………………… (38)

第一章 大学生人际交往问题研究的理论基础 ……………… (48)
一 核心概念的界定 …………………………………… (48)
（一）交往 ……………………………………………… (48)
（二）人际交往 ………………………………………… (49)
（三）人际关系 ………………………………………… (55)
（四）社会互动 ………………………………………… (58)
（五）大学生 …………………………………………… (59)
二 马克思交往理论概述 ……………………………… (60)
（一）马克思关于交往范畴的界定 …………………… (60)
（二）马克思交往理论的主要内容 …………………… (62)
（三）马克思交往理论在社会历史发展中的作用 …… (68)
（四）马克思交往理论对教育的启示及意义 ………… (70)
三 人际交往研究的多学科透视 ……………………… (72)
（一）心理学对人际交往问题的研究 ………………… (72)
（二）社会学对人际交往问题的研究 ………………… (76)
（三）教育学对人际交往问题的研究 ………………… (81)
（四）管理学对人际交往问题的研究 ………………… (85)
四 人际交往的结构剖析 ……………………………… (90)
（一）人际交往的静态结构 …………………………… (91)
（二）人际交往的动态结构 …………………………… (94)
五 人际交往的功能探究 ……………………………… (95)
（一）人际交往的个体功能 …………………………… (95)
（二）人际交往的社会功能 …………………………… (97)

第二章 大学生人际交往的现状与存在的问题 ………… (99)
一 大学生人际交往的基本信息 ……………………… (99)
（一）性别比例 ………………………………………… (99)
（二）民族比例 ………………………………………… (99)
（三）年级分布 ………………………………………… (100)
（四）专业分布 ………………………………………… (101)
（五）贫困生比例 ……………………………………… (101)

（六）城乡比例 …………………………………………（102）
　　（七）是否为独生子女 ……………………………………（102）
　　（八）健康状况 ……………………………………………（103）
　　（九）学生干部比例 ………………………………………（103）
　　（十）性格比例 ……………………………………………（104）
二　大学生人际交往中积极性的方面 ………………………（104）
　　（一）人际交往的范围扩大 ………………………………（104）
　　（二）人际交往的独立性增强 ……………………………（105）
　　（三）人际交往中主动性增强 ……………………………（109）
　　（四）恋爱观念和动机趋于理性和成熟 …………………（112）
三　大学生人际交往中存在的突出问题 ……………………（114）
　　（一）人际交往中功利性倾向比较明显 …………………（114）
　　（二）师生人际关系比较疏远 ……………………………（119）
　　（三）贫困生在人际交往中有一定的心理障碍 …………（122）
　　（四）大学生现实的人际交往能力较弱 …………………（124）
　　（五）人际交往的圈子比较固定 …………………………（127）

第三章　影响大学生人际交往的因素及原因分析 ……………（128）
一　个体因素对大学生人际交往的影响 ……………………（128）
　　（一）性格差异对人际交往的影响 ………………………（128）
　　（二）个体生活经历对人际交往的影响 …………………（130）
　　（三）个体择友标准对人际交往的影响 …………………（132）
二　家庭环境对大学生人际交往的影响 ……………………（132）
　　（一）家庭经济贫困对大学生人际交往的影响 …………（133）
　　（二）单亲家庭对大学生人际交往的影响 ………………（135）
　　（三）家庭教育理念对大学生人际交往的影响 …………（137）
三　学校及周边环境对大学生人际交往的影响 ……………（141）
　　（一）校园周边环境对大学生人际交往的影响 …………（141）
　　（二）校园自然环境与人文环境对大学生人际
　　　　　交往的影响 …………………………………………（143）

四　手机、网络大众传媒对大学生人际交往的影响……… (148)
　　（一）手机、网络对大学生人际交往的积极影响 …… (148)
　　（二）手机、网络对大学生人际交往的消极影响 …… (153)

第四章　改善大学生人际交往状况的对策和路径……… (159)
一　遵循人际交往原则……………………………………… (159)
　　（一）差异性原则………………………………………… (160)
　　（二）尊重性原则………………………………………… (160)
　　（三）真诚性原则………………………………………… (162)
　　（四）宽容性原则………………………………………… (163)
　　（五）互利性原则………………………………………… (164)
二　优化人际交往环境……………………………………… (165)
　　（一）创设良好的外部环境……………………………… (166)
　　（二）优化大学生人际交往的文化环境 ……………… (167)
　　（三）创设大学生健康的虚拟交往环境 ……………… (171)
三　构建大学生人际交往模式……………………………… (176)
　　（一）对话模式…………………………………………… (176)
　　（二）关怀模式…………………………………………… (184)
　　（三）激励模式…………………………………………… (189)
四　发挥思政课的价值引领作用，培养大学生
　　正确的交往观…………………………………………… (196)
　　（一）提高思政课教师素质，发挥其在教学中的
　　　　　主导作用…………………………………………… (197)
　　（二）掌握大学生人际交往动态，增强思政课教学的
　　　　　针对性……………………………………………… (197)
　　（三）改进思政课教学方法，增强思政课的感染力和
　　　　　影响力……………………………………………… (198)
五　重视人文教育，提高大学生的人际交往能力………… (198)
　　（一）克服对人文教育狭隘性的认识，提倡全方位的
　　　　　人文教育…………………………………………… (200)

（二）制度上进行合理引导，保证人文教育的
　　　　重要地位 …………………………………………（200）
　　（三）人文教育应注重民族性与国际性的有机结合 …（201）
六　进行人际交往艺术指导，规范大学生的人际
　　交往行为 ……………………………………………（201）
　　（一）人际交往中的语言沟通艺术 ……………………（202）
　　（二）人际交往中的非语言沟通艺术 …………………（204）
　　（三）掌握人际交往中的基本礼仪 ……………………（206）
七　开展心理咨询指导，培养大学生人际交往的
　　健康心理 ……………………………………………（211）
　　（一）健全心理咨询机制，使大学生心理咨询
　　　　走向制度化 ………………………………………（212）
　　（二）加强心理咨询理论与方法的研究，适应大学生
　　　　心理多方面的需求 ………………………………（212）

附录1　大学生人际交往状况调查问卷 ………………（214）
附录2　大学生人际交往状况访谈提纲 ………………（223）

参考文献 ………………………………………………（225）

后　记 …………………………………………………（234）

导　　论

一　问题的提出

纵观古今中外历史，我们发现，人们对人际交往问题的研究总是与人类社会的发展相伴随，人际交往既是一个老话题，也是一个亘古常新的话题。古今中外历史上的许多思想家都非常关注这一问题，并对人际交往提出了一些深刻的论述和精辟的见解。这些人际交往的理论对人们的日常交往与沟通、对个人的健康成长与发展、对家庭以及整个社会的和谐都发挥了积极的作用。人际交往是个体社会化的必经途径和重要方式，通过人际交往，个体不仅由生物人转变为社会人，同时也是个体内化社会价值标准、学习角色技能、适应社会生活的过程，它伴随着个体成长的整个过程。大学生的人际交往深深地嵌入整个社会人际交往的社会网络之中，大学生的人际交往也是大学生这一特殊群体在特定阶段和特定环境中社会化的具体体现。

首先，人际交往是社会转型期高校思想政治教育工作所关注的重要问题之一。当前，我国正处于社会转型期，社会转型的实质就意味着社会的复杂化程度日益增强，社会的系统风险日益增加。这样一个时期，机遇与挑战并存，由于社会转型所带来的利益格局和社会结构的变化，使得城乡之间、地区之间、行业之间、部门之间以及个体之间的收入差距明显拉大。人们思想的独立性，价值取向的多元性，行为方式的个性化，人际交往方式的网络化、虚拟化等无疑加大了风险程度。大学作为一个特殊的社会群体和单元，它也深深地嵌入市场经济社会大环境之中，大学生的人际交往也不可避免地受到社会大环境的影响，一些大学生在人际交往中产生了迷惘，一些大学生在人际交往中存在着种种障碍，他们在复杂的人际交往中感到困惑和不知所措，甚至一些大学生由于人际交往的失败而产生了过激行为，对家庭、学校乃至社会都造成了不良的影响。这一切对当下的高校思想政治工作提出了新问题和新挑战，运用科学的方法调查大学生人际交往的现状和存在的问题，进而提出合理的解决方法与措施，改善大学生人际交往的状况，是高校思想政治工作的重要课题之一。

其次，帮助大学生解决人际交往的困惑与障碍是高等教育的重要内容。马克思指出："人的本质不是单个人所固有的抽象物，在现实性上，它是一切社会关系的总和。"① 人作为一个社会人，始终离不开与他人的交往与互动，离不开与他人的合作与交流。人的一生都处于社会化的过程之中，而每个人的社会化都是通过人际交往这一环节来完成的。大学生社会化的完成情况，将直接决定着他们走进社会后的能力发挥和对社会作出贡献的大小，大学阶段是人格形成与确定的关键时期，因此大学阶段的社会化对一个人的发展关系重大。因此，大学应当引导学生树立正确的交往观，提高学生的人际交往能力，切实帮助有着人际交往障碍的学生走出困境，给大学生上好人际交往这一课。大学不仅是学习知识的场所和个体知识成人的重要阶段，更是培养个体品德的沃土和精神成人的文化家园。人际交往能力的培养和提升是大学生精神成长的重要一课，也是其精神成人与成长的重要环节。它与文化知识的学习同等重要。如果大学生人际交往的困惑与障碍在大学中得不到应有地指导与有效地解决，人际交往中的问题不断累积而造成一定的心理问题，不仅影响个体的身心健康发展与成长成才，影响其一生的健康与幸福，影响合格建设者和可靠接班人的培养目标的实现，更影响和谐社会的建设。社会的和谐实质就是个人与个人之间、个人与集体之间，以及集体与集体之间交往关系的和谐。今天，社会上的诸多矛盾与一些违法行为，无不与人际交往受阻与交往障碍有着密切的关系。由此可见，解决大学生人际交往问题是高等教育无法回避的问题。

再次，良好的人际交往能力是社会发展对人才素质提出的新要

---

① 《马克思恩格斯选集》第1卷，人民出版社1995年版，第56页。

求。21世纪是一个世界各国竞争日益激烈的时代。经济向全球化、区域化和集约化方向发展，科学技术进步日新月异，社会生产力从劳动密集型、资本密集型向科学技术密集型转变。所有这些领域的竞争和社会发展的主导因素之一就是知识，它的核心是以智能为代表的人才资本。这就需要我们的高等教育能培养出符合社会发展要求的能力更全面、水平更高的人才，需要他们具有扎实的理论基础、广博的知识视野、坚实的专业知识和合理的知识结构，更为重要的是具有良好的行为举止、团队集体意识、人际交往与合作能力。可见当今社会对人际交往能力的重视。人际交往作为人存在的基本方式和社会化的必经途径，在当今经济全球化的时代，显得比任何时候更为迫切、更加重要。良好的人际交往和人际关系是一个组织运行的内在机制，是社会良性运行与和谐稳定的重要根基，是民族繁荣兴旺的力量源泉，也是社会进步的强大动力。"任何个人，任何组织，任何民族，任何国家，一旦停止交往，他（它）的生命就要完结了，古今中外，莫不如是。"[1] 有关大学生走上工作岗位后适应社会环境状况的调查表明，大学生的职场发展前景同他们的交际能力成一定的比例关系。很多大学生毕业于名校，成绩优秀，却因为人际交往与沟通的能力有限，没有掌握人际交往的技巧，而不能够很好地与团队成员协作，导致工作业绩平平，有的甚至被单位辞退，这样的例子在现实生活中确实屡见不鲜。良好的人际关系与良好的人际交往能力，不仅是大学生生活的需要，也是大学生将来走向社会的需要，是大学生社会化的重要内容。由此可见，作为培养人才的高等院校，应该重视大学生人际交往问题，把培养大学生良好的人际交往能力作为人才培养的重要目标之一。

最后，关注和改善大学生人际交往状况，培养和提高大学生人际交往能力是广大辅导员、班主任的职业使命和责任。《教育部关于加强高等学校辅导员班主任队伍建设的意见》（2005年1月13日）明确指出："辅导员、班主任是高等学校教师队伍的重要组成部分，辅

---

[1] 姚纪纲：《交往的世界——当代交往理论探索》，人民出版社2002年版，第1—2页。

导员、班主任是高校从事德育工作大学生思想政治教育的骨干力量，是大学生健康成长的指导者和引路人。"[①] 这一角色定位既赋予了我们广大辅导员、班主任神圣的使命，也给予了我们一定的责任担当。思想政治教育工作说白了就是做人的思想工作，我们辅导员、班主任的思想政治教育工作就是在与广大青年学子的交往互动中实现的。如果从交往的视角来审视思想政治教育工作，思想政治教育实质就是一种特殊的人际交往活动，在交往中为大学生解疑释惑，在交往中给大学生指点迷津，并且这种交往是一种对大学生政治上的方向引领，思想上的关怀与帮助，是党性与人性的统一。这不正是辅导员的角色定位与职责吗？我们在与大学生的人际交往中，一方面，不仅要处理好师生之间的关系，使得工作得以顺畅开展；另一方面，还要帮助有交往困惑与障碍的大学生解决他们在人际交往中的困惑。可以说，人际交往是思想政治教育工作精神实质的体现，是思想政治教育工作的本来面目与题中应有之意。可见，通过人际交往，引导大学生树立正确的世界观、价值观、人生观和交往观；注重人文关怀与心理疏导，帮助大学生解决人际交往中的困惑与障碍，提高大学生人际交往能力是我们广大辅导员、班主任的神圣使命与责任，应引起重视。

二 研究的意义

（一）理论意义

第一，研究大学生人际交往有利于促进青年大学生身心健康成长。青年大学生可以说是风华正茂、思维活跃、情感丰富的时期，在紧张的学习之余，需要进行彼此之间的情感交流，探讨理想、人生，诉说喜怒哀乐。人际交往正是实现这一愿望的最好方式。通过人际交往，可以满足大学生对友谊、归属、安全的需要，可以更深刻、更生动地体会到自己在集体中的价值，并产生对集体的归属感和对他人的亲密感，从而获得充实的、愉快的精神生活，促进身心健康。但面对

---

① 《教育部关于加强高等学校辅导员班主任队伍建设的意见》，中国教育新闻网，http://info.jyb.cn/jyzck/200604/t20060403_14216.html。

新的环境、新的对象和新的学习任务，一部分大学生在人际交往中产生了困惑和障碍，影响了正常的学习和生活。一般来说，具有良好人际交往能力与良好人际关系的学生，大都能保持开朗的性格和乐观的情绪，从而正确认识、对待各种现实问题，化解学习、生活中的各种矛盾，形成积极向上的优秀品质，迅速适应大学生活。相反，如果缺乏积极的人际交往，不能正确地对待自己和别人，心胸狭隘，故步自封，则容易形成精神上、心理上的巨大压力，严重的还可能导致心理疾病，如果得不到及时地关心与疏导，可能形成恶性循环进而严重影响身心健康。实践证明，了解大学生人际交往的现状，帮助大学生正确处理与应对人际交往中的困惑与障碍，改善和提高大学生人际交往的能力，促进大学生之间友好、和谐、良好的人际交往，有利于大学生对不良情绪和情感的控制和发泄，有助于大学生身心健康发展。

　　第二，改善和提高大学生人际交往水平与能力可以加速大学生社会化的进程。"所谓社会化，是指个体在与社会的互动过程中，逐渐养成独特个性和人格，从生物人转变成社会人，并通过社会文化的内化和角色知识的学习，逐渐适应社会生活的过程。"[①] 在社会化过程中，社会文化在不断地积累延续，社会结构得以维持和发展，人的个性得以健全和完善。社会化是人一生一以贯之的长期过程。人的社会化必须在社会交往中得以实现。人是社会的成员，社会性是人的本质属性，希望得到同伴和集体的接纳，希望得到别人的关心、理解和支持是人的归属需要。在人与人交往的过程中，由于双方在诸多方面的差异，常常会形成一定的隔阂、误会和矛盾，通过与交往对象的双向交流与对话，了解对方对自己的期待，了解社会对自己角色的要求，能排除障碍，缓解矛盾。因此，大学生需要接触社会，了解社会，融入社会，保持与社会的联系，而这种联系就是通过人与人的交往来实现的。人际交往为大学生提供了社会化的机会与场所，使大学生在交往中增长适应现代社会的知识，增强适应社会的能力。实践证明，大学生恰恰是在接受教育的过程中，在通过与别人交往和比较的过程

---

① 郑杭生：《社会学概论新修》（第三版），中国人民大学出版社2003年版，第83页。

中,端正了自己的价值观,认识了自己的潜力和能力,学会了遵守群体规范、社会道德和对社会的评价与看法,并在社会化过程中发展了自己。由此可见,改善和提高大学生人际交往水平与能力就显得非常迫切和重要。

第三,良好的人际交往可以促进大学生知识和信息的获取。庄子说:"吾生也有涯,而知也无涯。"① 在当今信息发达和知识爆炸的时代,新知识、新技能、新发明、新创造层出不穷。一个人直接从书本中学得的知识毕竟是有限的,通过人际交往与他人互动交流,就能以各种方式迅速地获得信息和知识。爱尔兰剧作家萧伯纳曾经比喻说:"如果你有一个苹果,我有一个苹果,彼此交换,每人只有一个苹果;如果你有一种思想,我有一种思想,彼此交换,我们每个人就有了两种思想。"人际交往比从书本获得信息有内容更广泛、渠道更直接、速度更迅速等特点。随着个人交往范围的扩大,与众多的人交换交流思想和情感,那么每个人就可能获得更多的思想和人生体验。大学生正处在人生求知的关键时期,要善于与人交往,师生之间的畅谈交流,对开阔视野、启发思维有着积极的作用,正如古人所云:听君一席话,胜读十年书。同学之间的思想碰撞,有助于增长见识,丰富精神生活。当今社会,信息就是知识,就是力量,就是财富。总之,通过良好的人际交往与互动,可以促进彼此相互传递、交流信息和成果,丰富自己的经验,开阔视野,活跃思维,启迪思想。不愿或不善与人交往者,必将削弱自己在现代社会中的竞争力。

第四,改善大学生人际交往状况,提高人际交往水平与能力有利于大学生正确认识自己和完善自己。古往今来,人们想了解又最难了解的正是自己。"认识自我"是一直萦绕在人们心头的一个难题。古希腊德尔菲神庙的经典名句之一就是"认识你自己"。"认识你自己"虽然在这里带有了更多的哲学意味,但正确地认识自我,在一个人的成才过程中是非常必要的。人自我意识的产生和发展,并不是一个自然成熟的过程,而是在社会实践尤其是人际交往的过程中产生的,离不开对自我与其他对象之间的关系的思考。马克思说:"人起初是以

---

① 陈鼓应注译:《庄子今注今译》,中华书局1983年版,第94页。

别人来反映自己的。名叫彼得的人把自己当做人，只是由于他把名叫保罗的人看作是和自己相同的。因此，对彼得来说，这整个保罗以他保罗的肉体成为人这个物种的表现形式。"① 在人际交往过程中，彼此从对方的言谈举止中认识对方，把他人的态度作为判断自己的重要参照系，通过自己在他人身上的映像来审视自己的人生态度、道德修养、行为举止和人际关系等方面的情况，从对方对自己的评价中认识了自己，交往面越宽，交往越深，对他人的认识越完整，对自己的认识也就越深刻。同时，"任何人总是生活在以集体为载体的社会关系中，社会群体总会对个人有一个现实的评价和定位，这就是个体在群体中的映象自我，个体可以通过这个'群体中的映象自我'，明确自身在社会集体中的位置，认清自己的社会价值。"② 现实生活中，人们总是在头脑中想象他人对自己的看法，从而认识自我和评价自我。我们往往从别人的肯定和赞许中自信起来，正确地认识自己的长处和优势。我们也常常在和别人的比较中发现自己的缺点和不足。大学生在人际交往过程中，以交往对象作为认识和评价自己的尺度，量出自己的长处和短处，优点和缺点，不断地调整和确立自我形象。可见，只有改善和提高人际交往的水平和能力，通过广泛良好的人际交往，才能使自己摆脱迷茫，不断发展自我，完善自我。

（二）实践意义

首先，可以针对性地提出改善和提高大学生人际交往能力的相关建议，为政府相关部门和高校学生管理部门制定政策提供科学参考，为高校思想政治教育工作者做好学生管理和服务工作提供理论指导和相关借鉴。

其次，本研究能够让教师全面了解当前大学生人际交往的现状，进而改善与学生之间曾经疏远的距离，加强师生之间的交流与互动。

再次，本研究能够提供一些提高大学生人际交往的策略与方法，对于增强大学生对人际交往的认识，改善大学生的人际交往有着重要

---

① 《马克思恩格斯全集》第23卷，人民出版社1972年版，第67页注释。
② 官汉蒙：《大学生心理健康教育教程》，湖南人民出版社2011年版，第113页。

的引导作用。

三 相关研究现状综述

人的本质属性是社会性，人的本质也只有在与他人的交往互动中才能得到充分的体现。人际交往是个体社会化的基本方式和途径，通过人际交往，个体与他人、与社会产生良好的互动，它对于人的生存和发展具有重要意义。大学生的人际交往深深地嵌入整个社会人际交往的社会网络之中，大学生的人际交往也是大学生这一特殊群体在特定阶段和特定环境中社会化的具体展现。人际交往根源于观念，展开于个体兴趣、爱好以及需求半径范围之内，发展于彼此持续不断的交往互动之中。基于这样一种思路，依据现有的相关研究成果，本课题主要涉及：多维视域下人际交往的理论分析、不同群体大学生人际交往现状、大学师生人际交往问题研究、大学生人际交往的障碍与调适研究、大学生人际交往能力的培养与提升研究五个方面的相关研究文献，其研究现状与述评分别综述如下：

（一）多维视域下人际交往的理论分析

1. 比较视域下中西人际交往观念、交往模式、交往特点的研究

一是关于中西人际交往观念的比较研究，郑维铭（2005）指出，中西交往观念的差异，首先表现在对交往规范的本体论认识的差异。中国传统观念认为人际间道德规范的本体在于万古不变的自然，既然认为人是自然的产物，那人就必须遵循人际间的道德规范。而不管具体的人的个性差异。而西方则侧重于以人为本，人是自然的主宰，自然受人的支配。人所尊崇的规范归根到底是满足人的需要的，规范服从并满足于人的需要。因此，东西方相比较，可以看出中国传统交往规范对交往行为具有刚性规约作用，有许多人被扼杀于封建礼教之下，所谓"以礼杀人"就是如此。而西方传统中却很少有这种现象，因为人在交往中所遵循的道德规范是以人本身的需要来进行选择和交往的，是人作为道德主体的反映，道德并不外化为独立的力量，更不会与人相异化而成为杀人凶手。其次表现在道德规范的价值观上的差

异。中西交往规范产生的价值背景不同,即产生于不同的经济土壤。中国的农业社会,由于追求人际间的稳定关系而求助于一定的人际道德规范,由此造成只追求道德中形而上的善的价值,鄙视道德中调节人际利益关系的形而下部分,于是就形成了道德脱离了具体的人,成为一种具有神性的规范因素,一些道德规范常人难以做到。西方人际交往观念就是在资本主义经济的土壤里萌芽并滋长起来的,资本主义的经济关系本身就通过人际关系表现出来,经济规范就是人际规范。资本主义经济的本质在于追求物质利益,这种人本主义的道德观念和物质利益是同资本与生俱来的。它主张人际交往规范服从人对物质利益追求的需要。当然,在现代市场经济条件下,对利益的追求也不得不与对道德规范的遵守相结合,其根本原因就在于交往规范不仅是调整人际关系的规范,更是市场经济条件下调节人际关系的规范。①

二是关于中西人际交往模式比较研究,李亦圆、杨国枢指出中国人的群体观念比较强,比较看重人际交往中的人情和谐;而美国人相对来说更强调个体主义,主张人际关系中个人独立和相互竞争。② 美国学者迈克·彭等认为:"中国人心目中的(人)比美国人更带有关系性,(人)不是一个独特的、孤立的实体,而是生活在各种人际关系之中的实体。自我与他人有密切的联系,自我的社会需求只能在与他人的关系中、在与社会规范的一致中得到满足。"③ 陈向明(1998)对中美人际交往模式进行了比较,她指出,跨文化研究表明中国人和美国人在人际交往方面存在很大差异,不论是价值观念还是行为规范上都有很多不同。④ 由于中国人的概念中的"人"包含了他人,所以中国人具有一个与自身亲密无间的社会文化机制,这一机制可以为中国人提供比美国人更稳定的"心理自动平衡"(homeostasis),使他们

---

① 郑维铭主编:《交流·碰撞·催新:东西文化冲突对当代大学生生活观念的影响》,广东教育出版社2005年版,第258—260页。

② 李亦圆、杨国枢:《中国人的性格》,台湾桂冠图书股份有限公司1989年版,第2页。

③ [英]迈克·彭等:《中国人的心理》,邹海燕等译,新华出版社1990年版,第191页。

④ 陈向明:《旅居者和"外国人"——留美中国学生跨文化人际交往研究》,湖南教育出版社1998年版,第15页。

从重要的他人（significant others）那里获得认同和支持。相比之下，西方人除了求助于内部自我以外，必须通过更为多样化的方式来控制外人和别的世界（如探险、商业垄断、收集古物、帮助穷人等），以此扩大个人的人际关系。① 在人际关系的形成上，美国学者朱高文（1979）认为传统文化中的人际关系是"情感关系"（affect relations）。这种关系带有浓厚的"人情味"，其维持手段主要依靠人的感觉而不是某种操作工具。② 而西方典型的人际关系是一种"角色关系"（role relaions），建立在执行任务和交换服务中所表现出来的权利和义务之上。和西方人的关系相比，中国人的情感关系更具有血缘家族和拟亲倾向。中国人在日常生活中真诚地寻找"人情"，并通过层层家族和群体人际关系网建立和保持情感上的交流。③ 中国人的人际交往不仅带有浓厚的情感色彩和自然人情味，而且具有强烈的道德判断意向。美国学者理查德·威尔逊借用美国心理学家卡罗·季丽根的术语，提出了中国文化的主流是"关心的伦理"（the ethics of care），而美国文化则是以"自主的伦理"（the ethics of autonomy）为主导的，他认为，"中国道德文化中的个人视他人的利益为人际关系中的最基本原则。这种道德文化发源于一种特殊的社会环境。在这个环境里，共情的培养是人际关系中一个不可或缺的部分"④。

奚洁人、陈莹则侧重于研究文化模式对人际交往的影响，并从人际观、自我观两个因素加以分析。从一定的意义上可以说，中西人际观的差异即团体主义和个人主义之别。中国人际观在人际交往和处理人际关系时既要求有严格的尊卑亲疏秩序，又具有温情脉脉的人道关

---

① 陈向明：《旅居者和"外国人"——留美中国学生跨文化人际交往研究》，湖南教育出版社 1998 年版，第 16 页。

② Godwin Chu, *Moving a Mountain: Cultural Change in China*, Honolulu: The University of Hawaii, 1979.

③ 陈向明：《旅居者和"外国人"——留美中国学生跨文化人际交往研究》，湖南教育出版社 1998 年版，第 17 页。

④ Richard W. Wilson, Moral Culture and Chinese Culture: Patterns of Harmony and Discard in Proceedings of CCU – IUP International Conference: Moral Values and Maral Reasoning in Chinese Societies, (1990), Taiwan: Chinese Culture University, In Lternational Council of Psychologists, May 25 – 27, 1989.

系。西方在人际交往中始终主张维护个人权力和利益,始终倡导个性自由和个人主义的主导地位。在自我观上,中国传统文化强调整体而忽视个性,而西方则认为个体的自我是与其他人、与整个世界分离的独立整体。这种自我观包含着积极进取的人生态度,但极端的个人主义自我观必然会对人际关系带来许多消极影响。①

三是中西人际交往的特点比较研究,翟学伟(1991)在分析人际关系时指出,中国人在使用人际关系一词时,由于它本身的不确定性,因此往往把"为人处世""交际""应酬""做人箴言"统统划入这一概念之下。他进而提出本土特色人际关系应是人缘、人情和人伦。实质上在人际交往中也受这一本土特色的影响。翟学伟还在与西方人际交换法则的对比中分析了中国的人际交换法则。认为西方的人际交换具有等值的倾向,具有理性,明算和等价、不欠和公平原则。中国的安土重迁和血缘关系导致了人际交往的长期性和连续性,算账、清账等都是不通人情的表现。人情应该是算不清还不完的,这样才能旷日持久地继续下去。故每当人际交换开始后,受惠的人总是变一个花样加重分量去报答对方,造成施惠的人反欠人情,这就又使施惠的人再加重分量去归还。如此反复,人际交往长久地持续进行,人际关系便建立起来。② 李伟民(1996)对中西关于"人情"的推广和运用的异同进行了比较分析:在西方,人际交往中人们更多的是权衡交往中个人需要的满足和利益得失,遵循公平法则,并将其与交换行为推及到与有血缘联系的人的交往活动和关系之中。而在中国,人们是遵循人情法则而表现出相应的互惠互利行为,它带有人与人之间情感的内涵和成分。但这种情感是与地缘、业缘、人缘相联的乡情、友情和交情;另一方面,这种人情法则与互惠互利行为又运用于没有血缘联系的人的交往活动中,因此,它是根据交往双方的人情厚薄进行

---

① 奚洁人、陈莹:《简明人际关系学》,华东师范大学出版社1991年版,第313—315页。
② 翟学伟:《中国人际心理初探——"脸"与"面子"的研究》,《江海学刊》1991年第2期,第57—64页。

的。① 周向军、高奇（2010）指出，中国传统人际交往的特点有：一是面子第一，见了面，要主动跟人打招呼，这是最基本的礼貌，如果要指出别人的错误，一定要注意场合和方式，在公众场合和第三者在场时切不可批评他人，要给面子；二是重人情，中国的传统重人伦，由亲人间的感情推及到人与人的感情，并且人情与"关系""面子"有密切的联系；三是中庸，中庸的真正含义是做事要恰如其分，不过不及。体现在人际交往中，首先要求做人要低调，但有时也要突出自己的重要性，其次做人要随和忍让，但不要一味迎合别人。再次是说话要留有余地。②

2. 比较视域下中国传统人际交往与现代人际交往的比较研究

乐国安（2002）对市场经济条件下人际关系变化的新态势作了详细的分析，实质上也反映了人际交往的新变化新特点。主要有：第一，由一元走向多元。中国社会从计划经济向市场经济的过渡，使人际关系从过去的较为单一，转变为交往形式、交往内容、交往对象上的多元化。第二，由封闭转向开放。人们原有的封闭圈被打破了，交往面越来越广。第三，重竞争，轻合作。市场经济强化了人们的竞争意识，对人际合作的重要性的认识还不够。第四，重物质交往，轻精神交往。表现为金钱和物质的交往在人际交往中起着越来越重要的作用。使人们偏重于物质利益，而忽视了人们之间的精神互动。第五，重个体、轻集体。在当下社会转型时期，在"集体与个人"的关系上，表现出与计划经济时代相反的一面，呈现出集体主义倾向逐渐弱化和个体主义倾向逐渐增强的趋向。第六，重自主，轻依赖。计划经济体制下人们的依赖思想严重，而在市场经济条件下人们的独立意识增强了，人们更加注重自身能力的确立与发挥。第七，重契约，轻情感。中国传统人际关系的特点是情感化，"他们的交易是以人情来维系的"（费孝通语），情感起到了人际交往的通行证的作用。而市场经济迫切需要有法律效率的文字契约来保证，契约化的人际关系逐渐

---

① 李伟民：《论人情——关于中国人社会交往的分析和探讨》，《中山大学学报》（社会科学版）1996年第2期，第57—64页。

② 周向军、高奇：《人际关系学》，山东大学出版社2010年版，第211—212页。

形成，人际交往中更注重法律。① 钟明华、罗明星指出，人际交往是历史的产物，中国人的人际交往受到中国传统文化的影响和制约，具有明显的民族性。在现代社会中，人际交往从交往观念、交往内容、交往目的到交往方式等各个方面，都出现了许多新的变化和特点。第一，交往的出发点不同。传统交往重宗亲关系，现代交往则建基于契约关系。第二，交往对象发生了变化。传统交往局限在熟人圈子，现代交往正在向社会上的陌生人扩展。第三，维系人际关系的纽带不同。传统交往是以"人情"为主要维系纽带，现代交往则凸现了个人物质利益需求。第四，传统社会注重德性之交的特点，现代则开始注重个体情感满足和即时体验。第五，交往的自由度不同。传统社会的人际交往具有很强的依附性，现代人际交往更加自由。② 李丽明（2006）对中国传统人际交往的特点进行了分析，他认为，受中国传统文化的影响，中国的人际交往呈现出自己独特的特点。一是重人伦。也就是要把握好伦理准则，善于用道德规范约束自己，协调好与他人的关系。二是讲关系。也就是在交往中要把关系分清楚。三是顾面子。主要是指在人际交往中人们期望自己在他人面前或公共场合受到人们的尊敬或赞颂，或表现出一种特殊的地位，借此获得心理的满足，感到脸面的光彩和荣耀。四是求中和。中和的实质就是要把握一个度，进而与他人友好交往并和谐相处。③ 郑维铭（2005）指出，东西文化冲突不仅引起了大学生的交往观念在社会意识、人际交往、个人思想等层面上的全面的冲突，更使大学生的交往发生多方面的变化：交往关系从群体向个体转化；交往基础从家庭向社会转化；交往内容从道德向利益转化；交往区域从封闭向开放转化；交往地位从不平等向平等转化；交往行为从节制忍耐向个性张扬转化。④

---

① 乐国安：《中国人际关系研究》，南开大学出版社 2002 年版，第 239—254 页。
② 钟明华、罗明星：《思想道德修养学习指导》，广东高等教育出版社 2003 年版，第 82—85 页。
③ 李丽明：《人际交往学》，贵州人民出版社 2006 年版，第 30 页。
④ 郑维铭主编：《交流·碰撞·催新：东西文化冲突对当代大学生生活观念的影响》，广东教育出版社 2005 年版，第 265—275 页。

3. 文化视域下对人际交往问题的研究

从跨文化的视角来研究人际交往是一些学者的研究思路。欧阳康（1997）也指出，交往是一种跨文化行为，其目的在于促使和帮助不同文化圈层和文化体系的人们之间达到一种相互理解和相互沟通，促成其相互支持与合作。他认为具体不同的个体、群体、社区、民族、地域、国度等都既有某些文化共通性，也有某些文化差异性。文化的差异性给不同人们彼此之间的了解和沟通带来了困难和障碍，使彼此间的交往成为必要。而文化共通性则作为一种相互了解和沟通的基础和前提，使彼此间的交往成为可能。应该说，正是为了克服和减少彼此间的文化差异性，强化和扩大相互间的文化共通性，才产生了交往这种具有特殊使命和特殊方式的人类活动。交往正是作为人类文化内部交流与内部传通的重要手段和重要途径而发挥着越来越重要的积极作用。[①] 陈向明（1998）采用质的研究方法对9名中国留学生进行细致的追踪调查，研究主要是从文化的角度了解中国留学生在中美两国文化的撞击和交汇之中，如何与来自不同文化的人们建立人际关系，如何在这个过程中重新建构他们自身的文化角色和人际交往模式，以及这种建构对他们自己的文化价值观念和行为规范产生了什么影响。通过深入的考察，探讨文化对个体的自我概念和人我关系所产生的影响，以及跨文化人际交往对个体自我文化身份的重新建构。[②]

杨国章（1993）从交往与文化的关系来分析交往的重要意义。认为，交往是与实践活动密切相关并与人的本质属性相表里的重大问题，交往并非是一般性的交际方式或沟通手段。交往对人的文化形成和发展有重要的制约作用，对文化的研究就不能脱离交往活动。他还指出不同文化背景人们之间的交往，每排除一个障碍，就意味着某种文化理解、融合的出现。通过交往，交往主体对自己的文化都自觉不自觉地有所扬弃，都会吸收异文化的营养，充实自己的智慧，最终是能够达到双方受益，当然也不排除相互产生消极影响。但从主流上

[①] 欧阳康：《跨文化理解与交往》，《社会科学战线》1997年第6期，第86—87页。

[②] 陈向明：《旅居者和"外国人"——留美中国学生跨文化人际交往研究》，湖南教育出版社1998年版，第16页。

看，交往是促进文化的进步和繁荣的重要因素。"不打不相识"，从文化学角度加以解释，是通过文化上的矛盾冲突的解决，使交往者之间产生共识，这是交往的必然结果。① 王锐生、陈荷清就交往对个体的文化功能时指出，"交往对个体的文化功能表现为相互联系和相互依存的两个方面：即通过主体之间相互联系和作用的活动方式，一方面社会将文化传递给每一个个体；另一方面每一个个体不断地吸收并内化这些文化，从而创造新的文化成果。这是个性的形成与完善同人的本质力量的丰富与实现的统一，或者说，社会文化模塑了个性，个性也创造了社会文化"。交往作为人生存和发展的基本形式，反映了人与人之间的相互关系。在共同的交往活动中，个人利用人类遗留的文明成果，继续从事前人的创造活动，并通过完全改变了的活动来创造新的物质文化和精神文化，把个人的本质力量对象化，使自己的个性得到丰富和发展。另外，交往作为一种自然形式和符号形式，对个人的生存与发展具有重要的作用。交往的自然形式是满足个人生存的必要条件；交往的符号形式，将成为人所追求的目的，满足人更高层次的需要，反映了交往主体内在的知识水平和道德修养，反映了一个社会的文明和进步的程度。② 李宁（2007）指出，人际交往活动是一种文化现象，人际互动行为是与人们的观念文化密切相关的。观念文化是社会文化的内核或深层结构，它包括价值观念和价值取向、社会意识、精神追求、精神境界、理想信念、伦理道德、传统、风俗习惯等社会心理的总和。同时，又对人的行为方式起到指导、影响、支配的作用。一个社会的文化水平的高低，往往是通过民风民俗以及人们的精神面貌和道德水准表现出来的。应该说，现代人的行为方式和指导、影响、支配行为的一整套规范、准则、价值观念等都是对现代社会现实的反映，同样，人际交往活动也是社会现实条件的反映。③ 李鹏程（2008）指出，从广泛的文化意义上来说，人总是在与他人的

---

① 杨国章：《交往与文化及其他》，《语言教学与研究》1993年第2期，第143—153页。

② 王锐生、陈荷清：《社会哲学导论》，人民出版社1994年版，第169—178页。

③ 李宁：《现代人际交往与和谐社会构建》，《宁夏大学学报》（人文社会科学版）2007年第4期，第127—131页。

交往活动中从事自己的事业，人也总是在同他人的交往中度过自己的生命历程的。交往关系在一定的程度上来说是一种"既定的"或者说"给定的"的存在。从这种意义上来看，人的生命作为一种文化的存在，具有一种在交往关系中"既定的"性质。但是，在现代交通、科技发达的情况下，随着人们交往对象和交往范围的扩大，那他的生命存在的文化内容也就更丰富了。可见，人作为承担着交往关系的文化存在，交往关系在其既定性上显示着人的文化传统，而在其变动性和可超越性上则显示着人的文化进化和文化创造。人是随着交往关系的扩大而扩大着自己的文化活动的，而不是相反。从而，社会组织的稳定性是文化保持和文化传承的条件，而社会组织的变化和更替，则是文化变迁和文化进化的重要标志。人的交往关系随着人的文化能力的提高而从简单的单一性向广泛的多边性发展，这是一个总的趋势，从而人的生命存在的功能的丰富性也就在越来越多的社会组织中得到表现。[1]罗建生（2009）采用实证方法对大学生新生的人际交往适应困难从文化的视角进行了深度分析。他通过对800名新生的问卷调查和40名新生的深度访谈后指出，造成大学生人际交往适应困难的文化因素有：一是区域、民族文化差异形成的性格差异和语言（方言）差异；二是现代家居文化与家庭教养文化缩小了社会交往的范围、程度、频率，影响了大学生人际交往能力的成长；三是中学的应试教育文化和功能主义教学方式抑制了大学新生人际交往的兴趣和活动；四是市场经济文化和通信技术文化异化了人际交往的目的，削弱了大学生人际交往技能的训练。他还从文化的视角提出了应对策略，具体有：实行多元文化教育、掌握文化护理技巧、推进跨文化适应训练和学生自身主观努力等措施。[2]

4. 网络视域下大学生人际交往问题研究

从哲学、伦理学等多学科分析与批判网络给人们交往带来的好处与弊端。王锐生、陈荷清指出，大众传播和网络作为新型的交往方式

---

[1] 李鹏程：《当代文化哲学沉思》（修订版），人民出版社2008年版，第135—148页。
[2] 罗建生：《大学新生人际交往困难文化成因分析——以西南大学为例》，硕士学位论文，西南大学，2009年，第1—41页。

一方面缩短了人与人的时空距离；另一方面却又拉大了人与人之间的情感距离。它使传统的面对自然的生活态度、亲密无间的人与人的直接关系逐渐消失，取而代之的是现代人际关系的隔膜与疏远。但大众传播和网络作为现代人类活动和交往的基本形式一旦形成，将会在自身的发展过程中不断地自行修改，调整其方向，将朝着更加健康的方向发展。①陶国富（2001）也指出，网络交往在促使人们的全球意识、效率观念、信息知识、平等观念增长的同时，也难免产生了网络垃圾、网络心理障碍、高科技犯罪等负面效应。为此必须要做好积极的应对。一是要占领网上精神文明教育的主阵地。二是思想政治教育要适应网络时代人的社会化的特点，即教育内容上重点培养他们的是非判断能力，让大学生在多元化的价值观体系下学会鉴别、学会选择；在思想政治教育的形式上，要采用灵活的、春风化雨式的教育方法，将思想教育渗透在丰富多彩的活动中。三是利用虚拟组织拓展思想政治教育的领域。四是加强对网络的立法与管理力度预防网络犯罪。②黄少华（2002）对网络社会中的人际交往作了深刻的论述与分析，他指出，网络空间中人际交往与互动双方并不像在现实社会交往中那样面对面地亲身参与沟通。网络交往是一种以"身体不在场"为基本特征的人际交往，是一场陌生人之间的互动游戏。在网络空间，人们可以隐匿自己在现实世界中的部分甚至全部身份，而重新选择和塑造自己的身份认同。网络人际交往具有一切后现代文化生态的基本特征——平面化、碎片化、无深度、审美化。③汪怀君（2005）指出了网络空间给人们交往所造成的困境，网络空间其实就是一种虚拟场所，网络的数字化、符号化、虚拟化特征遮蔽了人们的真实面目，使人际交往从而陷入伦理困境。主要表现为：网络身心分裂导致自我同一性的丧失；网络人我疏离加剧了群体认同危机；自我与群体的认同危机带来多元价值观的泛滥，这也是"去中心性"的后现代主义文化在网络空间施展的结果。缺乏普遍性道德原则的规范与引

---

① 王锐生、陈荷清：《社会哲学导论》，人民出版社1994年版，第169—178页。
② 陶国富：《网络交往的泛化与精神文明的深化》，《社会科学》2001年第6期，第54—58页。
③ 黄少华：《论网络空间的人际交往》，《社会科学研究》2002年第4期，第93—97页。

导，人们的交往行为势必会走向无序。① 苏醒（2009）指出，网络在丰富大学生的生活，拓展大学生的视野和活动空间的同时，也给大学生的人际交往产生了一定的影响，而有关伦理道德问题显得比较突出：网络交往的开放性和多元性导致大学生价值取向淡化和道德意识弱化；网络交往的沉溺导致人网异化，沉溺网络使大学生不能自拔，过分依赖网络交往而忽视现实的交往则导致了孤独感，无规范的网络束缚则使大学生失去了心灵的平衡。更新教育观念，培养大学生的道德批判和道德选择能力；提升大学生网络行为的法制意识；加强对大学生网络心理健康的教育；充分依托校园网，建立大批具有学习性、知识性、趣味性的校园网站是化解大学生网络交往伦理困境的有效策略。② 孙慧（2012）指出，虚拟网络在使得人们的交往更加方便快捷的同时，也会对交往主体人格发展形成负面影响，如果长期依赖"淡人格化"的、远距离的平面交流，人与人见面的交往机会大为减少，就可能导致人的感情冷漠、人际关系疏远、个人心理紧张孤僻、精神抑郁、情绪低落等或多或少的病理人格现象。网络延伸了人际交往的空间，但它并不能替代现实的人际交往。交往主体应正确地认识自我、把握自我、控制自我，区分好虚拟与现实，保持自我同一性。同时加强个体道德自律和自身修养，促进网络环境健康秩序的形成。③

一些学者从网络交往对人们心理影响的视角进行了论述。陈志霞（2000）从社会心理的角度就网络人际交往的形式、类型、主要内容以及对个人、社会生活的影响等方面进行了总结、分析和探讨。网络交往对人们心理的积极影响是：获得情感满足，包括宣泄情感、获取情感支持提供了良好的途径，在一定的程度上有助于人们的心理健康。网络人际交往也会对人的心理产生一些负面的影响。如有的网民沉溺于网上交往而忽视生活中的人际沟通，表现出脱离现实、退缩孤僻、耽于空想的行为特点；有些甚至出现网络孤独症，有些人处理不

---

① 汪怀君：《论网络空间人际交往的伦理困境》，《自然辩证法研究》2005年第7期，第63—66页。

② 苏醒：《大学生网络人际交往的伦理困境探析》，《齐齐哈尔大学学报》（哲学社会科学版）2009年第1期，第174—175页。

③ 孙慧：《网络人际交往的反思——当今网络人际交往对人格发展的负面影响》，《科学·经济·社会》2012年第3期，第66—70页。

好网络人际交往与传统的现实人际交往之间的关系,由此带来网上与网下人际关系的冲突,给个人生活带来麻烦和苦恼,诸如隐私侵害、财物侵害和人身侵害在内的各种网络侵害也日益引起人们的普遍关注,等等。① 常春娣、张燕云(2008)指出,大学生中的上网成瘾者的心理障碍有:一是造成情感疏远。人机之间的交往代替了现实面对面的交往势必导致个体对现实情感的疏远。二是人际信任危机。不承担责任的、隐去真实身份或以多个"虚拟"身份进行的网络交往,使人们难以判断其言论的真实性,从而造成人际信任危机。三是个体心灵封闭。长时间的网络交往,会逐渐丧失与现实交往的技巧,容易造成人际情感的逐渐萎缩与淡化,使大学生趋于分隔化和个人孤立化。②

还有学者从压力与应对的视角(许志红,2012)、交互分析理论视角(段琪,2011),以及社会和谐视角(赵青梅,2010)来研究大学生人际交往问题,但这些研究只是个案,同类型的研究又比较缺乏,所以不具有代表性和影响力,这里不再赘述。

(二) 不同群体大学生人际交往现状

1. 贫困大学生人际交往问题研究

研究者大多采取社会调查的方法,通过贫困生与非贫困生的比较,以问题—原因—对策这一思路来全面研究贫困大学生人际交往问题。李伟(2008)采用调查问卷和访谈两种调查方法,抽样调查齐齐哈尔大学一个学院320名非毕业班学生,又重点访谈了25名学生(19名贫困生、6名非贫困生),基本了解了贫困大学生人际交往的现状,并分析他们人际交往的特点,主要表现为人际交往重互助轻功利,人际交往的范围相对比较狭窄,人际交往的主动性不强,人际交往方式趋向多元。影响贫困大学生人际交往的原因主要有家庭环境、学校环境、社会环境和贫困大学生自身因素四个方面。研究得出的结

---

① 陈志霞:《网络人际交往探析》,《自然辩证法研究》2000年第11期,第69—72页。
② 常春娣、张燕云:《大学生心理健康教育》,西南师范大学出版社2008年版,第137—139页。

论是：贫困大学生人际交往的总体状况较好；经济上的贫困是影响贫困大学生人际交往的重要因素，家庭贫困的现状限制了贫困大学生的人际交往的范围与广度；与非贫困生相比，贫困大学生更易于产生认知偏差，常常容易产生自卑、消极和不自信等心理表现。面对自身的贫困现状，大部分贫困生能客观分析自我，正确地对待自己的现状，并有克服困难的勇气和信心。正确认知自身贫困的现状，克服人际交往中的障碍；培养乐观自信心理，提高自身的交往能力；完善家庭教育，形成健康人格；发挥高校作用，优化校园环境这几个方面是有效解决和克服贫困大学生人际交往问题的重要途径。[1] 成云（2010）通过问卷调查四川三所高校在校贫困生与非贫困生人际交往的状况后得出，贫困大学生的人际交往现状水平不如非贫困大学生良好，贫困大学生的人际交往问题较多。贫困大学生在人际交往中更被动、更谨慎和更封闭。他又分析了贫困大学生人际交往存在问题的原因，贫困大学生因经济贫困的原因在人际交往中有一种自卑感，行为上表现得紧张、多疑、谨慎、人际交往能力低下，害怕与人交往，对生活的兴趣减退，缺乏活动的愿望和动力。表现出悲观失望，以消极的心态看待问题和自己。另外一部分贫困大学生由于做兼职从而减少了与其他同学交往的机会，这无疑加大了与同学间的距离感和陌生感。[2] 陈智旭（2011）调查了国内6所高校的720名大学生，其中贫困生所占比例为24.3%，通过调查分析得出：贫困大学生在人际交往中缺乏与异性交往的自信，沟通能力较差，因被歧视而感到苦恼，课堂上不能专心地倾听，由于自卑从而造成不适应，经济上的贫困导致较大的压力。其原因主要是因自身、家庭和社会所引起。提供与异性交往的平台、加强沟通交往能力训练、健全和完善咨询机制、开展心理健康进社团活动、给予经济资助时注意隐私保护、扶贫和扶志相结合、开展

---

[1] 李伟：《贫困大学生人际交往现状研究——以齐齐哈尔大学为例》，硕士学位论文，湖南师范大学，2008年，第1—56页。

[2] 成云：《贫困与非贫困大学生人际关系差异研究》，《重庆大学学报》（社会科学版）2010年第6期，第159—161页。

感恩教育等是提高和改进贫困生良好人际交往的重要措施。①

从心理问题入手对贫困大学生人际交往问题展开研究是众多研究者的另一种思路。徐震虹（2005）对贫困大学生交往的心理进行了研究，指出贫困大学生成长的环境属于同质性强的农业社区，他们较少经历异质的环境，不具备适应环境变迁的能力。一旦置身于大学这样一个人口异质性强的特殊的环境，他们在人际交往中表现出焦虑、郁闷、自卑心理、逆反心理，甚至对环境和前途表现出无所谓的态度。根据贫困大学生的人际交往状况总结出他们的人格指向：冷漠型人格、自弃型人格、虚荣型人格、自奋型人格，并针对以上的分析提出调适策略，具体策略有：重视环境教育；尊重贫困生个体经历，分析人格特征寻求解决办法；对贫困大学生人际交往中参照群体对象选择进行正确及时的引导。② 张智勇（2008）指出，贫困大学生由于受到经济和心理的双重压力，在人际交往中常常受到自卑、焦虑、沮丧、文饰（不切实际地包装自己）、狭隘等心理困扰。这样一些心理表现是受家庭、社会以及个体心理等因素的影响。引导贫困大学生树立远大理想和坚定信念，正确认识与评价自我，客观理性地看待人际交往中的物质关系，敢于面对交往中的困难与挫折，积极投身社会实践，培养健康的人际交往心理是克服交往心理障碍的重要措施。③

2. 少数民族大学生人际交往研究

通过少数民族大学生与汉族学生的比较来研究少数民族大学生人际交往问题是一些研究者的研究思路。康春英、朱为鸿认为，少数民族由于民族文化、生活习惯、心理特点的特殊性，在人际交往上表现出独特性。他们以藏族大学生为例来说明，藏族大学生在与同学和老师的交往中有自己的独特之处，其人际交往的特点表现为以下几个方

---

① 陈智旭：《贫困大学生人际交往问题及对策》，《高教探索》2011 年第 4 期，第 129—133 页。

② 徐震虹：《贫困大学生人际交往和人格指向》，《安徽农业大学学报》（社会科学版）2005 年第 2 期，第 79—81 页。

③ 张智勇：《贫困大学生人际交往中的常见心理困扰与调适》，《大庆师范学院学报》2008 年第 3 期，第 146—148 页。

面：一是喜欢与同族同乡交往；二是喜欢与同性同龄朋友交往；三是喜欢与同族异性同龄朋友交往；四是喜欢并且非常信任本民族的教师；五是对教师尊重信任，在交往上有距离。① 王革（2008）从心理学的角度分析少数民族大学生人际交往中的不适应问题。他认为少数民族大学生更愿意和本民族的学生互相往来，这样就使得他们的交往限定于一定的范围之内，交往圈子比较狭小。少数民族大学生在与汉族大学生进行交往的过程中，往往表现出不自信，甚至回避、恐惧。此外，宗教信仰的差异也是影响少数民族大学生人际交往的重要原因。非本族同学间的交流为避免触及忌讳或违反信仰准则而显得拘谨，从而产生障碍。人际交往的不适应很大程度上引起学生孤独感的增加，这也是低年级少数民族大学生常见的心理不适应。② 陈永湧（2009）通过问卷调查 1459 名青海少数民族大学生的人际交往现状及存在的问题，存在的现状是：他们同各类人交往的主动程度不高，交往范围狭窄，交往层次单一；对各类交往情景的处理能力差，交往的时候没有适当的交往语言、形体语言，交往技能差，交往策略不当；对各类交往对象、交往环境的适应能力较差，部分学生存在着人际交往焦虑，交往的时候表现出紧张和不自信，导致交往失败。提出的对策建议是：优化人格、构建和谐人际关系、加强主动交往、自觉培养人际交往能力，打破产生焦虑的恶性循环。③

（三）大学师生人际交往问题研究

刘慧（2001）研究认为，传统教育中的师生关系都更多地体现为一种不平等性，其实质是一种主体与客体的关系。以人为本的教育理念则强调教师与学生都是教育主体，教师和学生都以平等的、开放的、真正的人的形式出现在教育活动中。师生交往是师生之间的民

---

① 康春英、朱为鸿编著：《大学生心理卫生与自我成长》，甘肃民族出版社 2005 年版，第 215—217 页。
② 王革：《新时期大学生思想政治教育研究》，西北农林科技大学出版社 2008 年版，第 331 页。
③ 陈永湧：《少数民族大学生人际交往关系探析》，《青海社会科学》2009 年第 1 期，第 187—189 页。

主、平等的对话行动,对话既是教育形式,又是教育情境。师生交往是一种共同实践活动及交互作用,师生互为教育者和受教育者,相互影响,共同成长。师生交往也是一种双向理解过程和活动。[①] 蒲蕊(2002)指出,师生交往是学校中学习与生活的基本方式。师生交往的深层意义就在于通过交往中的学习,使人成为人,使人过一种有意义、有价值的生活。现实的学校教育中,师生交往被窄化为教育或教学的背景、手段、条件,从而使师生交往失去了其应有的深层意义。为了实现师生交往的成人目的,需要在交往中实现真正的学习,这种学习是指人不断完善自身,不断使自己向更高的生存状态跃迁,使自己成为人的过程。[②] 李家成(2002)从价值层面来探讨师生间的交往,以教育的生命性作为探讨的起点,他认为,师生间的交往,具有丰富的互惠性的价值,也即各自成为对方学习的对象,师生间民主、平等、互相欣赏与发现,将可能实现。具体体现在可能世界的展现、富有活力的生存方式的形式与体验的丰富上。[③] 戚玉觉、姚先本认为,在传统师生交往中,教师始终居于权威的地位,随着社会民主化程度的提高,知识爆炸及素质教育的深化发展,教师权威曾一度遭到消解的质疑。他强调教师权威是教育的内在属性,不会消解,但传统的以道德形象塑造角色、知识形象塑造角色和管理形象塑造角色为特点的教师形象塑造必须要变革,应淡化外部权威、注重以知识权威和感召权威为主的内在权威才能适应社会和教育的现在以及未来的发展要求。[④] 刘建华(2011)基于马克思与哈贝马斯的有关交往理论,认为传统的师生间交往是一种无效的交往,其原因就在于传统师生交往中,学生是教师填充和灌输的对象,现代教育呼唤"以人为本",教育必须重视人、尊重人、关注人、关心人、关爱人。倡导交往型师生

---

① 刘慧:《交往:师生关系的新概念——当代教育转型中师生关系的理论探讨》,《山西大学师范学院学报》2001年第4期,第78—81页。
② 蒲蕊:《师生交往在学校教育中的深层意义》,《教育研究》2002年第2期,第53—57页。
③ 李家成:《论师生交往的个体生命价值》,《集美大学学报》2002年第1期,第37—42页。
④ 戚玉觉、姚先本:《师生交往中教师权威消解修正》,《当代教育科学》2004年第14期,第28—30页。

关系就是要呼唤在师生交往中还原人的主体性，特别是重视人的主体、意识、主体精神，实现"人与人、我与你"的交往，而不是"人与物、我与它"的交往。只有这样，师生间对话才能达成，理解才能建构、互动才能进行、共享才能实现、和谐师生交往关系才能建立。[①]

通过问卷调查来探究师生人际交往的现状是对这一问题研究的另一思路。周廷勇、周作宇选取了北京地区9所高校1000名大学生进行了调查，结果表明，大学生的年龄、性别、成绩以及学生父母的受教育程度对大学师生交往有重要的影响；师生交往对大学生的发展有积极的促进作用。但是，由于种种原因，大学师生之间的交往频率不高，在有限的师生交往过程中，男女大学生所获得的成就存在着一定程度的差异。因此，在大学教育中，不仅要加强师生课堂上的交流，更应该在课外留出一定的制度化的时间让师生进行广泛的交往，以促进大学生的发展，进而提高大学教育的质量。[②] 杨冯（2010）通过问卷调查和访谈发现：当前师生交往不足，交往频率较低，交往的内容以课业学习为主，未能深入其他与人的全面发展有关的主题，部分师生的主动交往意愿较低，等等。其原因在于当前师生交往受到以知识传授为中心的教育理念的影响，同时也受到社会环境和教育体制的客观影响。扭转以知识传授为中心的教学理念，主动建立以师生交往为基础的师生关系，教师以关怀学生的心态进行交往，不停留于表面的、制度化的交往，教师还应该提高自身素质，以进行平等的、相互尊重的交往，等等，是改变当下师生交往不畅的重要措施。[③]

（四）大学生人际交往的障碍与调适研究

人际交往的障碍表现在多个方面。张广才（2005）认为，大学生

---

① 刘建华：《师生交往论——交往视域中的现代师生关系研究》，北京师范大学出版社2011年版，第3页。
② 周廷勇、周作宇：《关于大学师生交往状况的实证研究》，《高等教育研究》2005年第3期，第79—84页。
③ 杨冯：《高校师生关系及师生交往状况调查研究——以上海某高校为例》，硕士学位论文，华东师范大学，2010年，第1—70页。

的交往障碍主要表现在三个方面：一是交往中某一方主观性引发冲突，主观性太强是指过于强调自我，以自我为中心；二是沟通不当引发冲突，由于文化、地缘上的差异、信息的不对称、社交礼仪欠缺等导致沟通不当，从而引发冲突；三是心理障碍引发交往障碍，常见的心理障碍有社交恐惧症、社交自卑症。①李丽明（2006）对人际交往中的几类障碍作了分析：一是文化障碍，是指因文化因素影响而产生的人际交往障碍。主要包括语言障碍和文化背景障碍。二是角色障碍，人际交往中因角色不同而造成的障碍。主要包括年龄障碍、性别障碍、职业障碍、职务障碍等几个方面。三是心理障碍，主要包括社会认知障碍、情绪障碍和心理障碍。②李锦云（2010）从大学生人际交往的障碍及调适方面进行了论述分析。一是妒忌。主要是由于人们在经济、政治生活及相貌才智方面的差别所造成的。有意识地提高自己的修养水平是消除和化解妒忌心理的直接对策。具体要做到有包容心、有自知心理、及时做到自我宣泄。二是社交恐惧。克服社交恐惧，要做到以下几个方面：全面认识自己，克服自卑；积极参加社交活动，与异性正常交往。③石红、邓旭阳指出，进入大学以来，大学生矜持自傲、目空一切、独来独往、狭隘自私的缺点开始在人际交往中暴露出来，人际失调、交往妒忌、自卑、社交恐惧等问题纷纷暴露出来。交往障碍的调适要做到以下几点：协调好彼此的自尊、管好自己的情绪、友善地表达宽容、倾听内心需要、适度表达。④

  大学生人际交往更多的是由心理障碍造成的，许多学者从心理角度进行了详细的分析研究。辽宁省教委思想政治教育处、整体构建学校德育体系的研究与实验课题组组织编写的《大学生心理健康导论》对大学生人际交往的心理障碍进行了详细的研究分析，大学生人际交往的心理障碍主要表现在：一是自卑心理。调适的措施有：正确认识

---

① 教育部高等教育司组编，张广才著：《我是谁》，高等教育出版社2005年版，第92—96页。

② 李丽明：《人际交往学》，贵州人民出版社2006年版，第183—196页。

③ 李锦云：《大学生心理健康辅导》，北京大学出版社2010年版，第150—153页。

④ 石红、邓旭阳：《大学新生心理自我保健》，华东理工大学出版社2007年版，第126—130页。

自己，进行积极的自我暗示、自我鼓励、积极与人交往。二是孤独心理。孤独心理的调适：把自己融入集体之中，积极参加交往。三是嫉妒心理。调适的措施有：转移注意，积极上进，提高修养。四是社交恐惧心理。调适措施有：端正对交往的认识，改变个性中不利于人际交往的品质。五是猜疑心理。调适措施有：培养理智，切忌感情用事，知人知己，学会自我调节。六是报复心理。调适措施有：学会用动机和效果统一的观点去衡量人的行为。正确对待他人给你带来的挫折，多考虑报复结果的危害性，提高自制力。七是异性交往的困惑。其调适措施有：摆脱传统观念的束缚，多参加丰富多彩的活动，消除对异性的神秘感，注意把握分寸。韩延明（2007）指出，大学生常见的心理障碍有：自卑心理、害羞心理、封闭心理、嫉妒心理、猜疑心理、以自我为中心。在把握引起障碍的心理缘由基础上，可以采取以下对策：一是加强人际交往学习，增强交往的感性认识；二是纠正交往认识偏差，提高交往心理素养；加强交往心理辅导，消除各自交往困惑；四是创设交往平台，提高交往训练频率；五是掌握调适方法，消除交往中的不良因素；六是调整良好心态，确保交往顺利进行。[①] 张丽宏、赵阿勐指出，大学生人际交往障碍及调适主要有：一是自卑心理及调适。做到正确认识自己，提高自我评价；进行积极的自我评价；积极与他人交往。二是孤独心理及调适。要把自己融入集体之中；开放自我，以诚示人。三是妒忌心理及调适。认清妒忌的危害；克服自私心理，提高自身素质；完善个性。[②]

运用团体心理辅导改善大学生人际交往的障碍是一些学者研究的思路。邢秀茶、曹雪梅（2003）对87名学生进行了为期6周的团体心理辅导，其研究证明：一是团体心理辅导可改善交往的情感体验。团体辅导将具有类似共同特征和需要的人组织在一起，使参加者容易找到共同性和被人接纳的感觉，团体对成员的支持，使成员感到踏实、温暖、有归属感，从而在团体中获得情感支持力量。二是团体心

[①] 韩延明：《大学生心理健康教育》，华东师范大学出版社2007年版。
[②] 张丽宏、赵阿勐：《大学生心理健康教育导论》，第二军医大学出版社2008年版，第101—105页。

理辅导使团体成员相互学习，形成积极的交往品质。三是团体心理辅导有助于形成积极的自我概念，促进自我反思。团体心理辅导将具有不同背景、人格和经验的人组合在一起，为每个参与者提供了多角度的分析、观察他人的观念及情感反应的机会，可以使参加者更清楚地认识自己和他人。这一点特别适合大学生在团体中比较分析、自我领悟、自我成长。[①] 郑安云（2003）等认为人际交往的困惑与障碍极大地影响了大学生的学习效率和心理健康。通过开展团体辅导活动，验证了团体在帮助大学生解决和处理人际矛盾，促进心理健康方面起着有效的作用。其特点主要体现在：小组辅导感染力强，体验深刻，影响广泛；小组辅导效率高，省时省力，减少学生顾虑；小组辅导效果容易巩固，尤其适用于人际关系适应不良的人。[②] 陈菊珍、刘华山通过选取有人际交往困扰的40名大学生，进行14次人际独立自主团体辅导，结果表明，人际交往团体辅导对减轻大学生人际交往困扰，增强大学生适应能力具有良好的效果。[③]

（五）大学生人际交往能力的培养与提升研究

良好的人际交往，关键在于人际交往能力的培养和提高，许多研究者从多个方面对大学生人际交往能力的培养途径与方法做了比较详细的论述。王秀阁（2010）指出，如何有效提高大学生人际交往能力问题，是一个普遍性的问题，国内外都非常重视。国外很多高校从多方面探索了培养大学生人际交往能力的路径与方法，有较为丰富的经验。并且举美国、英国、日本和法国的例子加以说明，这四个国家培养大学生人际交往能力的经验有以下一些做法。美国：重视大学生的人格教育，强化大学生的自我意识，充分发挥课堂教学的作用，积极利用活动载体，设立心理咨询机构；英国：重视企业对大学生人际

---

① 邢秀茶、曹雪梅：《大学生人际交往团体心理辅导的实效研究》，《心理科学》2003年第6期，第1142—1143页。

② 郑安云、高新锁、令狐培选：《大学生人际交往小组辅导的理论与实践》，《西北大学学报》（哲学社会科学版）2003年第2期，第149—151页。

③ 陈菊珍、刘华山：《改善大学生人际交往不良现状的团体辅导实验研究》，《教育研究与实验》2005年第12期，第65—69页。

交往能力的作用，发挥宿舍载体的作用，加强国际间高校间的交流；日本：重视大学生人际关系问题的理论研究，加强大学生人际交往能力的实践探索，鼓励学生参与社会实践活动；德国：开展关键能力（素质教育）的教育，将能力培养作为教学的最终目的，发挥 Seminar（研讨课）教学模式的作用。[①] 国外培养大学生人际交往能力的经验给我们提供了很好的借鉴。桑伟林（2010）对山东大学 746 名大学生进行问卷调查，并追踪 30 名同学做了质性研究。调查结果表明：当代大学生人际交往的愿望与需求比较迫切；在人际交往中存在着理想性与功利性两者并存的心理动机；在人际交往中存在自我中心主义的倾向；交往范围相对逐渐扩大，但相应地存在着社会性障碍；网络和手机短信已成为大学生日常重要的交往方式；情绪和情感的交流依然是大学生人际交往的主要内容；在现实的人际交往中，大学生的人际交往能力不高，部分同学有人际交往障碍。他在对大学生个体因素和社会环境因素分析的基础上，提出了培养大学生人际交往能力的策略：一是构建和谐的大学生人际交往环境；二是通过制度设计将大学生人际交往能力的培养融入日常工作中；三是开设人际交往的相关课程提高大学生对交往的认识；四是通过丰富多彩的活动载体来培养大学生人际交往能力；五是通过社会实践活动培养和提高大学生的社会交往能力；六是有针对性地提高一些有交往障碍学生的人际交往能力。[②] 王军、赵峰通过问卷调查了安徽工业大学 250 名二、三年级的本科生。得出如下结论：男性大学生在交往上显得较为封闭，有人际交往的社会退缩倾向；理工科学生在与人交往中显得有些过于自我保护；农村生源大学生在交往中显得更敏感，表现出一定的退缩倾向；三年级的大学生的人际交往能力要明显好于二年级的大学生。他建议将学生工作的重心转移到大学生的心理健康教育中去；加强理工科学生的人文素养，以提高交往能力。通过开展丰富多彩的活动增加学生的人际独立自主机会；开展人际交往能力提升的专门训练；将团体辅

[①] 王秀阁：《大学生人际交往理论与方法》，人民出版社 2010 年版，第 246—261 页。
[②] 桑伟林：《大学生人际交往能力培养研究——以山东大学为例》，硕士学位论文，山东大学，2010 年，第 1—60 页。

导作为工科院校学生心理健康教育的特色工作；加强对理工科专业男生的人际交往问题的关注等。[1]

更多的学者从大学生人际交往能力培养的基本途径与方法做了论述。吕翠凤（2012）指出，要改善人际交往能力，需要从两个方面来考虑：第一是自己的内在品质，第二是人际交往的技巧。要想改善自己的人际交往，只有让自己成为一个有着高尚人格魅力的人，人际交往的技巧才能得到施展的平台。如果一味地注重提高交际技巧，却忽略了自身素质的提高，那么人际交往能力实质上也得不到多大的提高。[2] 朱翠英（2008）也持同样的观点，她认为，要提高大学生人际交往的能力，就需要培养良好的人际交往的技巧，而要培养技巧，首先就要树立良好的个人形象。形象又包括各个方面，分别是容貌仪表，言行举止，知识，能力，个性等内在因素。[3]

（六）研究存在的不足与可能的发展空间

以上研究成果，从不同的理论视角、不同的大学生群体以及不同的理论关怀为我们研究大学生人际交往提供了丰厚的理论基础、广阔的研究视角与多样的研究方法，具有重要的借鉴意义和参考价值。但在涉及大学生人际交往具体问题的研究中，以往这些研究还存在着以下需要进一步深入讨论的问题。

第一，以往关于大学生人际交往问题的研究，多以宏大叙事式理论给我们展示了一幅大学生人际交往的总体画面，多以共性"大学生一般"的面相呈现在读者面前。人际交往作为大学生社会化的必经环节，具体体现在大学生的日常学习生活之中。为了深入了解大学生人际交往的现状，这就需要我们深入大学生学习与生活的具体情境之中，研究"具体大学生"在具体社会情境之下人际交往的过程与变化。

第二，关于师生人际交往，倡导民主、平等对话式的师生主体间性的交往理念给我们提供了哲学依据和有益参考，但其理论分析忽视

---

[1] 王军、赵峰：《工科院校大学生人际交往能力的调查研究》，《安徽工业大学学报》（社会科学版）2007年第4期，第127—128页。

[2] 吕翠凤：《人际交往与成功》，南京大学出版社2012年版，第20页。

[3] 朱翠英：《大学生心理健康教育》，中国农业出版社2008年版，第169页。

了现有高校后勤社会化、高校教学科研制度设计、辅导员职业化专业化制度以及津贴分配制度具体时空背景，在众多的截面研究中，往往缺乏在制度层次上进行深入、精致、系统的分析。

第三，关于大学生的人际交往，更多的是从心理学、人际交往能力与技巧层面来展开论述的，缺乏理论上的提升。人际交往的困惑与障碍表现为心理，但根本上是受其世界观、价值观和人生观影响的，而这些观念的形成又与其所接受的文化、家庭教育、生活环境和人际交往经历息息相关。同时还不可避免地受到传统文化的影响，这就需要我们从传统与现代、文化与习俗等深层次挖掘大学生人际交往的困惑与障碍。

第四，关于贫困大学生人际交往的困惑与障碍，更多学者是从单一的经济层面来分析的。然而，随着国家对"三农"问题的高度重视和国家对高校贫困生资助力度的加大，贫困生的比例较以前大为减少，贫困的程度也较以前普遍有所改善，我们要以动态的、发展的眼光来重新审视贫困大学生的人际交往问题，以单一的经济指标为标准来解释贫困大学生的人际交往问题，明显感觉到其理论解释力的有限性，今天贫困生人际交往既有经济上的原因，可能更多地表现为精神上的贫困，而不是一维的经济上的贫困。

四　研究方法

本书以实证研究方法为主，采用定量分析与定性分析方法相结合，既了解全局，又注重细节，全面准确地把握当前大学生人际交往的现状和存在的问题。

本书资料的收集主要采取了定性研究和定量研究相结合的方式，定性研究即通过访谈收集和分析非数字化资料，描述回答者所经历的现实，探索社会关系。而定量研究则采用量性测量手段问卷搜集资料，并对此进行统计分析。大学生人际交往问题，单凭一种研究方法很难进行全面的分析和解释。因此，综合来自定性研究和定量研究的多种方法，不但可以使资料相互佐证补充，而且一类方法的不足可以由另一类方法来弥补或克服,从而提高整体研究质量。研究方法和资料收集分析见图 0-1。

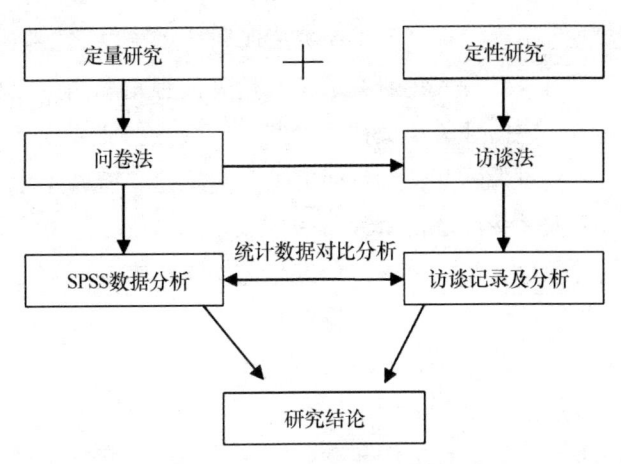

图 0-1 本书的研究方法和数据资料收集分析结构

(一) 问卷法

问卷法的优点在于用统一、严格的问卷来收集研究对象的有关情况,在较大范围对抽样对象进行调查,并能运用一定的分析软件进行统计分析,便于我们掌握大学生人际交往的总体状况。本次调查共发放问卷 650 份,回收 650 份,有效问卷 633 份,有效回收率 97.4%。

(二) 访谈法

本书采用无结构访谈法,这种访谈的最大特点是灵活性非常强,可以发挥访谈双方的主动性和创造性,访问能够做到深入细致。访谈个案的编码方法为:由个案的英文字母"CASE"的第一个大写字母"C"来表示,顺序由个案排列的序数组成。如"C1"表示的是第一个个案对人际交往相关问题的看法。本研究共访谈个案 31 个。其中男生 14 人,女生 17 人;大一 4 人,大二 8 人,大三 13 人,大四 6 人;学生干部 10 人,普通学生 21 人;城市学生 5 人,农村学生 26 人。甘肃学生 27 人，外省学生 4 人；有恋爱经历或正在谈恋爱的 11 人。

（三）文献法

文献检索与阅读是从事学术研究必不可少的方法之一。关于人际交往问题，国内外已有大量研究成果，研究的视角和侧重点也各不相同，本书查阅了国内外关于交往理论与人际交往的研究成果，查阅了国内外其他学科对人际交往理论研究的最新成果，查阅了中西两种不同文化背景下人际交往理论研究的系列成果，系统地搜集了关于大学生人际交往的理论著作以及一些研究生的学位论文，同时还参考了一些与本研究相关的研究成果与数据资料。

（四）观察法

笔者多年担任学生班主任和专职辅导员，经常与学生打交道，经常深入学生宿舍，化解学生交往的矛盾，做好学生的心理工作和思想工作，对学生的人际交往有一定程度的了解。本次调查和访谈过程中，笔者以一名研究者和普通老师的身份深入学生宿舍，在访谈的过程中能够观察并详细记录学生交往的真实场景，并真实地记录了他们交往互动的情景与话语，尤其是对一些问题学生的生活学习状况有了更为真实的了解。

五 研究设计

（一）研究思路

个体从一个生物人成长为社会人的过程是一个社会化的过程，也就是个体不断内化社会价值规范，学习角色技能和适应社会生活的过程，而这一过程就是通过人际交往这一途径和方式来完成的，通过人际交往这一环节和中介，个体的社会化得以开展和完成，社会文化得以积累和延续，社会结构得以维持和发展，人的个性得以健全和完善。社会化是一个贯穿人生始终的长期过程，同样，人际交往也伴随个体生命成长的整个过程。本书研究思路的逻辑路线和技术路线分别如图 0-2、图 0-3 所示。

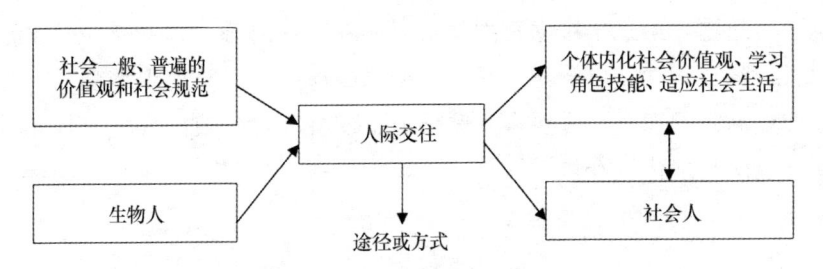

图 0-2 大学生人际交往现状与对策研究——逻辑路线

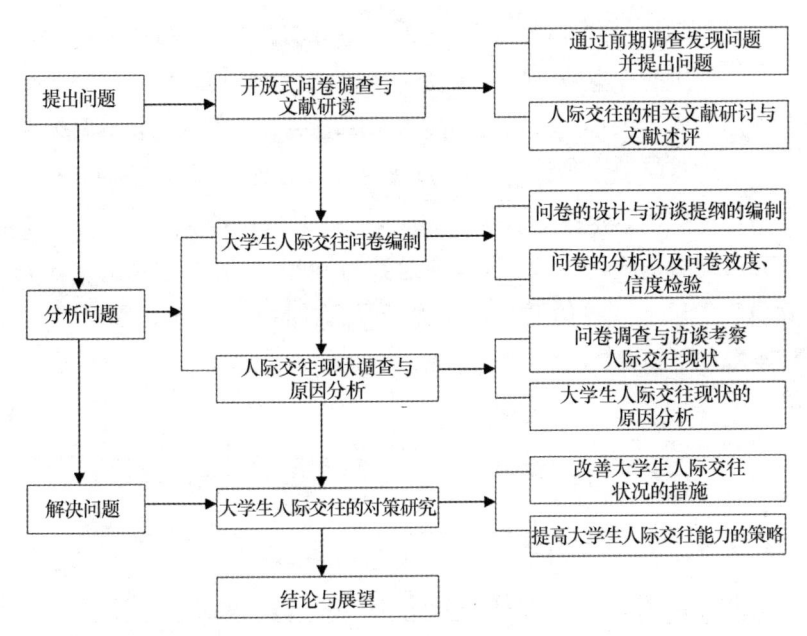

图 0-3 大学生人际交往现状与对策研究——技术路线

（二）问卷设计

1. 调查问卷的结构

调查问卷总体根据四个独立的维度编制而成，第一个维度是大学生的个人基本信息，主要涉及性别、民族、所在年级、生源地、身体健康状况等。第二个维度是大学生与不同对象交往的行为表现。依据大学生日常交往的主要对象家人、老师、同学与陌生人四类而设计了不同的问题。第三个维度是大学生对人际交往的态度，主要涉及角色担当、参与活动，以及对自我人际交往的评价等。第四个维度关于人际交往的影响因素，主要有家庭环境、友群环境、校园环境、校园周边环境以及现代大众传媒等环境。

2. 抽样调查的样本数

对于有限总体，样本抽样的大小公式如下：$n \geq \dfrac{N}{\left(\dfrac{\alpha}{k}\right)^2 \dfrac{N-1}{P(1-P)} + 1}$

（注：其中，α 为显著水平；k 为正态分布的分位数）

N 为总体的样本数，P 通常设置为 0.50，因为设置 0.50 时可以得出最可信的样本大小。置信度与显著水平有关，在行为与社会科学领域中，一般均将显著水平设定为 0.05（$\alpha = 0.05$），显著水平为 0.05 时，区间估计采用的置信度为 $1 - \alpha = 0.95$，此时分位数 $k = 1.96$。本课题的研究所调查的天水师范学院学生总数为 14278，即 $N = 14278$，显著水平 α 设为 0.05，当置信度为 $1 - 0.05 = 0.95$ 时，$k = 1.96$，$P = 0.50$，抽样样本数如下：

$$n \geq \dfrac{N}{\left(\dfrac{\alpha}{k}\right)^2 \dfrac{N-1}{P(1-P)} + 1} = \dfrac{14278}{\left(\dfrac{0.05}{1.96}\right)^2 \dfrac{14278-1}{0.50 \times (1-0.50)} + 1} = \dfrac{14278}{38.1642} = 374.12 \approx 374$$

由此可以看出，在抽样总数为 14278 人的情况下，抽样样本为 374 即可符合基本要求，在本课题中，抽取的样本总数为 650，远远大于抽样人数，完全符合要求。

3. 调查数据、资料的收集、处理和利用

本次调查主要依托思政课教师，因为全校一、二年级全部开设思政课，三年级部分班级开设思政课，所以调查就在思政课的班级展开，问卷的发放、收回均由思政课老师负责，实施班级集体问卷调查，40 人以下的班级，问卷全部发放。40 人以上的班级按学生学号的单号抽取一半学生作答。问卷均在课堂作答，学生作答结束后，由思政课老师当场收回。由于思政课教师的大力协助，确保了问卷回答的真实性。本课题采用定量研究与质性研究相结合的方法对大学生的人际交往状况展开调查，院校的选取以西北地区地方新建本科院校——天水师范学院为例，以下简称T大学。该校虽是师范院校，但专业设置并非单一的师范类专业，而是以师范类专业为主，非师范专业为补充，并向应用型大学不断转型。之所以选取这样一种类型的院校，一是因为该类院校具有地域的特殊性，处于西部欠发达地区，并且远离省会城市；二是由于升本时间较短，无论是师资力量、专业建设、科研水平、管理经验等都与老牌本科院校有一定的差距；三是该类院校学生绝大多数来自农村，并且贫困生所占的比例较高，学生的就业选择面比较狭窄；四是笔者在该校多年从事学生思政课教学、学生专职辅导员和班主任工作，在日常教学和学生管理服务工作中发现，当前大学生在思想和行为方面存在很多问题，尤其是人际交往中的问题比较突出，一些学生不擅于交往，以至于宿舍、班级人际关系紧张，严重影响了他们的学习与生活。因此，研究新建本科院校大学生人际交往问题就显得非常重要和紧迫。

该校建校历史55年，升本也近14年了，虽然升本时间不长，但专业设置较为全面，涵盖了文科、理科、工科、艺术四个大类，共46个本科专业。在选择抽样时，专业的抽取遵循新专业招生不到四年的不抽取。年级的抽取要保证一、二、三、四年级全覆盖。按照文、理、工、艺、体专业的大类划分，样本的选取采取分层整群取样的方法，取样层级包括：专业类属、学院、专业、年级、班级，取样元素为班级。抽样时遵循班级人数在40人以上的班级，按学生学号的单数抽取。而对美术、音乐专业，以及四年级各班，因为人数一般在20人左右，所以就全部抽取。需要说明的是，因为四年级学生出勤率不高，一部分学生忙于备战考研，一部分学生忙于应考公务员，另有一部分学生外出找工作，所以本次调查的四年级学生人数均在15人左右。本次问卷调查共从全校11个二级学院中抽取29个班，共650名大学生进行问卷调查。调查问卷样本与访谈样本构成详见表0-1。

表 0 – 1   问卷调查对象抽样概况列表

序号	学院	学科类别	专业、年级与调查人数
1	文史学院	文科	汉语言文学 2012：二年级（56 人） 戏剧影视 2011：三年级（57 人） 汉语言文学 2010：四年级（38 人）
2	教育学院	文科	应用心理学 2013：一年级（60 人） 学前教育 2011：三年级（35）
3	经管学院	文科	财务管理 2013：一年级（49 人） 思政教育 2012：二年级（25 人） 思政教育 2011：三年级（60 人） 市场营销 2010：四年级（15 人）
4	外国语学院	文科	英语教育 2013：一年级（30 人） 英语教育 2012：二年级（36 人）
5	物信学院	理科	计算机科学 2013：一年级（55 人） 电信 2012：二年级（36 人） 计算机科学 2010：四年级（28 人）
6	数统学院	理科	数学教育 2012：二年级（44 人） 统 计 学 2011：三年级（47 人） 数学应用 2010：四年级（12 人）
7	生化学院	理科	应用化学 2012：一年级（35 人） 化学教育 2011：二年级（44 人） 地理科学 2011：三年级（25 人）
8	工学院	工科	汽车服务 2012：一年级（50 人） 材料控制 2011：三年级（29 人） 土木工程 2010：四年级（17 人）
9	体育学院	艺术	社会体育 2012：二年级（55 人） 体育教育 2011：三年级（50 人）
10	音乐学院	艺术	音乐教育 2013：一年级（36 人） 音乐教育 2010：四年级（19 人）
11	美术学院	艺术	绘画 2013：一年级（20 人） 美术教育 2011：三年级（13 人）

本次大学生人际交往调查共发放问卷 650 份。实际收回有效问卷 650 份，有效回收率 100%，因为是由老师亲自负责，所以回收率为 100%。有效问卷 633 份，有效率 97.4%。全部问卷经过编码后，输入计算机，采用 SPSS 19.0 汉化版统计软件进行数据分析。

本次访谈的大学生共 31 名，当继续访谈时，所得到的结论与前 31 名同学访谈时得到的结论一致，不再有新的东西，所以 31 名访谈对象样本已经趋于饱和，访谈也就终止了。为了对大学生人际交往的状况有更深层次的了解，个案访谈由笔者一人主持，按计划每天采访 2 名学生，访谈过程经接受访谈大学生同意录音，访谈结束结合记录的文字整理为 Word 文档。通过访谈能够比调查问卷更细致、更深层次地挖掘大学生人际交往中存在的困惑与障碍，了解大学生对改善和提高人际交往的需求和建议。深度访谈能够从微观的视角为问卷调查提供更直观的注释。选择的这 31 名同学作为质性研究对象，根据典型个案抽样准则，考虑了性别、生源地、家庭经济状况、专业及其所属大类，并结合了典型个案、最大差异抽样等原则选取对象。对所选的 31 名同学进行了深度访谈，了解其人际交往的状况及其存在的问题。访谈对象的基本信息及访谈情况见表 0-2。

表 0-2　　　　　访谈对象的基本信息及访谈情况

编号	姓名编码	性别	年级	家庭背景	所属学院	专业	专业类属	家庭所在地	访谈时间
01	C1	男	大二	农村	物信学院	电子信息	理科	甘肃武都安化	12.06
02	C2	女	大二	农村	物信学院	电子信息	理科	甘肃白银景泰	12.06
03	C3	女	大三	农村	数统学院	统计学	理科	甘肃平凉静宁	12.08
04	C4	女	大三	农村	数统学院	统计学	理科	甘肃兰州永登	12.08
05	C5	女	大三	农村	经管学院	思政教育	文科	甘肃天水秦安	12.10
06	C6	女	大三	农村	经管学院	思政教育	文科	甘肃定西	12.10
07	C7	女	大二	农村	教育学院	应用心理学	文科	甘肃平凉静宁	12.11
08	C8	女	大二	农村	教育学院	应用心理学	文科	甘肃庆阳镇原	12.11
09	C9	男	大三	农村	经管学院	财务管理	文科	甘肃平凉崆峒	12.14
10	C10	男	大三	农村	经管学院	财务管理	文科	甘肃兰州永登	12.14
11	C11	女	大二	农村	文史学院	汉语言文学	文科	甘肃平凉静宁	12.15
12	C12	女	大二	农村	文史学院	汉语言文学	文科	甘肃定西临洮	12.15

续表

编号	姓名编码	性别	年级	家庭背景	所属学院	专业	专业类属	家庭所在地	访谈时间
13	C13	女	大三	农村	经管学院	法学	文科	甘肃文县	12.16
14	C14	女	大三	农村	经管学院	法学	文科	甘肃平凉华亭	12.16
15	C15	男	大三	农村	生化学院	化学	理科	甘肃陇南礼县	12.17
16	C16	男	大三	农村	生化学院	化学	理科	甘肃平凉灵台	12.17
17	C17	女	大一	农村	经管学院	市场营销	文科	甘肃平凉静宁	12.19
18	C18	男	大一	城市	经管学院	会计学	文科	甘肃徽县	12.19
19	C19	男	大一	城市	经管学院	思政教育	文科	贵州毕节	12.20
20	C20	男	大四	农村	工学院	土木工程	工科	甘肃天水	12.20
21	C21	男	大四	城市	工学院	土木工程	工科	甘肃嘉峪关	12.20
22	C22	男	大四	农村	工学院	土木工程	工科	甘肃天水	12.20
23	C23	女	大一	城市	经管学院	财务管理	文科	甘肃兰州	12.21
24	C24	男	大三	城市	经管学院	市场营销	文科	南京市六合区	12.21
25	C25	男	大三	农村	经管学院	市场营销	文科	四川华蓥市	12.22
26	C26	男	大四	农村	经管学院	市场营销	文科	重庆梁平县	12.19
27	C27	女	大二	农村	文史学院	历史学	文科	甘肃兰州	12.21
28	C28	女	大二	农村	外语学院	英语教育	文科	甘肃天水	12.21
29	C29	女	大四	农村	文史学院	汉语言文学	文科	甘肃平凉	12.25
30	C30	男	大四	农村	文史学院	汉语言文学	文科	甘肃酒泉	12.25
31	C31	男	大三	农村	经管学院	财务管理	文科	甘肃张家川回族自治县	12.27

(三) 问卷调查说明

1. 前期试调查

为了确保本次调查获取数据的真实性和结论的可靠性，笔者首先进行了试调查，主要针对三年级思想政治教育专业的两个班进行。因为思想政治教育专业学生开设《社会调查原理与方法》的课程，能够从专业的角度对问卷提出修改意见，所以就分别印制了调查问卷90份、访谈提纲90份，分两次在课堂上让学生回答并提出修改意见，在学生修改的基础上完善了两种问卷，消除了只依靠一次数据收集可能形成的偏见，确保了问卷的质量。

2. 效度检验

在社会科学调查研究中，所谓效度（Validity）是指测量工具能够测出其所要测量的特征的正确性程度。[①] 简单而言，效度指的是"问了该问的问题"[②]。而效度按其分类又包括内容效度、效标关联效度和建构效度，在这三种不同的效度中，"建构效度由于有理论的逻辑分析为基础，同时又根据实际所得的资料来检验理论的正确性，因此是一种相当严谨的效度检验方法"[③]。本问卷的效度验证主要是分别验证了"G4. 校园自然环境和人文环境对大学生人际交往的影响""H2. 手机、网络等现代大众传媒对大学生人际交往的影响"两个李克特量表。其结果如下：

（1）"G4. 校园自然环境和人文环境对大学生人际交往的影响"11 题的建构效度的反映像矩阵见表 0 – 3。

表 0 – 3　　　　　　　　　反映像矩阵

		G4_1	G4_2	G4_3	G4_4	G4_5	G4_6	G4_7	G4_8	G4_9	G4_10	G4_11
反映像协方差	G4_1	0.709	-0.224	-0.058	-0.061	-0.013	-0.108	0.016	0.000	-0.017	0.043	-0.032
	G4_2	-0.224	0.629	-0.165	-0.048	-0.099	-0.011	-0.010	0.009	0.021	-0.068	-0.006
	G4_3	-0.058	-0.165	0.615	-0.178	-0.027	0.026	0.007	-0.075	-0.035	-0.045	-0.023
	G4_4	-0.061	-0.048	-0.178	0.670	-0.081	0.014	-0.031	-0.060	-0.067	-0.021	0.006
	G4_5	-0.013	-0.099	-0.027	-0.081	0.870	-0.013	-0.050	-0.038	0.026	0.004	-0.003
	G4_6	-0.108	-0.011	0.026	0.014	-0.013	0.505	-0.249	-0.054	-0.024	-0.046	-0.044
	G4_7	0.016	-0.010	0.007	-0.031	-0.050	-0.249	0.478	-0.119	-0.065	-0.006	0.053
	G4_8	0.000	0.009	-0.075	-0.060	-0.038	-0.054	-0.119	0.503	-0.095	-0.120	-0.081
	G4_9	-0.017	0.021	-0.035	-0.067	0.026	-0.024	-0.065	-0.095	0.602	-0.185	-0.019
	G4_10	0.043	-0.068	-0.045	-0.021	0.004	-0.046	-0.006	-0.120	-0.185	0.579	-0.093
	G4_11	-0.032	-0.006	-0.023	0.006	-0.003	-0.044	0.053	-0.081	-0.019	-0.093	0.889

---

① 风笑天：《社会研究方法》，高等教育出版社 2006 年版，第 132 页。
② 徐云杰：《社会调查设计与数据分析——从立题到发表》，重庆大学出版社 2011 年版，第 165 页。
③ 转引自吴明隆《问卷统计分析实务——SPSS 操作与应用》，重庆大学出版社 2010 年版，第 195 页。

续表

		G4_1	G4_2	G4_3	G4_4	G4_5	G4_6	G4_7	G4_8	G4_9	G4_10	G4_11
反映像相关	G4_1	0.829a	-0.335	-0.088	-0.088	-0.017	-0.180	0.028	-0.001	-0.026	0.067	-0.040
	G4_2	-0.335	0.827a	-0.266	-0.074	-0.134	-0.020	-0.019	0.017	0.034	-0.112	-0.008
	G4_3	-0.088	-0.266	0.866a	-0.277	-0.037	0.046	0.014	-0.135	-0.057	-0.075	-0.032
	G4_4	-0.088	-0.074	-0.277	0.897a	-0.106	0.025	-0.055	-0.104	-0.105	-0.033	0.008
	G4_5	-0.017	-0.134	-0.037	-0.106	0.914a	-0.019	-0.078	-0.058	0.036	0.006	-0.004
	G4_6	-0.180	-0.020	0.046	0.025	-0.019	0.813a	-0.506	-0.106	-0.043	-0.085	-0.066
	G4_7	0.028	-0.019	0.014	-0.055	-0.078	-0.506	0.808a	-0.242	-0.121	-0.012	0.082
	G4_8	-0.001	0.017	-0.135	-0.104	-0.058	-0.106	-0.242	0.896a	-0.172	-0.223	-0.121
	G4_9	-0.026	0.034	-0.057	-0.105	0.036	-0.043	-0.121	-0.172	0.890a	-0.313	-0.026
	G4_10	0.067	-0.112	-0.075	-0.033	0.006	-0.085	-0.012	-0.223	-0.313	0.875a	-0.130
	G4_11	-0.040	-0.008	-0.032	0.008	-0.004	-0.066	0.082	-0.121	-0.026	-0.130	0.885a

a. 取样足够度度量（MSA）。

表0-3为反映像矩阵（Anti-image Matrices），表0-3的上半部分为反映像共变量矩阵（Anti-image Covariance），下半部分为反映像相关系数矩阵（Anti-image Correlation）。在表0-3中，下半部分为反映像相关矩阵的对角线数值（加注表示）代表每一个变量的取样适当性量数（Measures of Sampling Adequace，MSA），取样适当性量数的数值的右边会加注"a"的标示。MSA值越接近1，表示整体数据（整个量表）越适合进行因素分析，表0-3中的MSA值均在0.800以上，表示整体数据全部适合进行因子分析。

KMO是Kaiser-Meyer-Olkin的取样适当性量数（其值介于0—1之间），当KMO值越大时（越接近1时），表示变量间的共同因素便越多，变量间的相关系数越低，越适合进行因素分析。表0-4中的KMO值为0.859，指标统计量大于0.80，呈现的性质为"良好的"标准，表示变量间具有共同因素存在，变量适合进行因素分析。另外，Bartlett's球形检验的X^2值为2094.320（自由度为55），达到0.05显著水平，可拒绝虚无假设，即拒绝变量间的净相关矩阵不是单元矩阵的假设。表 0-4 中显著概率值 $P = 0.000 < 0.05$，拒绝虚无假设，即拒绝变净相关矩阵不是单元矩阵的假设，接受净相关矩阵是单元矩阵的假设，代表总体的相关矩阵间有共同因素存在，适合进行因素分析。

表 0-4　　　　　　　　　　KMO 和 Bartlett 的检验

取样足够度的 Kaiser – Meyer – Olkin 度量		0.859
Bartlett 的球形度检验	近似卡方	2094.320
	df	55
	Sig.	0.000

（2）"H2. 手机、网络等现代大众传媒对大学生人际交往的影响" 17 个题的建构效度，为了排版的需要，可以把 17 个题分成两部分，H2_1—H2_8 表示手机、网络对大学生人际交往的好处；H2_9—H2_17 表示手机、网络对大学生人际交往的弊端。

首先，H2_1—H2_8 题"手机、网络等现代大众传媒对大学生人际交往的好处"的建构效度检验。

KMO 是 Kaiser – Meyer – Olkin 的取样适当性量数（其值介于 0—1 之间），当 KMO 值越大时（越接近 1 时），表示变量间的共同因素便越多，变量间的相关系数越低，越适合时行因素分析。表 0-5 中的 KMO 值为 0.805，指标统计量大于 0.80，呈现的性质为"良好的"标准，表示变量间具有共同因素存在，变量适合进行因素分析。另外，Bartlett's 球形检验的 X^2 值为 1472.799（自由度 df 为 28），达到 0.05 显著水平，可拒绝虚无假设，即拒绝变量间的净相关矩阵不是单元矩阵的假设。表 0-5 中显著概率值 $P = 0.000 < 0.05$，拒绝虚无假设，即拒绝变净相关矩阵不是单元矩阵的假设，接受净相关矩阵是单元矩阵的假设，代表总体的相关矩阵间有共同因素存在，适合进行因素分析。

表0-5　　　　　　　　KMO 和 Bartlett 的检验

取样足够度的 Kaiser–Meyer–Olkin 度量		0.805
Bartlett 的球形度检验	近似卡方	1472.799
	df	28
	Sig.	0.000

表0-6中为反映像矩阵（Anti–image Matrices），表的上半部分为反映像共变量矩阵（Anti–image Covariance），下半部分为反映像相关系数矩阵（Anti–image Correlation）。在表0-6中，下半部分为反映像相关矩阵的对角线数值（加注表示），代表每一个变量的取样适当性量数（Measures of Sampling Adequace，MSA），取样适当性量数的数值的右边会加注"a"的标示。MSA值越接近1，表示整体数据（整个量表）越适合进行因素分析，如果个别题项的 MSA 价值小于0.50，表示该题项（变量）不适合进行因子分析，在进行因子分析时可考虑将之删除。表0-6中的 MSA 值较小的值分别是0.692和0.714，均大于0.50，其余都在0.800以上，表示整体数据全部适合进行因子分析。

表0-6　　　　　　　　　反映像矩阵

		H2_1	H2_2	H2_3	H2_4	H2_5	H2_6	H2_7	H2_8
反映像协方差	H2_1	0.668	-0.115	-0.159	-0.063	-0.049	-0.069	0.019	-0.035
	H2_2	-0.115	0.743	-0.065	-0.103	-0.017	-0.014	-0.047	-0.064
	H2_3	-0.159	-0.065	0.527	-0.223	-0.036	0.014	-0.002	-0.053
	H2_4	-0.063	-0.103	-0.223	0.518	-0.152	0.027	-0.033	0.019
	H2_5	-0.049	-0.017	-0.036	-0.152	0.602	-0.103	0.044	-0.210
	H2_6	-0.069	-0.014	0.014	0.027	-0.103	0.662	-0.308	-0.035
	H2_7	0.019	-0.047	-0.002	-0.033	0.044	-0.308	0.656	-0.152
	H2_8	-0.035	-0.064	-0.053	0.019	-0.210	-0.035	-0.152	0.658

续表

		H2_1	H2_2	H2_3	H2_4	H2_5	H2_6	H2_7	H2_8
反映像相关	H2_1	0.876^a	-0.164	-0.268	-0.108	-0.078	-0.104	0.029	-0.053
	H2_2	-0.164	0.905^a	-0.104	-0.166	-0.026	-0.020	-0.067	-0.092
	H2_3	-0.268	-0.104	0.808^a	-0.426	-0.063	0.023	-0.004	-0.091
	H2_4	-0.108	-0.166	-0.426	0.796^a	-0.273	0.046	-0.057	0.033
	H2_5	-0.078	-0.026	-0.063	-0.273	0.821^a	-0.163	0.070	-0.334
	H2_6	-0.104	-0.020	0.023	0.046	-0.163	0.714^a	-0.468	-0.053
	H2_7	0.029	-0.067	-0.004	-0.057	0.070	-0.468	0.692^a	-0.232
	H2_8	-0.053	-0.092	-0.091	0.033	-0.334	-0.053	-0.232	0.825^a

a. 取样足够度度量（MSA）。

其次，H2_9—H2_17题项"手机、网络等现代大众传媒对大学生人际交往的弊端"的建构效度分析。

KMO是Kaiser–Meyer–Olkin的取样适当性量数（其值介于0—1之间），当KMO值越大时（越接近1时），表示变量间的共同因素便越多，变量间的相关系数越低，越适合时行因素分析。表0-7中的KMO值为0.852，指标统计量大于0.80，呈现的性质为"良好的"标准，表示变量间具有共同因素存在，变量适合进行因素分析。另外，Bartlett's球形检验的近似卡方的值为1729.914（自由度为36），达到0.05显著水平，可拒绝虚无假设，即拒绝变量间的净相关矩阵不是单元矩阵的假设。表0-7中显著概率值$P=0.000<0.05$，拒绝虚无假设，即拒绝变净相关矩阵不是单元矩阵的假设，接受净相关矩阵是单元矩阵的假设，代表总体的相关矩阵间有共同因素存在，适合进行因素分析。

表0-7　　　　　　　KMO和Bartlett的检验

取样足够度的Kaiser–Meyer–Olkin度量		0.852
Bartlett的球形度检验	近似卡方	1729.914
	Df	36
	Sig.	0.000

表0-8中为反映像矩阵（Anti-image Matrices），表的上半部分为反映像共变量矩阵（Anti-image Covariance），下半部分为反映像相关系数矩阵（Anti-image-Correlation）。在表0-8中，下半部分为反映像相关矩阵的对角线数值（加注表示），代表每一个变量的取样适当性量数（Measures of Sampling Adequace，MSA），取样适当性量数的数值的右边会加注"a"的标示。MSA值越接近1，表示整体数据（整个量表）越适合进行因素分析，表0-8中的MSA值均在0.800以上，表示整体数据全部适合进行因素分析。

表0-8　　　　　　　　　　反映像矩阵

		H2_9	H2_10	H2_11	H2_12	H2_13	H2_14	H2_15	H2_16	H2_17
反映像协方差	H2_9	0.705	-0.152	0.010	-0.202	0.002	0.020	-0.045	0.015	0.004
	H2_10	-0.152	0.560	-0.236	-0.026	-0.062	-0.036	0.002	-0.056	0.025
	H2_11	0.010	-0.236	0.562	-0.088	-0.073	-0.089	0.037	-0.040	-0.039
	H2_12	-0.202	-0.026	-0.088	0.551	-0.158	-0.012	-0.096	-0.036	0.014
	H2_13	0.002	-0.062	-0.073	-0.158	0.627	-0.106	-0.043	-0.028	-0.031
	H2_14	0.020	-0.036	-0.089	-0.012	-0.106	0.627	-0.192	-0.047	-0.043
	H2_15	-0.045	0.002	0.037	-0.096	-0.043	-0.192	0.584	-0.142	-0.125
	H2_16	0.015	-0.056	-0.040	-0.036	-0.028	-0.047	-0.142	0.675	-0.183
	H2_17	0.004	0.025	-0.039	0.014	-0.031	-0.043	-0.125	-0.183	0.770
反映像相关	H2_9	0.820[a]	-0.241	0.015	-0.325	0.004	0.030	-0.070	0.022	0.005
	H2_10	-0.241	0.824[a]	-0.421	-0.047	-0.104	-0.061	0.004	-0.091	0.038
	H2_11	0.015	-0.421	0.832[a]	-0.158	-0.123	-0.149	0.064	-0.064	-0.060
	H2_12	-0.325	-0.047	-0.158	0.851[a]	-0.269	-0.020	-0.169	-0.059	0.022
	H2_13	0.004	-0.104	-0.123	-0.269	0.899[a]	-0.170	-0.071	-0.044	-0.045
	H2_14	0.030	-0.061	-0.149	-0.020	-0.170	0.874[a]	-0.317	-0.073	-0.062
	H2_15	-0.070	0.004	0.064	-0.169	-0.071	-0.317	0.841[a]	-0.226	-0.187
	H2_16	0.022	-0.091	-0.064	-0.059	-0.044	-0.073	-0.226	0.877[a]	-0.254
	H2_17	0.005	0.038	-0.060	0.022	-0.045	-0.062	-0.187	-0.254	0.849[a]

a. 取样足够度度量（MSA）。

3. 信度检验

所谓信度（reliability）是指用相同指标或测量工具重复测量相同事物时，得到相同结果的可能性。[①] 简单而言，信度就是"把该问的问题问好"[②]。这里主要采用内在信度（internal reliability），因为在多项量表中，内在信度特别重要，"内在信度指的是每一个量表是否测量单一概念，同时，组成量表题项的内在一致性程度如何"[③]。内在信度最常使用的方法是Cronbach's Alpha系数，常用量表 α 信度系数其实仅是内部一致性信度系数中的一种而已。分量表信度指标值的判断标准如下：

α 系数在0.900以上，则表示信度非常理想；α 系数在0.800以上，则表示甚佳；α 系数在0.700—0.799，则表示佳；α 系数在0.600—0.699表示尚可；α 系数在0.500—0.599，表示可但偏低，应该进行较大修正，但不失其价值；α 系数在0.500以下表示欠佳，最好删除。

首先，G4_1—G4_11题项的信度分析。

表0-9中G4_1—G4_11有效观察值个数为633，没有缺失值。

表0-9　　　　　　　　　案例处理汇总

		个数	%
案例	有效	633	100.0
	已排除[a]	0	0.0
	总计	633	100.0

a. 在此程序中基于所有变量的列表方式删除。

可靠性统计量为层面构念（分量表）11个题项变量的内部一致

[①] 风笑天：《社会研究方法》，高等教育出版社2006年版，第130页。
[②] 徐云杰：《社会调查设计与数据分析——从立题到发表》，重庆大学出版社2011年版，第165页。
[③] 吴明隆：《问卷统计分析实务——SPSS操作与应用》，重庆大学出版社2010年版，第238页。

性α系数,α系数值越高,表示分量表的内部一致性越高,分量表的信度越佳。在行为及社会科学领域中,分量表的信度指标值最少要在0.60以上,若低于0.50则分量表的信度指标欠佳,此时分量表应重新修改题项内容并增列题项,或是将分量表删除。在表0-10中,"校园自然环境和人文环境对大学生人际交往的影响"层面构念的α系数值为0.861,表示此一分量表的内部一致性信度甚佳。第二列"基于标准化项的Cronbachs Alpha值"中的数值是将样本观察值在各题项变量的得分化为标准分(Z分数)后,再计算分量表的信度,此α系数简称为标准化α系数。表中标准化α系数值为0.830,表示分量表内部一致性甚佳,表明问卷李克特量表信度较高,质量较好。

表0-10　　　　　　　　　　可靠性统计量

Cronbach's Alpha 值	基于标准化项的 Cronbachs Alpha 值	项目的个数
0.861	0.862	11

其次,H2_1—H2_17题项的信度分析。

表0-11中H2_1—H2_17有效观察值个数为633,没有缺失值。

表0-11　　　　　　　　　　案例处理汇总

		N	%
案例	有效	633	100.0
	已排除[a]	0	0.0
	总计	633	100.0

a. 在此程序中基于所有变量的列表方式删除。

在表0-12中,"手机网络等现代大众传媒对大学生人际交往的影响"层面构念的 α 系数值为 0.822，表示此一分量表的内部一致性信度甚佳。第二列"基于标准化项的 Cronbachs Alpha 值"中的数值是将样本观察值在各题项变量的得分化为标准分（Z 分数）后，再计算分量表的信度，此 α 系数简称为标准化 α 系数。表 0-12 中标准化 α 系数值为 0.824，表示分量表内部一致性甚佳，表明问卷李克特量表信度较高，质量较好。

表 0-12　　　　　　　　　可靠性统计量

Cronbach's Alpha 值	基于标准化项的 Cronbachs Alpha 值	项目的个数
0.822	0.824	17

第一章　大学生人际交往问题研究的理论基础

一　核心概念的界定

（一）交往

什么是交往？从词源上考察它的含义，它来源于拉丁语 Communis 一词，意思是指通常的、共同的或使用共同的。"交往"一词在英文中对应的词是 Communication，有沟通、传达、通信、交通、传报、联络和交流等多重含义，并侧重于交往的过程和内容。在德语中，与交往对应的是 Kommunikation 或 Verkehr，它除了指交往外，还有信息、传播、交流、交换、交通、联系、联络等含义。交往也称"社会交往""社会互动""人际交往"或"社会相互作用"，它是人的社会存在方式。

在汉语语境中，交往的同义词有"交""往来""交际"等。在《论语·学而》篇中，曾子说："吾日三省吾身。为人谋而不忠乎？与朋友交而不信乎？传不习乎？"，其中"与朋友交而不信乎"中的"交"有交往的含义，意思是说，和朋友交往，是不是诚心实意呢？在《老子》第八十章说："邻国相望，鸡犬之声相闻，民至老死不相往来。"其中"往来"是交往的意思，整个句子的意思是"邻近的国家互相望得见，鸡鸣狗叫的声音互相听得见，而人民直到老死也不互相往来"。描述了老子理想中的"小国寡民"的社会图景。从词源上讲，"交往"是汉语中固有的词汇，不是外来语。早在我国战国时期的著名兵书《尉缭子》中就有这样的论述："中军、左、右、前、后军,皆有分地,方之以行垣,而无通其交往。"这可以说是汉语中"交往"一词的词源。意思是:中军和左、右、前、后各军,都有分配的营地,营地四周围以矮墙,不能互相来往。晋代干宝著《搜神记》卷十六中说:"我女大圣,死经二十三年,犹能与生人交往。"还有宋代诗人苏轼在《答孙志康书》中说:"李太伯虽前辈,不相交往。"在《现代汉语词典》第 5 版中,交往是指"互相来往"。主要是指人与人之间的互相来往,是指人际交往,《现代汉语词典》第 5 版中的解释可谓一目了然,但似乎又显得有点简单。

(二) 人际交往

1. 人际交往的含义

大多数学者认为,人际交往就是人与人之间通过语言符号或非语言符号传递、沟通、交流信息、思想和情感的心理过程。王蕾、董志凯、刘功认为:"人际交往就是人与人之间通过一定方式进行接触,从而在心理上和行为上发生相互影响的过程。"[①] 朱晓平、周峰认为:"人际交往是言语符号和非言语符号(所有非言语交往的符号和言语交往符号)被两个或两个以上的人共同接纳和理解的过程。"[②] 乐国安(1991)指出:"从社会心理学的角度来看,交往是人的一项最基本需求,是个体发展的必由之路。"[③] 吴远(2004)认为:"人际交往就是交往主体在一定的情境和条件下,通过某些交往行为,作用于交往对象,从而达到人际交往的效果。其中包含了人际交往的五个要素:交往主体、交往条件、交往情境、交往行为和交往对象。"[④] 祁荣新认为:"人际交往是人类共同活动中,为了满足某些需要相互间进行的交流或联系,是通过语言符号(字句等)和非语言符号(目光、姿势、动作、声调、表情等)被两个或两个以上的人所共享的共同理解的过程。在人际交往中含有物质交往和精神交往的双重成

---

① 王蕾、董志凯、刘功:《人际关系基础》,辽宁大学出版社 1987 年版,第 162 页。
② 朱晓平、周峰:《现代人际交往学》,鹭江出版社 1990 年版,第 22 页。
③ 乐国安:《当代中国人心理》,知识出版社 1991 年版,第 50 页。
④ 吴远:《组织行为学》,河海大学出版社 2004 年版。

分。"① 李丽明认为:"人际交往是在人类社会生活实践中,作为个体的人为了获得社会生活能力并满足自身生存和发展的需要,通过语言等交往媒介与他人在协调过程中相互作用从而建立人际关系的社会活动。"② 李文华指出:"人际交往是指社会中的个人有目的或无目的地使用符号与他人交流的过程,在这个过程中,交往双方在某种程度上获得了自己所期望或者意外的需要和满足,包括物质上的利益、情感或心理的需求。"③ 韩延明认为:"人际交往就是在社会生活活动过程中,人与人之间的意见沟通、信息情报交流与相互作用的过程。他还从人际交往的词性角度对人际交往概念作了区分,从名词角度讲,人际交往是指人与人之间在彼此交流、直接交往中已经形成起来的关系,即通常所说的人际关系。这种关系以情感积淀为基础,具有较强的稳定性,是情感纽带。它的产生、保持、改变和消亡都由交往者个人把握,仅仅遵循人的心理规律,而不具有强制性,是一种非规范性的交往。从动词角度讲,人际交往是指人与人之间的信息沟通或物质交换。当人们用语言、眼神、表情或其他肢体动作表达意见、情感或态度时,其实质就是进行信息沟通。当人们购物、礼尚往来等进行物质交换时,彼此之间就建立了一种以物质为载体的交往行为。"④ 周向军认为:"所谓人际交往(interpersonal interaction),是指人们运用语言符号和非语言符号相互交流信息和情感的互动活动。人际交往不仅有信息交流,而且还有情感交流,通过彼此间的相互作用建立情感联系,改变心理距离。"⑤ 人际交往包括物质交往和精神交往,它是人类社会特有的社会现象。

以上学者对人际交往概念的界定其核心思想基本上是一致的,并且都强调人际交往是一种物质交往和精神交往,是双方一种物质、情感、行为和心理的交流与互动。

综上所述,所谓人际交往,就是交往主体在一定的情境和条件

---

① 祁荣新主编:《思想道德修养和法律基础》,南京大学出版社2006年版,第36页。
② 李丽明:《人际交往学》,贵州人民出版社2006年版,第25页。
③ 李文华编著:《现代社会心理学》,华中科技大学出版社2007年版,第12页。
④ 韩延明主编:《大学生心理健康教育》,华东师范大学出版社2007年版,第55页。
⑤ 周向军、高奇:《人际关系学》,山东大学出版社2010年版,第179页。

下，运用语言符号和非语言符号相互交流信息和情感的互动活动，是个体社会化的必经途径和方式。人际交往根源于观念，展开于个体兴趣、爱好以及需求半径范围之内，发展于彼此持续不断的交往互动之中，人际交往主要体现为精神交往。

2. 人际交往的本质

透过现象来抓住事物的本质，这是马克思主义认识论的基本要求，对人际交往这一问题的认识也是如此，只有达到对人际交往本质的认识，才能对人际交往问题作更深入的探讨和研究。人际交往是人与人之间的交流与互动，在交流互动的基础上建立了各种人际关系，而人际关系的性质和亲疏稳定程度又影响着人际交往的内容和交往的频率、广度和深度。可以说，没有人际交往，就没有人际关系。

首先，人际交往是个体社会化的基本途径和方式。人之所以为人，不仅在于人的自然属性，更在于人的社会属性，人的本质就是一切社会关系的总和。人与人在交往互动的基础上才结成了人类社会，人总是处于社会化的过程之中，而这一重要过程就是通过人际交往这一途径和方式来完成的，如果没有人际交往活动，人的社会化就无法实现，人类社会也将难以存在。人生活在社会中，就必然进行人与人之间的交往活动，进而产生交往的意识。"意识到必须和周围的个人来往，也就是开始意识到人总是生活在社会中的。"[①] 没有运动的物质是不可想象的，没有交往的人同样是不可想象的。人们把原始社会称为渔猎社会，在当时那种社会状况下，人们如果不交往、不结成一定的关系，生存就会受到巨大的威胁。在当今信息社会，人际交往的频度、广度更是达到了一个前所未有的程度。如果不与他人交往，任何人都难以生存和发展。因此，只有置身于人们之间交往互动的关系中，才能获得生存和发展的需要，人类才能得以繁衍延续，人类社会才能不断地向前发展。

其次，人际交往是一种处理社会关系的实践活动。实践是指人们能动地改造客观世界的物质活动。人们在认识世界与改造世界的过程中，形成了各种各样的关系，其中处理社会关系的实践是主要形式之

---

① 《马克思恩格斯选集》第 1 卷，人民出版社 1995 年版，第 82 页。

一。比如，人们在所从事的政治、经济、文化活动等所建立的工作关系、亲属关系、师生关系、朋友关系就属于这种实践活动。诸如此类的活动——无不是建立在人与人的交往互动中的，建立在人们有目的、有意识的活动之中。

3. 人际交往的特点

所谓特点就是指一事物区别于其他事物而具有的特征和特性。人际交往的特点既是人际交往本质的体现，同时也是人际交往与其他交往类型（政治交往、经济交往、文化交往等）比较的结果。了解人际交往的特点，才能进一步加深对人际交往本质的认识。

一是社会性。所谓社会性，是指人际交往的本质是社会的，是人们之间通过一定的社会关系所表现出来的属性。人，就其本质来说，在其现实性上，是一切社会关系的总和。人际关系是人际交往的静态表现，人际交往是人际关系形成的基础和进一步深入的动态体现。人际交往总是在个体与个体、个体与群体以及个体与社会之间展开的，无法脱离社会独立存在，一定的人际交往总是在特定的社会背景和特定的场合下进行的，那种脱离社会的、离群索居的"鲁滨逊"式的维持自身存在的人，其生存和发展会受到很大影响，甚至无法生存。正如马克思所说："对于每个人，出发点总是他们自己，当然是在一定的历史条件和关系中的个人，而不是思想家们所理解的'纯粹的'个人。"① 这就告诉我们，人际交往总是在社会共同体中进行的，离不开社会而孤立进行。

人际交往的社会性，同样也随着社会的发展而不断发生变化。如果按照社会经济发展的形态来划分，人类社会的发展就表现为自然经济形态和商品经济形态，市场经济当然是商品经济的繁荣阶段。在以男耕女织为典型特征的自然经济时代，生产以家庭为单位，生产规模狭小，社会分工低下，人们对自然的依赖性较强，对社会的依赖程度相对较小，是一种自给自足的生产。而到了今天繁荣的市场经济时代，社会分工不仅越来越细，而且分工的国际化程度也不断提高，人与人之间的交往与联系比历史上任何时候都更加紧密、更加频繁、更

---

① 《马克思恩格斯全集》第3卷，人民出版社1995年版，第86页。

加重要和更加迫切。世界也日益成为"地球村",人也正在成为"国际人"。这一切变化都无不体现出人际交往的社会性越来越强。

二是情感性。情感性是人际交往中比较突出的一个特点。情感性在人际交往中之所以重要,是由情感的特点所决定的。所谓情感,是指人们对于某种事物是否符合人的需要和欲望而产生的一种复杂而又持续稳定的内在心理体验,是人脑对客观事物是否符合人的需要之间关系的反映。情感的基本特征是它的两极性、积极性和消极性。"在社会心理中,情感被归结为两大类:一是结合性情感——使人接近和结合的各种情感都属于这一类。在这类情感基础上所形成的人际关系程度不同地都带有相互吸引的特征和性质,如热情、友谊、喜欢、亲密、恋爱、爱情等。二是分离的情感。在这一类情感基础上所形成的人际关系则程度不同地带有相互排斥的特征和性质,如冷淡、嫌弃、厌恶、憎恨、敌对等。"[1] 人际交往过程中多种情感的体现,从一定的意义上说,是由于人们情感的多种表现形式和状态的反映。从心理学上来看,人际交往过程中的认知、情感和行为这三个组成部分中,其中情感成分是主要的,它的作用也更为突出。在人们日常的人际交往过程中,情感成分对任何类型的人际交往和由此形成的人际关系都有一定的调节作用。而在非正式群体中,情感因素更是促进人际交往与维系人际关系的主要成分。

三是互动性。所谓互动是指人们在人际交往中的互相影响和互相作用。人际交往是双方或多方在思想、情感及行为上的交流互动和相互作用。一种人际交往的行为产生,一方面是给交往的对方施加影响;另一方面同时也在考虑对方给自己的影响。人们在交往的过程中,总是力图通过交往,达到影响对方的目的,使双方的态度和行为趋于一致以保持良好的人际关系。因此,人际交往是双方相互积极地施加影响并达到相互促动的过程。在日常人际交往过程中,人与人之间的喜欢与厌恶、接近与疏远都是相互的。在一般情况下,对于喜欢、接纳我们的人,我们才会接纳对方,愿意与他们交往并建立良好的人际关系。而对于疏远我们、排斥我们的人,我们也会有同样的反

---

[1] 周向军、高奇:《人际关系学》,山东大学出版社2010年版,第38页。

应，对他们疏远、排斥并避免与其有更深层的交往。人际交往的互动性，从性质上看有积极和消极两种。积极的人际交往对个人的成长、社会的进步有促进作用，消极的人际交往对个人则有不良作用，对社会环境的净化也是不利的。

需要说明的是，人际交往的互动性是通过彼此约定或在既定的符号系统中进行的。在人际交往过程中，交往双方互相影响和促进可以通过有声语言符号发生作用，也可以通过体态语言或其他非语言符号发生作用。关于符号，有许多定义，一般地说，符号是用来指称一定对象的标志或记号，人际交往所使用的符号必须是交往双方共同掌握的一套符号体系，这是非常重要的，交往双方只有在使用的符号一致的情况下，也就是说，交往双方都了解所运用的符号及其所代表的意义时，他们的交往才能实现，也才能达到互相影响、互相促动的目的。

四是复杂性。人际交往复杂性的实质其实是差异性在人际交往过程中的具体化。差异是指事物及其事物运动过程的不同或差别。差异具有普遍性、客观性、多样性和差异的相对性这样一些特征，正是事物及其运动过程的差异才导致了社会的复杂性、人际交往的复杂性。人际交往是一个动态发展过程的体现，而不是一个静态的表现。首先，人际交往对象具有复杂性。世界上没有两片相同的树叶，人与人之间的差异就更大了，表现在个性、爱好、特长、心理等方面。伴随个体的成长和发展，随着环境的变迁，人们交往的对象也不是固定不变的，"结识新朋友，不忘老朋友"这句歌词就是对这一特点的最恰当说明。其次，交往对象思想行为的易变性和复杂性。人们的情绪、情感、态度、需要以及行为是随着人际交往的发展变化而不断发展变化的，人际交往的发展变化也同样受人们情绪、情感、态度、需要以及行为变化的影响。同样，人们之间存在世界观、人生观、价值观、文化心理等诸多方面的差异，如果受其外部影响，还会发生一定的变化。这就给交往带来了一定的难度。曾经是要好的好友，往往会因立场、观点的不一致，在某种环境或情境之下反目成仇。再次，交往方式和手段的多样性决定了人际交往的复杂性。在当今信息网络时代，便捷快速的交往方式在给人们生活带来方便的同时，也不可避免地会产生一些负面影响，报刊网络等媒体上报道的各种欺诈、欺骗就是很好的证明。正是由于这样一些原因，今天人们才对一些社会不良行为往往采取的是"事不关己，一走了之"的态度。人际交往的复杂性同样也是今天人们漠视社会公德的一个原因。

4. 人际交往与人际沟通的辨析

虽然人际沟通和人际交往这两个概念有一定的区别，金盛华、张杰认为："交往的含义比沟通广泛得多，它不仅指人与人之间的非物质性的信息交流，也包括物质的交换，还包括人与人之间通过非物质和物质的相互作用过程所建立起来的相对稳定的关系和联系。"[1]但是研究者们在使用这两个概念时，往往是在同一含义上指称的。人们在实际使用过程中，常常将这两个概念混同使用。"在使用人际沟通概念时，实际上就是指人际交往；在使用人际交往的概念时，也就是表明人际沟通的含义。"[2] "人际沟通是指人与人之间的信息交流过程，是在人际交往中一个人传递信息，其他人接收，然后又逆向进行的一个过程。"[3]

（三）人际关系

1. 人际关系的内涵

对人际关系的理解，我国大多数学者认为，人际关系是人与人之间的一种心理距离和联系，主要侧重于人际关系是一种心理关系。它并不等同于社会关系。高湘萍、崔丽莹指出："人际关系是人与人之间通过交往和相互作用而形成的一种心理关系。"[4] 周向军通过考察国内一些学者对人际关系的概念后，综合前人研究成果，博采众家之长，对人际关系做了新的界定，认为人际关系是在人类生活实践中，作为全体的人为了满足自身生存和发展的需要，通过一定的交往媒介

---

[1] 金盛华、张杰：《当代社会心理学导论》，北京师范大学出版社1995年版，第140页。

[2] 乐国安主编：《当前中国人际关系研究》，南开大学出版社2002年版，第47页。

[3] 李丽明：《人际交往学》，贵州人民出版社2006年版，第31页。

[4] 高湘萍、崔丽莹：《当代大学生人际关系行为模式研究》，上海社会科学院出版社2008年版，第1页。

与他人建立和发展起来的、以心理关系为主的一种显在社会关系。① 王秀阁认为："人际关系主要是指人们相互之间在交往活动中所形成的心理关系和相应的行为表现。"② 王静认为："人际关系是指在社会生活实践中形成的、人与人之间相对稳定的情感联系。这种联系从本质上讲，是人与人之间通过交往产生的情感的积淀，是一种心理关系。"③ 以上学者基本上倾向于人际关系是一种心理关系。

与上述学者观点相比较，林国灿与李丽明则持异议，林国灿认为："人际关系应包括人际的感情和认识两方面内容。"④ 李丽明也指出："人际关系是指在现实社会实践活动中，通过交往而形成的人与人之间的一种心理关系（包括认知、情感）和相应的行为表现。"⑤ 但在以往的社会心理学中，基本上是以人际感情关系的研究代替了全部人际关系的研究，在各种社会心理学教科书和专著中，几乎都将人际关系理解为心理距离和感情关系。

有一些研究者致力于本土研究，他们提出，中国人的人际关系有别于西方。翟学伟指出："中国人际关系的基本模式是人缘、人情和人伦构成的三位一体，它们彼此包含并各有自身的功能。一般来说，人情是核心，它表现了传统中国人以亲亲（家）为基本的心理和行为样式。人伦正是这一基本模式的制度化，它为这一样式提供一套原则和规范，使人们在社会互动中遵守一定的秩序，而人缘是对这一模式的设定，它将人与人的一切关系都限定在一种表示最终的本源而无须进一步探究的总体框架中。由此，情为人际行为提供是什么，伦为人际行为提供怎么做，缘为人际行为提供为什么，从而构成一个包含价值、心理和规范的系统。"⑥ 杨宜音则对翟学伟的看法进行了补充说明，她认为，"人情"和"人缘"这两个概念在日常使用中含有

---

① 周向军、高奇：《人际关系学》，山东大学出版社2010年版，第29页。
② 王秀阁：《大学生人际交往理论与方法》，人民出版社2010年版，第53页。
③ 王静：《社会心理学简明教程》，河北教育出版社2010年版，第120页。
④ 林国灿：《纵向人际关系》，《社会心理学研究》1998年第1期，第20—24页。
⑤ 李丽明：《人际交往学》，贵州人民出版社2006年版，第30页。
⑥ 翟学伟：《中国人际关系的特质——本土的概念及其模式》，《社会学研究》1993年第4期，第74—83页。

"亲情"和"结缘能力和结缘状况"的意义,前者容易掩盖情感的肯定和否定与肯定情感的多寡之间的差异;后者容易忽视人情的先赋性质与攀附性质的辩证关系。如果以亲情和亲缘对人情和人缘进行补充,或许可以更清楚地表现出亲缘关系和准亲缘关系的本质。[1]

对于人际关系的本质的看法,多数研究者的看法基本上是一致的,他们认为人际关系是社会关系的产物。"人际关系就其本质来说是一种社会关系。"[2] 有一部分学者认为人际关系的本质是一种情感的社会交换(金盛华、张杰,1995;章志光,1996;李银传,1997;张蔚萍,2004;赵明,2008;佟丽君,2009)。郭民良则指出:"利益是人际关系的实质,利益贯穿于各种具体的人际关系之中,是人际关系的纽带,是人际关系发展的动力,并决定人际关系的性质。"[3] 陈俊杰、陈震则认为,"关系"的实质是它在伦理、情感和利益三维向量值的组合。[4]

综上所述,所谓人际关系,是指在现实的社会实践活动中,人们通过普遍的交往所建立和形成的人与人之间的一种心理关系(包括认知、情感)或心理上的距离。人际关系是在交往的基础上形成的,人际关系的持续和升华又展开于双方之间的普遍交往之中。离开人际交往,就不可能形成人际关系。人际关系虽然包括诸如政治关系、经济关系、文化关系、血缘关系等,但主要是指在上述活动中所建立起来的直接的心理关系或心理上的距离。

2. 人际交往与人际关系的辨析

关于人际交往与人际关系,金盛华、张杰指出:"由于交往领域所讨论的问题与人们日常的概念十分密切,人们已经习惯将人与人之间的动态相互作用过程称作交往,而将通过人与人之间的相互作用建

---

[1] 杨宜音:《试析人际关系的建立与分类——兼与黄国光先生商榷》,《社会学研究》1995年第5期,第18—23页。
[2] 李星万:《论人际关系》,《湘潭大学学报》(社会科学版)1986年第5期,第26—31页。
[3] 郭民良:《社会主义人际关系指要》,红旗出版社1993年版,第16页。
[4] 陈俊杰、陈震:《"差序格局"再思考》,《科学·经济·社会》1993年第4期,第42—44页。

立起来的稳定情感称作人际关系。"① 刘献君、郝翔认为："它们二者之间既有联系又有区别。人际交往是人际关系产生的前提和手段，人际关系则是人际交往的结果和依据。二者的差别就在于：人际交往侧重于人与人之间联系的过程、程序和行为方式；而人际关系侧重于在交往基础上所形成的心理关系和结果状态。在现实生活中，人际交往和人际关系既相互依赖又相互作用，人们总是通过人际交往而形成一定的人际关系，而人际关系的状况又制约着人际交往的深度和广度，决定着人际交往的内容和特点。"②

（四）社会互动

在我们的日常生活中，一个最普遍的社会现象就是社会互动。诸如朋友之间的你来我往，教学活动中师生之间的教学相长，文体活动中队员之间的协作与配合等。"社会互动"一词是由德国社会学家、哲学家齐美尔于1908年在《社会学》一书中首次提出的，后来被社会学家广泛使用。由于研究角度不同，社会学家对社会互动内涵的界定也不同，有的学者比较强调互动的结果，将人与人以及人与群体之间的交互影响称为社会互动。比如，英特（E. B. Reuter）和哈特（C. W. Hart）在其《社会学导论》一书中，强调社会因素的交互影响导致人性文化的产生，称为社会互动。还有的学者比较强调互动的过程，认为人与人的相互接触和沟通就是社会互动。如美国社会学家米德的符号互动论就持这种观点。作为一个重要的社会学概念，尽管人们在对它的解释上有不同形式的表达，但它的意义却是非常明确的。就这一概念的核心意义而言，它就是指人与人之间的相互作用。孙本文认为："社会互动已经由接近而发生的相互作用。"③ 美国社会心理学家巴克（K. W. Back）则更为具体地解释了这种相互作用："一方或多方的反应，取决于或依赖于另一方所说、所做的程度，社会情境

---

① 金盛华、张杰：《当代社会心理学导论》，北京师范大学出版社1995年版，第140页。

② 刘献君、郝翔：《思想道德修养》（修订本），武汉大学出版社2001年版，第89页。

③ 孙本文：《社会学原理》（下），商务印书馆1946年版，第3页。

则随着这种程度而变化。"① 综合上述各种观点，我们认为，"社会互动是人们对他人采取社会行动、对方做出反应性的社会运动的过程；是发生在个人之间、群体之间，以及个人与群体之间相互的社会行动的过程"②。对于社会互动的含义，我们可以从以下几个方面来理解：

一是社会互动必须发生在两个或两个以上社会主体（个人或群体）之间，一个孤立生存和离群索居的人是不能互动的，也无所谓社会互动。

二是个人之间、群体之间只有发生相互作用的行为才存在互动，并不是任何两个人的接近都能形成社会互动。

三是以信息传播为基础。在大多数的互动过程中，人们不仅交流信息，而且还交流思想和情感。如果缺乏信息的交流，互动双方互不认识和理解，互动就无法进行。

四是社会互动可以是面对面的，也可以在非面对面的场合下发生。借助各种中介工具，如信件、书籍、图像、电话和互联网等进行信息交流，形成社会互动。

五是社会互动具有情境性，社会互动总是在特定的情境之下进行的。同一行为在不同的时间、不同的场合具有不同的意义。

（五）大学生

大学生，就本书的研究对象来说，是指年龄在 18—22 周岁，在本科第二批次院校录取、注册入学和在校正在接受教育的学生群体的总称。这里所指的大学生不包括已经毕业的大学生，主要是指全日制在校大学生，包括大一、大二、大三和大四的学生。他们生理方面主要表现为身体形态基本定型，身体机能日益完善，基本具备了成人的生理特征；心理方面表现为心理机能也日渐成熟，但大学生的心理发展相对滞后于生理发展，表现在情绪的不稳定性等方面。

---

① ［美］克特·W. 巴克主编：《社会心理学》，南开大学社会学系译，南开大学出版社 1984 年版，第 76 页。

② 王思斌：《社会学教程》，北京大学出版社 2010 年版，第 69 页。

二 马克思交往理论概述

交往是马克思建构历史唯物主义的一个重要范畴。它贯穿于马克思历史唯物主义的形成、发展的整个过程。交往是物质生产资料生产的前提，是人类生存和发展的基本形式。在世界联系日益紧密的今天，深刻理解与准确把握马克思主义的交往范畴具有十分重要的意义。

（一）马克思关于交往范畴的界定

马克思、恩格斯没有专门研究交往的专著，但是在他们不同时期的各种著作中，都谈到了交往问题，也多次使用交往和与交往有关的各种概念，但是对"交往"第一次明确作出界定的，是马克思在1846年12月28日写给帕·瓦·安年科夫的一封信里。马克思在信中说道："为了不致丧失已经取得的成果，为了不致失掉文明的成果，人们在他们的交往（commerce）方式不再适合于既得的生产力时，就不得不改变他们继承下来的一切社会形式。——我在这里使用'commerce'一词是就它的最广泛的意义而言的，就像在德文中使用'Verkehr'一词那样。例如：各种特权、行会和公会的制度、中世纪的全部规则、曾是唯一适用于既得的生产力和产生这些制度的先前存在的社会状况的社会关系。"① 从马克思在这里的论述我们可以看出，马克思的交往范畴是在最广泛的意义上来讲的，其内涵丰富而广泛，具体体现在：

"从经济学的角度来看，马克思的交往概念涵盖着经济活动中的交换、流通、贸易等行为。马克思的交往范畴同现代交往概念有着本质区别，这是同马克思把交往建立在劳动的基础上有着密切的关系的。从社会学的角度来看，马克思把社会看作是人与人交互作用的产物，马克思认为，语言本身是交往的产物，人与人的相互作用就是建立在物质生产活动的基础上的。从哲学的角度来看，马克思的交往始

---

① 《马克思恩格斯选集》第4卷，人民出版社1995年版，第532—533页。

终是（现实中的个人）之间的交往。"①

马克思的交往思想在其著作《德意志意识形态》中有着比较充分的体现，但要从中找到一个交往的定义，却不是一件容易的事。综合马克思的交往思想，人们给出的定义是："交往是人类特有的存在方式和活动方式，是人与人之间发生社会关系的一种中介，是以物质交往为基础的全部经济、政治、思想文化交往的总和。"②

认真分析马克思对这一概念的界定，可以看出，马克思的这一概念中所包含的含义有：

第一，交往是现实的人的存在方式和活动方式。现实的人不同于以往哲学所描述的抽象理性的人，或者空洞的类的概念。哲学的出发点是人，"但不是处在某种虚幻的离群索居和固定不变状态中的人，而是处在现实的、可以通过经验观察到的、在一定条件下进行的发展过程中的人。"③ 现实的人总是处于一定时代，一定的社会关系之中，是从事物质生产活动的人，进行物质生产活动是现实的人生存和发展的首要前提和基础。物质生产活动的过程，同时就发生着人与自然和人与人之间的交往关系。人们的其他一切存在方式和活动方式都是以物质生产活动为前提存在和活动。同时，现实的人又是社会关系的总和，是身处于各种社会交往关系的网络之中的存在。

第二，交往的主体是现实的个人与人群共同体的统一。交往的主体是现实的人，而现实的个人既以个人的方式存在和活动，同时又以一定的人群共同体成员的身份存在和活动。因此，马克思的交往概念所指的交往主体，既包含现实的个人，又包含人群共同体。"在广泛交往的时代，民族国家成为区分内部交往与外部交往的单位。在这个意义上，每个现实的人所生存和活动于其中的社会单位，就成为外部交往的主体。在内部交往和外部交往中，还同时发生着以阶级为主体的交往活动和交往关系。所以，交往不是抽象于各个时代和各个阶级、各个民族之外的单纯个人的交往，个人作为交往的主体总是同时

---

① 范宝舟：《论马克思交往理论及其当代意义》，社会科学文献出版社2005年版，第20—21页。
② 赵家祥：《马克思主义哲学教程》，北京大学出版社2003年版，第377页。
③ 《马克思恩格斯选集》第1卷，人民出版社1995年版，第73页。

从属于一定阶级、民族和国家等现实的人群共同体。"①

第三，交往包括物质交往和精神交往，其中物质交往决定着精神交往及其他一切交往活动和交往形式，它在全部交往活动中具有中心意义。马克思、恩格斯指出"思想、观念、意识的产生最初是直接与人们的物质活动、与人们的物质交往、与现实生活的语言交织在一起的。人们的观念、思维，人们的精神交往在这里还是人们物质活动的直接产物。表现在某一民族的政治、法律、道德、宗教、形而上学等语言中的精神生产也是这样"②。思想、观念、意识是人精神生产的产物，但人又是受生产力和与之相适应的交往的一定发展所制约的。和精神交往相比较，物质交往不仅是马克思理论研究的重心，而且是其深化发展的主题，物质交往决定精神交往，这是马克思、恩格斯对两种根本的交往形式之间关系的高度概括。

第四，交往主要是现实的个人和人群共同体之间的交往活动和交往关系。现实的人与人之间的交往关系与自然之间的交往关系是有所不同的。在人与自然的交往关系之中，人始终居于主体的地位，自然则在这种关系中处于客体的地位。但在现实的人与人之间的交往关系中，每个具体的个人、群体都是主体同时也都是客体。马克思在这里所说的交往，主要是指这种主体间的交往。也就是说，"在交往活动和交往关系中，每个现实的个人和群体，都既有主体性，又有客体性，从而形成了交往活动和交往关系中的新的意义上的主客体关系"③。

（二）马克思交往理论的主要内容

马克思、恩格斯第二次密切合作的主要成果《德意志意识形态》是历史唯物主义形成的标志，同样它也是马克思交往理论产生的标志。为了批判施特劳斯、施蒂纳等青年黑格尔派分子以宗教和神学为

---

① 赵家祥：《普遍交往论和世界历史论》，《马克思主义历史哲学》（第4卷），吉林人民出版社 2006 年版，第 14 页。
② 《马克思恩格斯选集》第 1 卷，人民出版社 1995 年版，第 72 页。
③ 赵家祥：《普遍交往论和世界历史论》，《马克思主义历史哲学》（第4卷），吉林人民出版社 2006 年版，第 14—15 页。

出发点，用宗教的人说明现实的人，用宗教关系代替并解释各种社会关系，用反对"世界的词句"来代替对现实世界的批判的局限性，马克思、恩格斯强调在他们的"新"见解中具有重要意义的两个方面，"这就是从现实的人出发和把握人的社会关系的客观规律性。交往、交往关系正是他们为了阐述这两个重要方面而提出的基本理论和方法。随着马克思交往思想的逐步展开，整个唯物史观理论大厦的宏大画面也呈现在我们面前"①。

第一，交往是人类生存和发展的基本方式。马克思、恩格斯的《德意志意识形态》在创立唯物史观时指出："我们首先应当确定一切人类生存的第一个前提也就是一切历史的第一个前提，这个前提就是：人们为了能够'创造历史'，必须能够生活。但为了生活，首先就需要衣、食、住以及其他东西。因此第一个历史活动就是生产满足这些需要的资料，即生产物质生活本身。"② 人要生存和发展就必须与他人打交道，必须与他人进行交往，在与他人广泛交往的基础之上，人们由此也形成了各种各样的关系，人们的社会关系正是在人们相互交往的基础上形成的。在人们形成的诸多的关系之上，交往关系是最根本的，是人们现实生活的反映。人们彼此之间的交往活动又将人们联结到一定的社会关系系统内。可以这样说，社会既是人们交往所形成的结果，又是新的交往活动产生和不断进行的基础。如此循环往复，人类历史发展的车轮才得以滚滚向前。为了实现自身发展的需要，人们之间往往进行着多维度、多层次、多角度的交往，由此便形成了错综复杂的交往关系和社会关系系统，从而推动着人类社会的不断发展。

第二，现实的人总是处在社会关系和一定的交往形式所形成的关系网络之中，人的本质就表现为由生产力的发展所决定的各种交往关系特别是物质交往关系的制约性和决定性上。针对青年黑格尔派把人看作"宗教的人"和"思维的人"等种种谬论，马克思和恩格斯多

---

① 姚纪纲：《交往的世界——当代交往理论探索》，人民出版社2002年版，第23—24页。

② 《马克思恩格斯选集》第1卷，人民出版社1995年版，第32页。

次指出:"社会结构和国家总是从一定的个人的生活过程中产生的。但是,这里所说的个人不是他们自己或别人想象中的那种个人,而是现实中的个人,也就是说,这些个人是从事活动的,进行物质生产的条件下活动着的。"① 诚然,哲学的出发点是人,"但不是处在某种虚幻的离群索居和固定不变状态中的人,而是处在现实的、可以通过经验观察到的、在一定条件下进行的发展过程中的人"②。一句话,哲学要研究处于现实的社会交往关系中的活生生的现实的人。马克思和恩格斯也批判了费尔巴哈把人仅仅看作"感性对象",而不是"感性活动"的错误,从实践的观点出发阐明了人的本质是由他"现有的社会联系"所决定的。他们把人的现实交往活动、感性活动和物质生产活动这些社会交往形式当作科学界定人的本质的基础,指出,"每一个人和每一代所遇到的现成的东西:生产力、资金和社会交往形式的总和,是哲学家们想象为'实体'和'人的本质'的东西的现实的基础"③。很明显,这里的论述与马克思、恩格斯在《关于费尔巴哈的提纲》中对人的本质的概括是完全一致的,是对《提纲》思想的具体化。

第三,马克思对交往类型和形态作了划分。马克思从人们的社会经济活动出发来研究交往。马克思、恩格斯在《德意志意识形态》一书中对交往的类型和内容有很多论述。从交往主体上,有个体交往和群体交往;从交往内容上,有物质交往和精神交往;在地域范围上,有内部交往、外部交往以及由此扩大形成的世界交往和普遍交往。从交往涉及的形态上马克思还谈到了政治交往、经济交往、精神文化交往、战争等。当然,在诸多的交往活动中,最基本的交往是物质交往。"物质交往,首先是人们在生产过程中的交往,这是其他任何交往的基础。"④ 物质交往是物质生产得以实现的前提,生产力"只有在这些个人的交往和相互联系中才能成为真正的力量"。

第四,交往和生产实践紧密联系,推动社会不断向前发展。生产

---

① 《马克思恩格斯选集》第1卷,人民出版社1995年版,第71—72页。
② 同上书,第73页。
③ 同上书,第92—93页。
④ 同上书,第790—791页。

力与交往形式之间的矛盾运动形成了社会发展的基本动力,社会的发展也就是生产力和交往形式之间矛盾运动的结果。"一切历史冲突都根源于生产力和交往形式之间的矛盾。"① 交往与生产两者紧密联系、不可分割。交往作为人类社会存在和发展的前提和基础性要素,这是生产的前提,生产决定交往的形式。就交往是生产的前提来说,生产力的发展取决于交往的状况。"某一地域创造出的生产力,特别是发明,在往后的发展中是否会失传完全取决于交往扩展的情况。当交往只限于毗邻地区的时候,每一种发明在每一个地域都必须单另进行。……只有当交往成为世界并且以大工业为基础的时候,只有当一切民族都卷入竞争的时候,保存已创造出来的生产力才有了保障。"② 人类的物质生产、精神生产以及人自身的生产,都离不开交往,都是在交往的基础上得以实现的。就生产决定交往的形式来说,生产力发展的水平对交往有一定程度的影响……在不同的历史时期,由于生产力发展水平不同,在交往的内容、范围、程度、水平等方面也相应存在着差异,从而呈现出不同的交往形式。

第五,交往是人类社会发展的重要形式,也是加速地区历史发展为世界历史的重要力量。交往的发展使得人类文明得以传承、交流和提高。不同文明之间的交往可以促使人类文明程度的整体提升。纵观人类历史发展的整体趋势,由于交往的发展导致地区历史发展成为世界历史,交往因此也走向了全球化交往。马克思在考察了民族国家的内部交往和外部交往之间的联系后,指出,"各民族之间的相互关系取决于一个民族的生产力、分工和内部交往的发展程度。这个原理是公认的,然而不仅一个民族与其他民族的关系,而且这个民族本身的整个内部结构也取决于自己的生产以及自己内部和外部的交往的发展程度"③。

对于东西方国家之间的交往关系也是马克思所关注的重要内容。他提出了世界交往的思想。马克思认为,世界交往是民族国家外部交

---

① 《马克思恩格斯选集》第1卷,人民出版社1995年版,第115页。
② 同上书,第107—108页。
③ 同上书,第68页。

往扩大的产物,它是伴随着资本主义的全球性扩展而联结世界各地区而形成的。马克思从资本主义世界交往分析了"世界历史"的形成机制,"资产阶级,由于开拓了世界市场,使一切国家的生产和消费都成为世界性的了。……过去那种地方的和民族的自给自足和闭关自守状态,被各民族各方面的互相往来和各方面的互相依赖所代替了"①。随之而来,"交往及因交往面临自然形成的不同民族之间的分工消灭得越是彻底,历史也就越是成为世界历史"②。

第六,马克思对未来社会的交往形态也进行了展望。他认为,未来的共产主义社会是实现普遍交往的社会,作为辩证唯物主义和历史唯物主义的奠基人,他以发展的眼光来看世界,"感性世界决不是某种开天辟地以来就直接存在的、始终如一的东西,而是工业和社会状况的产物,是历史的产物,是世世代代活动的结果,其中每一代都立足于前一代所达到的基础上,继续发展前一代的工业和交往,并随着需要的改变而改变它的社会制度"③。生产力和生产关系的发展将使人类社会步入交往普遍化的共产主义社会。"共产主义和所有过去的运动不同的地方在于:它推翻一切旧的生产关系和交往关系的基础,并且第一次自觉地把一切自发形成的前提看作是前人的创造,消除这些前提的自发性,使这些前提受联合起来的个人的支配。因此,建立共产主义实质上具有经济的性质,这就是为这种联合创造各种物质条件,把现存的条件变成联合的条件。共产主义所造成的存在状况,正是这样一种现实基础,它使一切不依赖于个人而存在的状况不可能发生,因为这种存在状况只不过是各个人之间迄今为止的交往的产物。这样,共产主义者实际上把迄今为止的生产和交往所产生的条件看作无机的条件。"④

第七,分工和交往有着非常密切的关系。马克思、恩格斯通过大量的篇幅阐述了社会分工的变化过程以及由分工所引起的人们在交往方式、交往关系方面的变化。马克思、恩格斯指出:"分工起初只是

---

① 《马克思恩格斯选集》第 1 卷,人民出版社 1995 年版,第 276 页。
② 同上书,第 88 页。
③ 同上书,第 76 页。
④ 同上书,第 122 页。

性行为方面的分工，后来是由于天赋（例如体力）、需要、偶然性等才自发地或'自然形成'分工。分工只是从物质劳动和精神劳动分离的时候起才真正成为分工。"① 分工是社会生产力发展的标志，它一方面使人们彼此分离，局限在特定的行业或领域；另一方面又使他们之间的相互联系、相互交往显得更为迫切和必要。"随着分工的发展也产生了单个人的利益或单个家庭的利益与所有互相交往的个人的共同利益之间的矛盾；而且这种共同利益不是仅仅作为一种'普遍的东西'存在于观念之中，而首先是作为彼此有了分工的个人之间的相互依存关系存在于现实之中。正是由于特殊利益和共同体利益之间的这种矛盾，共同利益才采取国家这种与实际的单个利益和全体利益相脱离的独立形式，同时采取虚幻的共同体的形式。而这始终是在每一个家庭集团或部落集团中现有的骨肉联系、语言联系、较大规模的分工联系以及其他利益的联系的现实基础上，特别是在我们以后将要阐明的已经由分工决定的阶级的基础上产生的。"② 国家是阶级利益对抗的产物，它的产生表明社会中一个阶级对其他一切阶级的统治。迄今为止，人类社会已经经历了农业和工业、商业几次大的分工，出现过部落所有制、古代公社所有制或国家所有制、封建的等级所有制和资本主义所有制几种形式。特别是机器大工业出现，使分工更加专门化、细微化，这既导致人的现实生存状况的严重异化，又使人的交往形式更加多样化，交往关系更加复杂化。马克思和恩格斯指出："由于大工业的迅猛崛起，交通改善、商贸拓展、竞争加剧、殖民垄断，资产阶级打破了小生产、行会和工场手工业等小私有者对它的发展的种种限制，创造了规模空前的生产力，形成了城市对乡村的绝对统治，特别是随着广袤的世界市场的建立，使普遍性的世界交往迅猛发展起来。大工业到处造成了社会各阶级间相同的关系，从而消灭了各民族的特殊性，培养起一个真正同整个旧世界脱离而同时又与之对立阶级——无产阶级。"③

---

① 《马克思恩格斯选集》第 1 卷，人民出版社 1995 年版，第 36 页。
② 同上书，第 122 页。
③ 同上书，第 114—115 页。

(三) 马克思交往理论在社会历史发展中的作用

交往作为人类特有的生存方式和活动方式，在社会发展中起着重要作用，马克思的交往理论在人类社会发展中的作用主要表现在以下几个方面：

第一，交往促进了生产力的发展。生产力是人类在生产实践中形成的改造影响自然以使其适合社会需要的物质力量，它是生产力中的主体劳动者与生产资料的有机结合。劳动者与生产资料的结合方式怎样，与生产劳动主体之间交往范围的大小、交往能力的强弱、交往程度的深浅等都有着密切的关系。在以家庭为基本生产单位的自给自足的自然经济条件下，人们之间的交往范围非常狭小，劳动者在相对封闭的生产环境中进行生产劳动，生产经验和劳动技能无法在更广阔的领域和更大的范围进行交流，这就直接限制了生产力的发展。商品经济时代社会化大生产为人们的交往活动提供了更大的范围和更广阔的领域，使人与人的交往活动更加具有开放性、多样性的特点。今天，人们的交往活动早已超越了地区之间、国家之间的界限，在全球范围内进行的各种各样的交往活动，进一步促进了生产力和技术革命的发展，使生产力要素在全球范围内进行广泛分工合作，使当代世界经济日益呈现为全球化和一体化的发展趋势，这是人类交往发展的结果。

第二，交往带来各个民族国家社会发展形态的多样性。马克思、恩格斯指出："一个民族本身的整个内部结构都取决于它的生产以及内部和外部的交往的发展程度。"[①] 民族国家的社会发展道路基本上有三种形态：社会发展的自然形态，即指某一民族和国家在孤立、封闭的环境下，其社会形态主要是由本民族或国家的内部因素、内部关系决定，是民族国家自身的各种要素和关系"自然发生"的过程，并且社会形态发展过程中的各个阶段是该社会"自然的发展阶段"。社会发展的派生形态，即指某一民族国家历史上存在过的社会形态不是完全靠自身内在的各种要素和关系"自然发生"，而是通过与其他民族国家的交往转移而来的社会形态。社会发展的超越形态，即指某

[①] 《马克思恩格斯选集》第 1 卷，人民出版社 1972 年版，第 25 页。

一民族国家在发展过程中,由于其特殊的国情和特定的历史条件,在由一种社会形态向另一种社会形态转变时,能够超越一个或几个社会形态而发展,正是由于交往的普遍化、全球化才使得超越形态的社会发展具有了可能性。

第三,交往推动历史走向世界历史。世界历史是否发生,必然以国家民族间的世界性交往是否发生为标志。在世界历史的形成过程中,交往起着任何其他因素都不能替代的作用。交往使得各民族国家打破地域性的存在状态,在政治、经济、文化方面的联系日益密切和加强,越来越融入世界历史的轨道上来。

世界历史不是一直存在的,这一过程是随着社会生产方式的进步和交往的日益普遍化进程而逐渐完成的。人类社会由分散的地域历史向整体的世界历史转变,是生产社会化和经济全球化的必然结果,是参与国际分工、世界市场和世界普遍交往发展的产物。商品经济取代自给自足的自然经济而成为整个社会经济生活中的普遍形式,市场逐渐成为资源配置的基本方式,从而使地域性的市场发展成为世界性的市场。

第四,交往促进了人的社会意识的产生和发展。首先,社会意识的产生和发展是由物质生产和物质交往决定的。马克思指出:"思想、观念、意识的生产最初是直接与人们的物质活动、与人们的物质交往、与现实生活的语言交织在一起的。观念、思维、人们的精神交往在这里还是人们物质活动的直接产物。"[①] 其次,社会意识所反映的对象是人与人之间交往互动的关系,离开人与人之间的交往互动关系就谈不上有人的社会意识。社会意识随着产生它的关系的消亡而消亡。再次,交往推动了人的社会意识的发展。无论是哪一种社会意识形式,其发展都离不开人与人之间的交往。不同主体意识的形成和发展更是与人们广泛而普遍的交往所分不开的。

第五,交往促进了人自身的全面发展。人的发展需要一定的社会交往活动。在一个封闭的社会环境中,人们之间缺乏交往和交流,从而限制了人的素质和能力的发展与提高。只有在普遍的交往中,单个

[①] 《马克思恩格斯选集》第1卷,人民出版社1972年版,第30页。

人才能摆脱种种民族局限性和地域局限性而使用整个世界的物质生产和精神生产的成果全面发展自己。世界性的普遍交往为人的全面发展创造了条件，更直接促进了人的发展。世界性的普遍交往对人的发展有着积极的促进作用：一是通过普遍交往，克服了个人狭隘地域性的局限，使"地域性的个人为世界历史性的、经验上普遍的个人所代替"①。其次，个人只有通过参与普遍交往，才能利用人类文明成果发展自己和提高自己，个体在进行交往、交流和学习的过程中，不断拓展自己的视野，刺激自身的需求，提高自身的需求层次，结成人与人之间依存、协作的紧密关系，加速个体社会化的进程，促进人自身的全面发展。

（四）马克思交往理论对教育的启示及意义

马克思从现实的人的交往活动出发，对人类社会物质生产交往关系、交往方式进行了深入研究，发现了生产力与生产关系之间矛盾运动这一人类社会发展的总规律，创立了唯物史观。因此，马克思主义交往理论更多的是涉及生产力、生产关系及社会发展规律，但马克思的"人是社会关系的总和""一个人的发展取决于和他直接或间接进行交往的其他一切人的发展""人的类特性恰恰就是自由自觉的活动""人的依赖性""物的依赖性""个人自由而全面发展"社会发展三阶段划分等交往思想对当代社会发展，尤其是对社会的主体"人"的发展仍具有十分重要的启示意义。高校思想政治教育工作承担着培养合格建设者和可靠接班人的任务，因此，深入研究马克思主义交往理论并探讨其对思想政治教育的启示意义是十分必要的。

第一，教育应重视交往，在与大学生的人际交往互动中做好工作。马克思的交往理论，尤其是他对交往与个人发展的精辟论述启示我们，教育根植于我们的现实生活之中，学生生活在现实的社会中，不论他们是否愿意，社会生活的各个方面，每时每刻都在从各个渠道潜移默化地影响着他们。其中，社会、家庭的不良影响，可能会影响一个人的健康发展。马克思指出，一个人的发展不仅仅取决于他自身

---

① 《马克思恩格斯全集》第1卷，人民出版社1995年版，第86页。

的发展，而且取决于直接或间接与他进行交往的其他一切人的发展。人不能脱离社会，每个人都处于一定的"交往场域"之中。高校思想政治教育必须发挥其塑造人、培养人、引导人的作用，将交往理念内化为思想政治教育的主导理念，并在"思政课"教学和日常管理中不断完善交往机制，促进学生健康成长成才。

第二，引导学生融入社会，促进大学生社会化的进程。社会性是人的本质属性，人总是在与社会的交往互动中内化社会价值观念，学习角色技能，并逐步适应社会生活的。因此，教育的过程实质上是个体接受社会主流意识形态，在交往互动中学习社会规范使自己由"自然人"转变为"社会人"的过程，也是在学习继承的基础上继续有所发现、有所发明、有所创造、有所前进的过程。"人是一切社会关系的总和"，个体不可能离群索居，不能脱离集体和社会。从个体社会化的角度来看，学校尤其是高校，是个体接受高等教育，是个体社会化的最后一站或最后一个环节，高校社会化的程度如何，将影响学生一生的发展，高校本身就是一个社会，在高校这样一个特殊的环境中，大学生在与他人交往互动的过程中，不断走向成熟、不断走向成功。

第三，重视课堂交往教学，在课堂教学中渗透交往理念。马克思的交往理论强调人与人的交往实践活动对于人生存与发展的重要影响，并且强调"人的类特性恰恰就是自由自觉的活动"。因此，在教育的方法上，尤其是在课堂教学过程中，教师应该充分尊重学生的"自由"，发挥其"自觉"，担当文化调解人，而不仅仅是传授者或干事的角色，通过"对话""交流"与学生实现知识、情感、价值观念等的互动交流。当然，这种活动必然有共同的话题或学习对象——教材或其他中介，在相互交换信息的基础上使"共同活动"得以持续。所以，"交流""交往""沟通"不仅在一定意义上反映了教学的本质特点，也反映了在信息传输手段多样化以后学校教育活动的特点。

第四，注重人的自由而全面发展。马克思主义"人的自由而全面发展"包含着人个性的发展、自由自觉的发挥、各方面素质的协调等。当今"90后"青年大学生的独立性、自主性大大增强，只有在尊重学生个性，建立平等师生关系的基础上才能赢得学生的信任，增加师生心理相融性，帮助学生解除顾虑，从昔日师生间"主体—客体"不平等的交往模式中走出来,形成师生平等的"主体—主体"关系,逐渐培养起良好的行为习惯,才能为学生的全面发展提供保障。简而言之,从交往和个人自由而全面发展的基本观念出发,将学生视为真正意义上的主体,是教育发展的基础和前提。

三 人际交往研究的多学科透视

人的生存和发展离不开交往,交往是人类社会最普遍、最基本的一种社会现象,关于交往的研究也日益受到心理学、社会学、教育学、伦理学等诸多学科的关注,对它的研究也不断地走向深入,多学科多视角对交往问题的研究,对于我们全面认识和深刻理解交往问题提供了有益的启示。

(一) 心理学对人际交往问题的研究

心理学作为一门研究心理现象和心理活动规律的科学,它侧重于研究人的感觉、知觉、记忆、注意、情感、意志和思维等心理过程及个体心理特征的变化,而人的心理过程和个体心理特征的变化无不是在人与人之间的互相接触、互相作用、沟通思想、联络感情的过程中产生的,离开人与人之间的联系与交往,谈论心理现象就失去了其价值和意义。心理学对人际关系的研究主要表现在以下几个方面:

1. 心理学对人际交往的心理机制研究

所谓人际交往的心理机制是指人际关系和人际交往行为发生的心理动因及其心理过程。人际交往首先表现为一个认知的过程,它是人际交往的前提和基础,在认知的基础上,人们才对他人形成了交往情感和交往行为。

首先是人际交往的认知因素分析。认知是指通过人的外部言行和外在表象来推测和判断人的心理状态、行为动机、性格特征以及人与人之间的关系的过程。认知包括三个方面,即交往主体对自己、他人以及自己与他人关系的认知。人际交往的认知因素对人的社会行为起着控制和调节的作用。个体也正是在认知的基础上进行社会化并形成一定的人际关系;同时,人际交往的动机、自我意识、社会态度以及进而采取的各种社会行为都是以认知为基础的。有了对交往对象以及相互之间的关系的判断与认知,从而准确地对自我角色进行定位,与他人进行有效的交往。

其次是人际交往中的情感因素分析。《心理学大辞典》中认为:"情感是人对客观事物是否满足自己的需要而产生的态度体验。"情感的变化会对人的交往产生一定的影响。在某种特定的交往情境中,交往者如果表现出积极的态度,表现出真挚的情感,会使对方消除疑虑,进而感动对方;如果交往者缺乏真挚的情感,以一种敷衍的态度进行交往,则会令对方不满,令对方产生厌恶感,甚至会令对方痛恨。因此,在人际交往中唯有真挚的情感才能引起双方的共鸣。当然,人际交往中的情感表现应该根据特定的情境适时适度,这是人际交往的基础和基本要求。

最后是人际交往的行为因素分析。人际交往不仅表现为心理认知和内在的情感,而且还体现为交往行为。交往行为是个体的内在需要和周围环境相互影响的结果。这种行为是人们主动自觉地确定行动目标,并根据行动目标来调节自己的行动步骤,以实现行动目标的心理活动过程。它由选择行动和执行行动两个阶段构成。在人际交往实践活动中,人际交往的行为大致可以表现为两种方式:一种是表现出接受、友好、支持等积极行为;一种表现出拒绝、嫉恨、损害等消极行为。一般说来,交往一方的积极行为会引起另一方相应的积极行为;交往一方的消极行为会引起另一方的消极行为。人际交往中的心理机制是人际行为的重要心理现象,也是人际交往活动现实的、规律性的体现。

2. 心理学对影响人际印象形成因素的研究

人们之间在相互交往的过程中都会形成关于对方的印象。印象结果的好坏将会影响对对方的评价和判断。因此,印象的形成对人际交往有着重要的影响。各种人际印象的形成存在着许多复杂因素,但心理效应无疑是制约人际印象形成的重要因素,人际交往的心理效应会直接影响人际交往的效果与深度,了解并恰当运用心理效应可以更好地开展人际交往。这些心理效应主要有首因效应、近因效应、晕轮效应、刻板效应、投射效应等。

一是首因效应。首因效应也叫优先效应或"第一印象"效应。它是指通过最初接触到的信息所形成的印象对人们以后的行为活动和评价的影响，它主要是指人的知觉因素与情感因素相结合而产生的综合效应。在人际交往中，第一印象起着十分重要的作用，并常常成为以后继续交往与否的根据。无论是招聘面谈还是初到一个陌生的环境，给人留下的第一印象往往会成为以后对人的基本印象。虽然人们都知道仅靠第一印象来判断人是很片面的，可实际每个人都避免不了受第一印象的影响。因此，就必须重视人际交往中的首因效应，力求在人际交往中给人留下良好的第一印象，为以后的交流打下良好的基础。

二是近因效应。"近因效应与首因效应相反，是指在多种刺激依次出现的时候，印象的形成主要取决于后来出现的刺激，即交往过程中，人们对他人最近、最新的认识占了主体地位，会掩盖以往形成的对他人的评价。"[①] 近因效应提醒人们，在人际交往中要特别注意近期的表现，保持多年建立起来的良好形象。特别在熟人或老朋友的交往中，对每一次交往都要认真对待，千万不能因为一次出格的行为而破坏了多年建立起来的深厚情谊。积极发挥近因效应的正向作用，防止其负向作用，以建立起良好的人际关系。

三是晕轮效应。晕轮效应是指由对象的某种特征推及对象的总体特征，从而产生美化或丑化对象的现象。就像月晕一样，由于光环的虚幻印象，使人看不清对方的真实面目。因此晕轮效应又被称为"光环效应"。晕轮效应与首因效应一样普遍。它们的主要区别是：首因效应是从时间上来说的，由于前面的印象深刻，后面的印象往往成为前面印象的补充；而晕轮效应则是从内容上来说的，由于对对象部分的特征印象深刻，使这部分印象泛化为全部印象。所以，晕轮效应的主要特点是以点概面、以偏概全。在人际交往中，晕轮效应有美化和丑化对象的双重作用。因此，一方面，我们要利用自己的优势制造晕轮效应以增加自己的人际吸引力；另一方面，应注意不要被别人的晕轮效应所影响，陷入以偏概全的误区，同时要预防晕轮效应的副作用，防止不合理的泛化、主观臆断和片面认识。

---

① 李明、林宁：《人际关系与沟通艺术》，清华大学出版社2012年版，第28页。

四是刻板效应。刻板效应又称定型效应,是指人们用刻印在自己头脑中的关于某人、某一事物的固定印象,以此固定印象作为判断和评价人的依据的心理现象。在人际交往中,人们常常会用自己已经形成的某种不同的类去认识别人,于是便将不同的人归入自己所划的类,它可以简化人们的认知过程,有助于对人迅速作出判断,增强人们在人际交往中的适应性。但刻板效应也有其片面性,它容易阻碍人们对于某类社会成员新特征的认识,使人认识僵化、保守,一旦形成不正确的刻板印象,就会造成认知上的偏差,从而阻碍和限制人与人之间的正常交往。

五是投射效应。投射效应是指将自己的特点归因到其他人身上的倾向,是指以己度人,认为他人具有与自己相同的特征,把自己的感情、意志、特性投射到他人身上并强加于人的一种认知障碍。即在人际交往过程中,人们常常假设他人与自己具有相同的属性、爱好或倾向等,常认为别人理所当然地知道自己心中的想法。在人际交往中,要做到具体问题具体分析,在与他人交往的时候,既不能依据自身的喜好,也不能墨守成规地将大众公认的常理投射给他人,需要辩证地,实事求是、一分为二地对待别人和对待自己。

3. 心理学对人际交往的障碍及其克服的理论研究

在人际交往中,对人对事坚持客观公正、实事求是的态度是我们遵循的基本原则。但在实际交往过程中,总有一些主观或客观的因素影响着人们的正常交往,使人的交往产生障碍。客观方面的障碍有年龄、职业、性别和阶层等。但更重要的是主观方面的障碍即心理障碍,它是影响人际交往的异动力。在心理学中,对人际交往心理障碍的类型、危害性、成因以及障碍的排除方法都有系统的研究,它对于指导人们正常的人际交往有着重要的意义。

首先,人际交往中主观方面的障碍及其危害性。一是认知障碍。主要表现为:对自我的不良认知,对他人的不良认知,对人际交往本身的不良认知。二是情绪障碍。是指人对客观事物是否符合自身需要而产生态度的体验。在人际交往过程中,积极的情绪可以促进交往,而消极的情绪则会抑制交往。消极的情绪主要有愤怒、恐惧等。人在愤怒时会对阻碍自己交往的人有语言或行为上的攻击,结果往往引起他人对你的攻击。恐惧是对某一特定的物体、活动或情境产生持续紧张的、难以克服的惧怕情绪。当人在恐惧的时候，会极力回避引起自己恐惧的情境或事物，会严重地影响正常的交往、甚至学习和生活。三是性格的障碍。影响性格障碍的因素主要有自卑、害羞和嫉妒。自卑是一个人对自己的能力或品质作出过低的评价，从而产生的一种情绪体验。害羞是人际交往中常见的一种现象，主要是考虑的问题太多，面子薄，害怕与人交往。嫉妒是怨恨别人在某方面超过了自己的水平或能力而产生的心理状态，表现为对他人的长处、成绩心怀不满，报以嫉恨，乃至行为上冷嘲热讽，甚至采取不道德行为。这样一些不良的心理障碍会影响人们正常的交往。

其次，人际交往心理障碍的形成及排除方法。形成人际交往障碍的原因很多，既有个体自身的原因，也有社会的原因；既有特定成长阶段生理心理的原因，也有社会文化方面的原因。诸如语言方式沟通不当，情感交流受挫，空间距离的障碍，组织结构的隔阂，地位角色差异，交往态度、方式不妥等因素都会导致人际交往的心理障碍。为了使人们之间的交往更加顺畅，就需要重视人际交往障碍，排除心理障碍。比如改变不适当的生活态度和为人处世方式，开阔生活空间，积极参加社交活动，主动与人交往；正确认识自己，客观评价自己，发现自己的闪光点，自觉增强自信心，提高心理素质；保持良好心态，尽量克服消极、悲观和自卑心理等，从而与人能够正常交往。

人际交往是心理学研究的一个重要内容，并且形成了人际交往心理学和人际关系心理学等一些边缘学科，这都反映了心理学对人际交往问题的重视。但心理学对人际交往的研究只是侧重于揭示人际交往的心理机制，分析和探究影响人际交往的各种心理因素，它对人际交往的研究只限于个体心理层面，无法研究人际交往的社会历史文化背景，不能从影响人际交往的经济基础、政治背景、伦理道德和法律规范等方面深入探究人际交往。心理学意义的交往忽视了人际交往的社会意义。

（二）社会学对人际交往问题的研究

"社会学是关于社会良性运行和协调发展的条件和机制的综合性

具体社会科学。"① 社会是人的社会，人是社会的人，社会的良性运行和协调发展实质就是协调好个人、集体或组织、国家之间各自的关系，处理好个人与个人、个人与组织，个人、组织与国家之间的矛盾，最终达成各种关系的相互协调和各种矛盾的平衡状态。因此，从某种意义上说，社会学的研究离不开对人际交往，对人与人的关系的研究。马克思在《关于费尔巴哈的提纲》中指出："人的本质不是单个人所固有的抽象物，在现实性上，它是一切社会关系的总和。"② 人之所以成为人，就在于与其他人的关系，在于人的社会性。正因为人与人普遍进行的物质交往与精神交往，从而结成了政治、经济、文化、思想等各种社会关系。这样一些关系也正好是社会学所关注的重要内容。在社会学所研究的社会、社会角色、社会互动、社会群体、家庭与婚姻、社会组织、社会分层与社会流动、社区等重要内容中，无不包含着人与人之间的交往以及所形成的各种关系，而社会学对这样一些内容是从综合的眼光、综合的视角来考察的，社会学对人际交往的研究有自己独特的视角和方法。下面着重介绍几种以社会学视角和社会学方法研究人际交往理论的代表性观点。

1. 符号互动理论

"符号互动论（也称符号相互作用理论，symbolic interactionism）是一种通过分析在日常环境中的人们的互动来研究人类群体生活的社会学理论派别，它主要研究的是人们相互作用发生的方式、机制和规律。"③ 符号互动理论创立于 20 世纪 30 年代的美国，在社会学中，符号是指具有象征意义的、促进社会互动成功的各种沟通工具。符号互动理论的早期代表人物是社会学家米德，后期代表是美国社会学家布鲁默（H. G. Blumer）。米德认为，符号是人们社会生活的基础，人们通过各种符号进行交流互动，人们可以借助符号理解他人的行为，也可以通过符号评估自己的行为及对他人的影响。符号互动论认为，人们的行动是有社会意义的，人们之间的互动是以各种各样的符号为中

---

① 郑杭生：《社会学概论新修》（第三版），中国人民大学出版社 2003 年版，第 3 页。
② 《马克思恩格斯选集》第 1 卷，人民出版社 1995 年版，第 56 页。
③ 王思斌：《社会学教程》（简明版），北京大学出版社 2012 年版，第 46 页。

介进行的,人们通过解释代表行动者行动的符号所包含的意义而作出反应,从而实现他们之间的互动。在符号互动论那里,符号是基本的概念。符号是指所有能代表人的某种意义的事物,比如语言、文字、动作、物品甚至场景等。一个事物之所以成为符号是因为人们赋予了它某种意义,而这种意义是大家(相关的人们)所公认的。文字是一种符号,它是认识或使用该种文字的人的沟通工具。语言是所有符号中最丰富、最灵活的一个符号系统,通过口头语言、身体语言(包括表情与体态)等人们可以传达各种意义,实现人们之间的复杂交往。物品也是重要的符号,比如红领巾是青少年的标志,国徽是国家的象征。

2. 自我呈现论

自我呈现论又可称为"拟剧理论""戏剧论""印象整饰"或"印象管理"。这一理论是由美国社会学家欧文·戈夫曼提出的。戈夫曼认为,人们在交往的过程中试图借助自己的言行向他人呈现与自己意愿相符的自我形象,借此对他人施加影响,控制他人对待自己的方式,这也就是人际交往的动机。人生是一个大舞台,每个人都是这个舞台上的演员,他们都会按照剧本的要求扮演各种角色。为了期望他人产生与自己要求一致的印象,每个人都在运用各种技法对自己呈现给他人的印象进行控制、管理和整饰。戈夫曼主张交往应该把注意力转移到人们呈现自我形象的各种技法上,仔细分析这些技法产生效果的原因。戈夫曼的自我呈现理论强调人们在交往中的动机和目的,重视发挥人的主观能动性,要求人们积极地、主动地呈现自我,以自己真诚的毫无保留的呈现来换取别人的信任,这对于人际交往有其积极的意义,但是,该理论认为交往仅仅是为了获得对方的报答,为了实现交往的目的,可以不择手段,将他人和社会的利益置之度外,这种极端个人主义的表现是我们在人际交往中极力回避的。

3. 象征交换理论

象征交换理论又称相互作用理论、象征互动理论。布鲁默是象征交往理论的主要倡导者。他始终严格遵循米德的学说。根据米德的理论,布鲁默认为人类的群体生活是意识、思想、自我和行动的主要基础。人是根据意义而采取行动的,意义来自社会交往,交往的媒介是语言。通过语言的使用,个人就要想到他人的态度和角色,从而把自己当作对象。这一过程导致自我的出现,个人既是行动者,又是对象,对周围的情境有自己的理解。人类群体是共同行动,文明是共同行动中的行为方式。多个人的行动凑在一起构成共同行动,共同行动的总和为社会生活,社会是人与人之间交往的结果。

4. 交换理论

交换理论是由美国社会学家霍曼斯(G. C. Homans)于20世纪50年代创立的。"霍曼斯的交换理论认为,人与人之间的各种互动,从根本上说是一种交换的关系所决定的交换过程。个人利益是人们之所以相互交往背后的普遍动机。人们像行为心理学家斯金纳实验中的动物一样,倾向于为了奖赏而做事。而人们又为了相互的需要而交换奖赏。如果一种行为从正面得到支持或奖赏,那么它在将来就更可能重复出现。当然,奖赏不一定都是有形的,许多互动过程中人们所提供的只是感情上的奖赏。但它毕竟也是一种奖赏,许多人正是为了得到感激而付出某种行为或使自己的行为迎合别人。交换理论的一些观点在解释现实社会生活中许多人际交往、互动行为方面的确有它独到的作用。不论是平常人们所说的'礼尚往来''互通有无',还是生活中形形色色的社会交往、人际关系,都可以从交换理论的角度作出一番解释。许多社会学家还将这种理论应用于研究组织活动、婚姻、友谊等领域,甚至用来研究夫妇之间的关系。"[1]

5. 社会冲突理论

德国社会学家齐美尔(G. Simmel),又被译为西美尔。在关于社会互动形式的论述中,齐美尔对社会冲突作出了卓有成效的研究,并成为现代社会冲突论的重要思想来源。首先,齐美尔把冲突视为一种主要的、正常的社会交往形式,它是以交往存在着差异、分歧、对立和敌意为基本前提的。冲突是社会交往中的固有部分,不存在不包含冲突因素的交往。稳定的交往关系则意味着在冲突与协调两者之间达成了平衡,而不在于它排除了冲突倾向。社会交往既需要结合,也需要对立、排斥。一定程度的冲突是群体形成和群体生活持续下去的基本要素,因为:一方面冲突能起到划清界限,帮助交往各方保持自身

---

[1] 风笑天:《社会学导论》(第二版),华中科技大学出版社2008年版,第145页。

特点的作用；另一方面，冲突可以宣泄敌对情绪而使交往关系得以维持。其次，齐美尔对冲突的类型进行了分类。齐美尔在对冲突进行分类时主要采取了两种方式，一种方式是把冲突划分为手段型冲突和目的型冲突；另一种方式是把冲突划分为个人冲突和超个人冲突。手段型冲突是针对特定目标的，它的理性色彩较强，感情色彩较弱。手段型冲突可以用其他非冲突性交往形式代替，但其交往对象却始终不变。目的型冲突不针对任何特定目标，单纯为了宣泄敌对情绪，具有强烈感情色彩，不可能用其他非冲突手段替代，然而交往对象却容易改变。所谓个人冲突是行动者单纯为了自身利益而进行斗争，超个人冲突是指行动者作为某一集体的代表而参与冲突。由于剔除了个人因素，超个人冲突往往更加深刻、更加激烈，更具有不可妥协性。再次，齐美尔对社会冲突的功能做了详细的论述。与当时流行的看法相反，齐美尔不认为冲突是一种病态的、破坏社会结合的现象。在他看来，与社会结合相对立的概念不是冲突，而是冷漠、疏离、不介入。而冲突实际上是和结合密切相关的。"概而言之，冲突具有如下的社会结合功能。其一，冲突促进共同规范并发展了这些规范。其二，冲突推动了各方组织化的发展。在冲突中，一方的组织化将刺激和推动对方的组织化。其三，冲突通过各自实力的显示和较量而有助于和解。和解的前提是冲突各方意识到各自的实力，然后达成相互妥协，而冲突通过展示实力而增加了对实力的认识。其四，冲突创造了联合。冲突是促使那些共同利益较少、异质性较强的社会成员相互结合的重要因素。"[1]

在社会学中，研究交往问题一般是把交往放到社会、文化和历史的大背景中，既关注各种文化网络的交往，也关注个体与社会的交往关系，社会学中研究交往往往把其放置于人的日常生活领域，把社会交往中的日常事件作为分析对象，提出通过人与人之间的语言、意义沟通，最后达到双方的理解，从而建立起良好的人际关系，社会学中的这样一些理论对大学生人际交往的构建是有一定的借鉴及启发意义的。但社会学对人际交往的研究也有其自身的不足，社会学对交往倾

---

[1] 黎民、张小山主编：《西方社会学理论》，华中科技大学出版社2005年版，第100页。

向于工具化的理解,"即把交往仅仅看作是人与人之间沟通的一种手段、工具,将世界和他人客体化、对象化乃至'工具化'和'实用化',则是不全面,也是不深刻的"①。

(三) 教育学对人际交往问题的研究

教育活动总是在主客体之间的交往互动中进行的,交往是教育主客体关系确立的基本形式和途径,如果离开了交往,教育主客体之间的关系就只能是外在的,而不能成为教育力量的真正源泉。在教育过程中,肯定交往的意义,就内含着对平等、民主的人际关系以及对其他个体开放心态的倡导,以及对个体独特性、差异性的尊重与崇尚。在教育发展史上,人们很早就认识到了教育交往在教育活动中的重要作用。比如,孔子提出"独学而无友,则孤陋而寡闻""教学相长",以及"三人行,必有我师焉",从孔子的论述中我们可以看出他对教育活动中人与人之间交往的重要性的认识。古希腊思想家苏格拉底倡导的"对话法",其实也是一种师生之间的交流互动。苏格拉底是以对话的方式启发人们的心智,让人们认识到对话在人们交往和在认识真理过程中的重要性。他把自己的这种对话方式称为"助产术",寓意开启智慧、循循诱导。

国外一些教育理论流派指出,在教育活动中,应加强受教育者在教育活动过程中的作用,加强师生之间的平等交流,在师生之间确立一种相互信任、相互尊重、相互合作的新型师生交往关系,并且他们各自阐发了自己的见解。

1. "非指导性"教学理论

罗杰斯 (C. R. Rogers),当代人本主义教育思想流派的代表人物,他针对传统教育忽视交往,忽视个体内在潜能,仅仅把学生当作接受知识的容器,采取控制、灌输等教育方式,提出了"非指导性"教学理论。他认为传统教育的特征是"指导性"的,即教师是知识和权力的拥有者,可以支配学生的学习。而"非指导性"则强调学生在学习中的自主决定权,教师是学生学习的"促进者",老师的任务

---

① 彭未名:《交往德育论》,山西教育出版社2010年版,第23页。

主要在于帮助学习什么，安排学习活动与材料，帮助学生发现所学东西的个人意义，维持某种促进学习过程的心理氛围。罗杰斯认为，在教学活动过程中，老师与学生之间是一种人对人的"帮助"关系，这种关系能够"促进生长、发展、成熟，改善机能，改善处世能力"，而这样一种人际关系正是人们所渴望的。在这种关系中，情感和情绪能自发地表现出来而不受各种各样的胁迫；在这种关系中，沮丧的、欢快的以及各种感情能被分享；在这种关系中，能冒险地采取新的行为方式，并且不断地加以提高。总的说来，在这种关系中，学生能被老师给予充分理解和接受。在罗杰斯看来，教学活动效果的好坏并不在于教师的专业水平和教学技巧，而恰恰在于良好的人际关系。教师要发挥"促进者"的作用，还必须具备"真诚""接受""理解"（或者说是"移情性理解"）的品质。

罗杰斯的"非指导性"教学理论，把教学活动中师生之间的人际交往，把师生之间的人际关系放到了一个突出的位置，强调了师生关系平等和课堂良好氛围的重要性，认为教学活动基础并非是课程、思想过程或其他智力资源，而是师生之间和睦的人际关系。需要说明的是，"非指导"并不是说不要指导，而是尽可能采取间接的、不明示的、不命令的、不作详细指示等方法。当然，这种"非指导"在某种程度上对教师的作用有所忽视，这是我们在教学实践中需要注意的。

2. "合作"教育学理论

苏联的阿莫纳什维利是合作教育学的代表人物，他从人道主义出发，以促进儿童的个性和谐和整体发展为目标，从合作、信任、平等的"志同道合者"的关系，倡导建立一种人道的、民主的、合作的新型师生关系，强调了教师在教育活动过程中的重要作用，并肯定了学生在教育活动过程中的主体地位。阿莫纳什维利指出，合作教育的重要任务就是要消除传统师生之间对立和冲突状态，进而建立一种新的人道主义的师生关系，使教育过程民主化，"合作的教育学不仅应当成为智力发展的教育学，而且应当成为个性发展的教育学"[①]，同

---

① ［苏联］沙·阿·阿莫纳什维利：《个性的民主化》，朱佩荣译，《外国教育资料》1998年第1期。

时，阿莫纳什维利指出："我所致力的目标，是要找到这样一种教学方法：不是把知识填入儿童的脑袋，而是让他们设法向我'夺取'知识，经过与我的'智力搏斗'，去掌握知识，通过孜孜不倦地探索去获得知识。"①

在阿莫纳什维利看来，师生关系和师生交往的方式是学校生活得以维系和建立的关键——"只有师生关系建立在人道原则基础上的教育过程，才是对学生的个性发展，同时也是对作为个性特点的认识积极性的发展最有效的教育过程。"② 因此，教师应该更多地关心关怀儿童，乐于帮助儿童，与儿童建立民主和谐的师生关系，摒除与儿童交往中一切有损儿童自尊心和抑制个性发展的不良因素。建立与儿童和谐相处、民主互动的交往方式和良好的人际关系。从而使儿童对教育活动产生好感而积极参加到师生共同的教育活动过程中来，使他们得到与老师交往的快乐、认识的快乐、发展的快乐和成长的快乐。

以阿莫纳什维利为代表的合作教育学认为，师生之间的合作是学校人际交往和人际关系中最基本的方面。另外，学生之间的合作、学校与家庭的合作，以及学校与社会的合作也是"合作"教育学所强调的重要方面。总的说来，"合作教育学强调通过各种合作的办法，来培养学生的合作精神，强调大学互相关怀、互相信任、互相尊重，老师在愉快的环境中，在良好的人际交往互动中来引导学生学习，学生在获得成功的体验中欢乐地学习"③。

3. 交往教学论

在教育理论里，系统地探究教学中的师生之间的交往互动并形成自己体系的当数德国的"交往教学论"学派。以德国的 K. 沙勒（K. Schaller）和 K. H. 舍费尔（K. H. Schafer）为代表，提出了"批判—交往教学论"。"交往教学论以交往理论为基础，认为学生学习的最高目的就是'解放'。为了使教学活动成为一个'解放'的过程，就必须把教学视为一个不断地摆脱社会的、技术的、自然的与他

---

① [苏联] 沙·阿·阿莫纳什维利：《学校没有分数行吗？》，朱佩荣译，教育科学出版社 1986 年版，第 6 页。

② 同上。

③ 张天宝：《走向交往实践的主体性教育》，教育科学出版社 2005 年版，第 64 页。

人的各种压制的过程,把教学活动视为一种教师与学生之间的交往过程。在这一过程中,教师和学生享有平等的或者说同等的自由,即学生的自由不是教师施舍给学生的那种自由,而是学生自身应有的自由。"①

舍费尔认为,在日常教学活动中,教师与学生之间的交往互动主要有两种相互作用的形式,一种是对称的相互作用形式;另一种是补充的相互作用形式。其中对称的相互作用形式意味着交往的教学活动过程中的教师和学生具有同样的自由活动余地,具有同等的说话权利,没有特权者,不允许任何人支配和压制他人;而补充的相互作用形式则与对称的交往形式正好相反,是指交往的参加者具有不同的自由活动余地,他们之中有人是起主导作用的,是站在给予他人的地位上的,也可以说是起补充别人不足作用的,比如教师在教育活动中在知识、权力、能力和社会地位等方面始终占据优势和在先地位。因此,学生要取得与教师平等交往的自由,就必须不断地提高自己,发展自己,使自己具备各种才能与自我负责的态度等素质,这一过程也就是交往教学论所提出的"解放"的教学目标。

为了实现师生之间交往的合理化,交往教学论另一代表人物沙勒认为,教学活动中的交往应该具有以下一些基本特征:一是合理的交往是一种合作式的交往;二是参加交往的各方都持平等的态度;三是在交往中要真正做到民主;四是由于交往的参加者的实际地位不是同等的,因此必须促进相互取长补短的兴趣和理智相处的态度;五是逐步创造条件,使不带支配性的交往行为成为可能;六是相互传递的信息是最佳的信息;七是现在的交往将为以后的合理交往创造条件;八是合理交往的结果将取得一致的认识,但并非一切合理的交往都必须达到一致的认识,尤其是不允许在交往结束时作出盲目的决定。

总之,交往教学论认为,只要在教学活动中贯彻了这些合理的交往原则,师生之间的交往就会相处融洽,能畅所欲言地表达思想与自由。对学生来说,他们的学习将是轻松愉快的,不再有压力感,也没有人强制他们去服从固定的信条,一切都顺其自然,教师与学生正是

---

① 张天宝:《走向交往实践的主体性教育》,教育科学出版社2005年版,第65页。

通过这种合理的交往渐渐地接近"解放"的目标。

(四) 管理学对人际交往问题的研究

人类的生存和发展离不开交往，人们就生活在人与人结成的各种错综复杂的人际关系之中，但真正把处理复杂的人际关系作为一门科学和艺术则是从管理学开始的。从管理学的历史来看，美国古典管理学家，科学管理理论的主要倡导者泰罗注重操作规程、工作定额、差别工资、职能分工等提高生产率的管理问题，但其不足在于把人看作像机器一样的工具，缺乏管理过程中对人际交往及其关系的研究。在管理学发展的以行为科学为代表的第二阶段，以梅奥、罗特利斯伯格、马斯洛、赫茨伯格、卢因等人的行为科学管理理论则开始了对人际交往及其关系的系统研究。他们的管理理论侧重研究人的需求、行为动机、人际关系以及对人的激励等问题，强调人际关系在管理过程中的重要性，主张通过多种方式激励人的积极性，提高人的生活、工作满意度，进而提高管理绩效。这样一种理论使管理学从以往单一注重科学性、合理性、纪律性转而在管理过程中开始关注人、关心人，尤其是在管理过程中重视人与人之间的交往及其结成的各种关系，继而促进了人际关系学说的形成，为建立人际关系学科奠定了一定的理论基础。这种注重人际交往和关注人际关系的管理理论主要有：

1. 人际关系管理思想

美国人乔治·梅奥（Gedrge Elton Mayo），行为科学的早期代表人物，人际关系学说（也称人群关系理论）的创立人。1924—1932年，由他负责在美国西方电器公司下属的霍桑工厂中进行了著名的"霍桑试验"。之所以在这个工厂进行试验，是因为霍桑工厂虽然有比较好的物质待遇和福利条件，但是工人仍然愤愤不平，生产效率也很不理想。为了探究原因，先后进行了四个阶段的试验。梅奥对历时近八年的"霍桑试验"的结果进行了总结和分析，于1933年出版了《工业文明中人的问题》一书，标志着管理学发展到了"以人为中心"的新阶段。书中的理论被称作"人际关系学说"，其基本要点有以下几个方面：

首先，工人是"社会人"，而不是单纯的由金钱驱使的"经济人"。梅奥认为泰罗把工人看成是只追求物质利益的"经济人",其倡导的科学管理方法主要是通过改善工作条件、工资报酬来刺激工人提高劳动生产率。但是,霍桑实验表明,工作条件、工资报酬等并不是影响劳动生产率高低的第一因素。工人是"社会人",工人除了有生理和物质方面的需求以外,他们还有很多社会、心理方面的需求,即追求人与人之间的友情、忠诚、关心、理解、爱护、安全感、归属感和受尊重等。因此,强调必须同时从社会、心理方面来激励工人提高生产率。

其次,企业中除了正式组织外,还存在着非正式组织。正式组织是企业为了实现其目标所规定的成员之间职责范围的一种组织结构,主要体现在组织结构、职权划分、规章制度等方面。梅奥认为,人具有社会性,在企业的共同工作当中,人们相互联系,会自然形成一种非正式团体(亦可称其为非正式组织),在这种团体中人们具有共同的感情和爱好。非正式组织形成的原因是多种多样的,有地理位置关系、兴趣爱好关系、亲戚朋友关系、工作关系等,这种非正式组织有它特殊的感情、规范和倾向,左右着成员的行为。梅奥还认为,非正式组织对企业来说有利有弊。它的缺点是可能集体抵制上级的政策或目标,强迫组织内部的一致性,从而限制了部分人的自由和限制产量等。它的优点是使个人有表达思想的机会,能提高士气,可以促进人员的稳定,有利于沟通,有利于提高工人们的自信心,能减少紧张感觉,扩大协作程度。梅奥还指出,作为管理者的一方,要充分认识到非正式组织的作用,注意在讲求效率的正式组织和讲感情的非正式组织之间取得平衡,以便使管理人员之间、工人与工人之间、管理人员与工人之间搞好协作,充分发挥每个人的作用,提高劳动生产率。

最后,新型的领导人员的领导能力在于提高工人的满足度,以提高工人士气和干劲,进而提高工人的生产效率。梅奥认为,促进生产率提高的最重要因素是工人的"士气",而"士气"又取决于家庭、社会生活和企业内的人际关系,即取决于工人社会需要和心理需要得到满足的程度。在工人所希望满足的需要中,金钱只是一部分,更多的是安全的需要、归属的需要、尊重的需要等社会性心理需要。所以,领导者不仅要具有解决技术经济方面问题的能力,还要具有善于了解职工思想感情、掌握职工思想情绪、解决人际关系的能力,即要具有把企业的经济需求同职工的社会心理需求结合起来和统一起来的新型领导能力。"人际关系学说,使管理学的研究从'以事为中心,以人来适应事'的阶段发展到'以人为中心'的管理阶段,使管理学的发展又向前推进了一大步,并为后来行为科学理论的发展奠定了基础。"[①]

梅奥的人际关系学说（人群关系理论）为管理思想的发展开辟了新的领域,标志着管理思想的研究从早期单纯重视对组织形式及方法的研究,开始转向对人的因素在组织中的交往及其作用的研究。其主要贡献在于:注重人的因素、关注人的社会、注重人的交往、人的生理需求。该理论也存在一定的局限性:过分强调"非正式组织"的作用,过多强调情感的作用,过分否定经济报酬、物质条件的影响。[②]

2. 个体行为理论

人是构成组织的最小单元,既是组织管理活动的具体执行者,也是影响管理过程和管理结果的关键。个体行为理论正是在人际关系理论研究的基础上,进一步深入研究人类行为产生的原因及人的行为动机和发展变化的规律,探寻激发人的动机、调动人的积极性的激励因素,试图从中找到有效的管理方式。因此,可以说它是行为科学理论的核心内容,主要包括需要理论、激励理论及人性管理理论。

根据人类行为的基本模式,人的行为是由动机支配的,而动机又是由需要所引发的,人的行为总是有目的的。当目标实现后,人就进行满足需要的活动,然后又产生新的需要,再引发新的动机,这样周而复始。需要是人的行为的原动力,对人的需要进行研究是行为科学理论研究的起点。这类理论着重研究人的各种需要,确定这些需要的主次顺序或结构,以及满足何种需要将导致最大的激励等。其代表性的有需要层次理论、生存关系及发展理论、成就需要理论等。

一是马斯洛的需求层次理论。美国著名心理学家亚伯拉罕·马斯洛（Abraham Maslow）认为,人的动机是由多种不同层次与性质的需

[①] 郑文哲:《管理学原理》,科学出版社2005年版,第33页。
[②] 李海峰、张莹主编:《管理学原理与实务》,人民邮电出版社2010年版,第31页。

求所组成的，而各种需求间有高低层次与顺序之分，每个层次的需求与满足的程度，将决定个体的人格发展境界。由低到高，并分别提出激励措施。其中底部的四种需要（生理需要、安全需要、归属和爱的需要、尊重的需要）可称为缺乏型需要，只有满足了这些需要个体才能感到基本上舒适。顶部的需要（自我实现需要）可称为成长型需要，因为它们主要是个体的成长与发展目标。晚年马斯洛在自我实现需要的基础上又提出了超自我实现需要，作为其超人本主义心理学的某种总结。

马斯洛需求层次理论假定，人们被激励起来去满足一项或多项在他们一生中很重要的需求。更进一步地说，任何一种特定需求的强烈程度取决于它在需求层次中的地位，以及它和所有其他更低层次需求的满足程度。马斯洛的理论认为，激励的过程是动态的、逐步的、有因果关系的，在这一过程中，一套不断变化的"重要"的需求控制着人们的行为，这种等级关系并非对所有的人都是一样的，社交需求和尊重需求这样的中层需求尤其如此，其排列顺序因人而异。不过马斯洛也明确指出，人们总是优先满足生理需求，而自我实现的需求则是最难以满足的。因此，在管理活动中采取一些针对性强的措施，满足人的多层次、多元化的需要以调动人们工作的积极性和创造性，进而推动管理目标的实现。

二是赫茨伯格的双因素理论。美国行为科学家弗雷德里克·赫茨伯格在大量调查研究的基础上，提出了保健因素和激励因素理论，简称双因素理论。20世纪50年代后期，赫茨伯格和他的助手们在匹兹堡心理研究中心，对9个部门中的203名工程师和会计师的工作情况进行调查。赫茨伯格设计了许多问卷，其内容有：什么时候你对工作特别满意？什么时候你对工作特别不满意？引起这些特别感情反应的条件是什么？等等，请受访者一一回答。他通过对大量调查获得的资料分析发现，人们不满意于工作时大都同他们所处的工作环境有关；而满意工作时则满意于工作本身。因此，他提出激发人的动机有两种因素：一种叫保健因素，即工作环境、工作关系的因素；另一种叫激励因素，即属于工作本身、工作内容的因素。

赫茨伯格认为："保健因素和激励因素都会影响人的行为动机，

但其作用和效果不一样。如果保健因素处理不当，满足不了人们对这些因素的需要，就会严重挫伤人们的积极性，使大家产生不满情绪以至消极怠工。如果这类因素处理得当，使人们对这类因素的需要得到满足，就能消除人们的不满，但不能使职工变得非常满意，仍不能调动人们的积极性，这如同保健只能防病而不能治病一样。如果激励因素处理得当，会使人产生满足感，有助于充分、有效、持久地调动人们的积极性，有很大的激励作用；如果激励因素处理不当，那么人们就不会产生满足感。"[①]

3. 人性假设理论

美国心理学和行为科学家埃德加·沙因（Edgar Schein）的人性假设理论，即人的本性是什么以及怎样根据人的本性进行管理。由于对人的本性的认识不同，因而对人性的假设也就不一样。由于对人性的不同假设，因而会导致其管理方式的不同。有关人性的假设，埃德加·沙因通过分类排列提出了经济人假设与社会人假设理论。

一是经济人假设。这是古典经济学和古典管理学关于人的特性的假设。经济人假设盛行于19世纪末和20世纪初。这种假设从一种享乐主义哲学观点出发，认为人的行为是在于追求本身最大的经济利益，工作的动机是为了获得报酬。科学管理理论的创始人泰罗就是持"经济人"观点的典型代表。沙因把经济人的假设归纳为以下几点：

第一，人是由经济诱因来引发工作动机的，其目的在于获得最大的经济利益；第二，经济诱因在组织的控制之下，因此，人被动地在组织的操纵、激励和控制之下从事工作；第三，人以一种合乎理性的、精打细算的方式行事；第四，人的情感是非理性的，会干预人对经济利益的合理追求，组织必须设法控制个人的感情。

从上述的假设出发，管理者在管理中必然要采取"命令与统一""权威与服从"的管理方式。管理者把人看作物件一样，忽视了人的自身特征和精神需要，只注意人的生理需要和安全需要的满足，把金钱作为主要的激励手段，把惩罚作为有效的管理方式，采用软硬兼施

[①] 周世德主编：《当代西方管理学简明教程》，天津人民出版社2001年版，第22—23页。

的管理办法。

二是社会人假设。这是人际关系理论创始人梅奥等人依据霍桑试验提出来的。它在20世纪30—50年代较为盛行。这种假设同"经济人"假设大不相同。社会人假设认为，满足人的社会需求往往比经济利益更能调动人的积极性，良好的人际关系是调动人的积极性的决定性因素，物质刺激只具有次要的作用。沙因把社会人假设行为归纳为以下几点：

第一，人基本上是由社会需求而引起工作动机的，人们最重视人与人之间的相互关系；第二，现代工作的机械化程度越高、分工越细的结果，使工作本身变得单调、枯燥乏味，因此，人们只能从社会关系上去寻求意义；第三，工人对同事们的社会影响力，要比对管理者所给予的经济诱因及其控制更重视；第四，工人的生产效率决定于上司能满足他们社会需求的程度。换句话说，工人的社会需求的满足与否，决定其生产率的高低。

从上述假设出发，管理者在对人的管理中必然采取启发与诱导、民主与参与的管理方式。采取这种管理方式能按照每个人的爱好，安排具有吸引力的工作，发挥其主动性和创造性；重视人的自身特征，相信职工能自觉地完成任务，而不把外部控制、操纵、说服、奖惩等作为促使人们努力工作的唯一办法。

总之，"社会人"假设理论与"经济人"假设理论相比，它把人看成是有思想、有感情、有人格、有血有肉的活生生的"社会人"，物质和金钱虽然对其劳动积极性有重要影响，但并不是决定性的因素，起关键作用的是职工在工作和人际交往中建立和发展起来的人际关系，人们可以从人际交往中获得工作和生活的乐趣。在管理工作中，"社会人"假设理论强调以人为中心的管理，要比单纯强调以物质激励为中心的"经济人"假设更有进步性，它对于人际交往理论的发展具有积极的借鉴意义。

四　人际交往的结构剖析

人际交往是日常生活中的一种普遍现象，有其存在的意义和根据，并有其特定的要素与结构。人际交往作为多种要素的结合体，首先表现为一个静态系统。作为一个活动的过程，它又表现为一个动态系统。因此，人际交往的结构可以从静态与动态两个视角来分析。

（一）人际交往的静态结构

系统论认为，世界上的事物、现象都是作为系统而存在的，系统又有其自身内在的结构，而结构又是由一定的要素组成的。人际交往的静态结构包括三个要素：即交往的主体、交往的媒介和交往的环境三项基本要素。

1. 交往的主体

所谓交往的主体是指进行交往活动的所有的人。交往是一种处理社会关系的实践活动，总是在现实的主体双方之间进行的。"交往的主体是人，这里的人既可以是单独的个人，也可以是组织或群体，人是交往行为的发动者，是群体交往活动的策划者、组织者和参与者。"[①] 强调交往的主体是交往活动的双方，原因在于人际交往过程是一种民主的、平等关系的体现，而不是传统的"主体—客体"二元对立的模式，客体往往处于被动的地位，受主体的支配，是一种把客体物化的不平等关系。人际交往的双方应是一种主体间性（主体际）的体现。"人际交往活动是主体间的活动，主体性是交往活动的本质特征。而这主体性主要是通过主体的自主性、主观性和自为性来实现的。交往活动是主体从自身需要出发，实现自身目的的活动，具有自主性；主体对交往结果的预设和交往结果的把握，以及对交往信息的理解，是一种心意以内的过程，具有主观性；自为性则是自主性和主观性的统一，它表明交往主体之间的作用过程，归根结底是交往主体自为的活动，是自我创造和自我实现。"[②] 人际交往总是一个双向互动的过程，具有明显的相对性，因此，人际交往双方的关系是主体与主体的"主体间"关系，而不是一方将另一方作为物、作为满足自身需要的工具的"主客"关系。

---

① 姚纪刚：《交往的世界——当代交往理论探索》，人民出版社2002年版，第52页。
② 吕梁山：《交往结构及要素浅探》，《辽宁师范大学学报》1997年第3期，第8页。

2. 交往的媒介

人际交往的媒介是指交往活动得以正常开展的中介手段，在人际交往过程中，人际交往必须借助于一定的符号系统才能使信息的传递得以实现。而符号系统是人际交往的工具或媒介，主要包括语言符号和非语言符号。

首先是语言符号系统。语言符号系统中的语言是一种社会现象，指语言是人类特有的、约定俗成的符号系统，是人类最重要的交往媒介。作为人际交往的媒介，一方面是主体思维活动得以进行的中介形式；另一方面也是人际交往得以进行的中介形式。由于人们之间交往的需要而产生的语言。其基本功能除了思维功能之外，就是它的沟通功能，它是不同个体之间交流的桥梁，是不同的个体心理活动彼此发生影响的最有效的工具。可以说，语言对个体而言是进行思维的工具，对交往着的群体而言则是表达其思维结果的工具。语言作为人际交往的中介，其本身也需要某种物质载体，语言符号的载体是随着实践的发展而发展的。"文字的发明、印刷术的发明，使得思想能够在广阔的时空范围传播和交流。互联网的出现，更是一个革命性的事件，它极大地突破了以往各种语言符号载体的局限性，对人类的交往方式无疑会产生极为巨大的改变作用。"[①] 在人际交往过程中，语言符号系统通常被分为口头语言和书面语言两种。口头语言是人际交往中应用最广、收效最快的媒介，因为在通常情况下，口头语言使用的情境是直接交往。在直接交往情境中，提供了双方充分相互作用的机会，反馈调节在说者和听者之间及时进行，保证了交往的效果。

其次是非语言符号系统。语言虽是人们最便捷的交往媒介，但却不是唯一的媒介，非语言符号系统在人际交往中同样具有重要意义。在人际交往实践中，人们常常运用非语言符号表达自己的情感、态度、兴趣和思想观念等，如用眼神传情、用身体姿势表意、用非语言的声音表达情感等。"有研究表明，在两个人的交往过程中，语言所传递的信息不到全部信息的35%，65%以上的信息是由非语言符号

---

① 马克思主义哲学编写组：《马克思主义哲学》，高等教育出版社2009年版，第83页。

传递的,甚至有时非言语行为会泄露信息传递者更多的信息。"① 非语言沟通是语言沟通的重要的辅助性手段,一般而言,语言沟通更多的是用来表达信息,而非语言沟通则更多地用来表达情感。当然,这只是相对而言的。非语言符号系统一般有以下几种形式,分别归入无声的非语言沟通和有声的非语言沟通两类。

第一,无声的非语言沟通。手势、面部表情、体态变化等都属于这个系统。动态无声的皱眉、微笑或静止无声的站立、依靠、坐态等都能在交往中起作用。除此之外,身体空间也传递了一些人际交往的信息。无声的非语言沟通具体又分为动态符号系统和静态符号系统。其中动态符号系统主要包括面部表情与肢体语言。静态符号系统包括静态姿势和个体空间距离。

第二,有声的非语言沟通。它包括辅助语言系统和类语言系统。辅助语言系统是指说话过程中的音量、声调节奏与强度、说话速度及声音的忧郁和颤抖等。而类语言是指无固定语义的发音,苦笑、哈欠、呻吟、喷嚏等都是类语言。

3. 人际交往的环境

所谓交往的环境是指人们进行交往活动所处的各种环境的总和。人们无论从事什么活动,总是离不开一定的环境条件。人际交往活动也不例外。人际交往活动是在一定的环境下进行的。"交往环境包括交往条件和交往情境两个方面。交往条件包括交往的空间、时间、频率、地点等。人们在交往的过程中能否适应乃至很好地利用交往的环境,关键就在于能否合理地利用交往的条件。交往情境是人际交往的重要环境,它通常以交往双方的内在心情的形式出现,它实质上是人的外在环境与内在心情的有机统一。诸如尴尬局面、紧张气氛、矛盾冲突等,都直接或间接地影响着人们的交往兴趣、交往行为和交往效果。"② 因此,在人际交往中,人们应该了解和掌握一些处理交往情境的艺术。

在人际交往活动中,上述三个要素缺一不可,三个要素之间相互

---

① 乐国安:《社会心理学》,广东高等教育出版社 2006 年版,第 331 页。
② 蒋春堂:《公共关系学教程》(新版),武汉大学出版社 1994 年版,第 299 页。

联系、相互作用，成为一个有机的整体。在这一整体中，交往主体是交往活动发生的先决条件，是人际交往的承载者，如果没有交往主体人的存在，就无所谓人际交往，也不能形成一定的人际关系。交往媒介是交往主体进行交往的中介，是传递信息的载体和通道，只有借助于交往媒介，交往主体之间才能传达和接受信息。交往环境是交往活动赖以进行的条件。无论什么人，运用什么媒介进行交往，都离不开特定的环境，即交往都要在一定的主客观条件下进行。因此，三个因素相互联系，相互作用构成人际交往活动，人际交往就是主体双方通过一定的传输媒介在一定的环境中进行的心理和行为的沟通与互动。其中，从事交往的人是主体，媒介是交往手段，情境是交往活动的条件。"主体可以创造、选择、改变媒介和环境，媒介和环境同样也影响主体的交往活动。"①

（二）人际交往的动态结构

"人际交往的动态结构包括三个方面：人际沟通，人际认知和人际影响。"② 人际沟通即交往活动中主体双方的信息交换活动。沟通既包括认识上的，也包括情感上的。沟通既能以语言为媒介，也能以身体姿态表情为媒介。信息沟通是人们交往行为的基础和前提。人际认知是在沟通基础上人与人之间的相互觉察，了解以及在此基础上的相互理解。伴随着相互认知，交往主体双方产生喜欢或厌恶的情感倾向。人际影响是指交往主体双方在心理上和行为上的相互作用。在人际交往活动中，一方发出的信息刺激会引起另一方心理与行为上的反应，这种反应又会作为新的信息刺激作用于前者，由此产生双方的相互作用和相互影响。

人际沟通，人际认知和人际影响是人际交往动态过程的三个方面，在具体的交往活动中，它们相互联系、相互协调。一般地说，人际交往以人际沟通为起点，而在沟通的同时人们又开始人际认知，在人际沟通、人际认知中，人际影响实际上已经发生。两个人一见面，

---

① 邵伏先：《人际交往心理学》，重庆出版社1988年版，第37页。
② 袁俊昌：《社会心理学纲要》，三环出版社1990年版，第182—183页。

首先通过语言符号或非语言符号或者两者兼用来传达信息，双方总是有意或无意地接受并且理解这种信息，从而作出某种相应的反应。同时，只要有他人在场，人们的行为、言谈就会发生相应的变化。这说明，在人际交往实践活动中，人际沟通、人际认知、人际影响相互作用是统一的，我们只能在思维活动中把它们抽象地加以区别研究。

五　人际交往的功能探究

人际交往的功能指交往对个体与社会所产生的积极作用与影响。正确认识人际交往的功能有助于我们深化对人际交往本质的认识和理解。人际交往既是形成人际关系的基础，同时又是人际关系得以维持和发展的重要途径和方式。人际交往不仅是维持个人之间关系的纽带，更是个体社会化的必经途径。因此，人际交往的功能就既有社会功能，又有个体功能。

（一）人际交往的个体功能

1. 心理保健功能

人际交往对个人身心健康的发展是非常重要的，因为人有强烈的合群需要，通过彼此间的交往，双方能够交流思想，沟通信息，互相了解彼此的思想观念和各种心理需求，诉说各自的喜怒哀乐，分担彼此的痛苦，共享彼此的秘密，增进彼此之间思想情感的交流，从而获得亲密感、愉悦感和归属感，产生开朗、乐观的情绪，并从中汲取力量。英国哲学家弗兰西斯·培根曾说过："当你遭到挫折而感到愤懑抑郁的时候，向知心朋友的一席倾诉可以使你得到疏导，否则，这种压抑郁闷会使人致病。……只有对于朋友，你才可以尽情倾诉你的忧愁与欢乐。总之，那沉重地压在你心头的一切，通过友谊的肩头而被分解了。"因此，通过交往保持人与人之间充分的思想交流，是实现人与人之间互动的基本条件，交往是个性发展与人格健全的必经之路，是保证个人心理健康成长的必要条件。

2. 行为调节功能

人际交往对人们的思想、情感、行为，具有重要的融合、交流沟通、协调等调节作用。人类的一切活动，都是在一定的生产关系制约下实现或达到某种目的的活动。为了实现群体内部或个体之间行动上的协调一致、节奏上的和谐统一，必须通过相互间的交往，取得感情上的沟通、行为上的认同，使个体与他人、与群体上下左右关系和谐一致，把各方面力量汇集在一起，实现行为活动的整体效应。特别是人与人之间在活动中不可避免地要产生矛盾、误会、隔阂。通过人际交往，就可以疏通感情，消除误会和矛盾，取得谅解和达成一致。人类群体如果缺少人际交往这种调节手段，就必然产生猜忌、冷漠、排斥进而造成毫无价值的心理消耗。在日常生活中，除开展有效的思想政治工作和切实贯彻各项政策措施外，通过加强人际交往，增进彼此间的心理接触和了解，将有助于实现集体成员间的团结与协调一致。

3. 信息交流功能

人际交往的过程，实质就是信息交流与沟通的互动过程。一个人通过书本、网络、实践获取的信息毕竟是有限的，即使皓首穷经，学富五车，在现代信息网络社会也只不过是沧海一粟。而通过人际交往，即能以更快捷的速度沟通信息，丰富知识。人际交往是一个互动的过程，在信息交流过程中彼此对对方产生一定的认识，形成一定的印象，并能使人思维活跃，提高人们对知识的理解。心理学家认为，人们除了 8 小时的睡眠以外，在其余的 16 小时中，约有 70% 的时间都在进行相互交往并沟通信息，其中 25% 以文字传递的间接方式进行，75% 用于人际间面对面的直接沟通上。可见，个人要在社会中生存和发展，是离不开信息沟通的。假如这一功能不能实现，那么，交往的双方就不会有相互认识，也就谈不上彼此的情感联系，人际关系的建立就是一句空话，同样，交往双方的信息沟通出现障碍，双方的关系也就不能得到正常的发展。

4. 个体发展功能

人际交往是个人社会化的起点和必经途径。"所谓社会化，是指个体在与社会的互动过程中，逐渐养成独特个性和人格，从生物人转变成社会人，并通过社会文化的内化和角色知识的学习，逐渐适应社会生活的过程。"① 如果没有与其他个体的互动合作，没有与其他个体、群体的交往，个人是无法完成社会化这一过程的，人一生的社会化总是在与他人的交往互动中完成的，通过这一过程，人们获得了某种价值、态度、技能和知识，获得了他们所属的那个社会的文化。所以，人一生的成长与发展过程，无不与他人的交往相联系，并在与他人的交往中来交流信息和情感，可见，人际交往是个人健康成长发展的必由之路。

（二）人际交往的社会功能

1. 形成社会和维持社会发展功能

德国社会学家、哲学家齐美尔认为，社会并非一个实体，而是一个过程，一种具有意识的个体之间互动的过程。人类社会之所以形成，主要是人与人交往并且发生人际关系的结果。"并且这种功能是一种潜功能，之所以说人际交往形成社会和维护社会的功能，是因为人们在交往的过程里并没有意识到会产生这样的结果，人们也并非是目的明确地为了社会的形成和发展而进行人际交往的。"②

2. 社会资本积累功能

人际关系是人际交往的结果，而人际关系属于社会资本的一种。在很多情况下，人们与别人交往没有功利性，尤其是对非常友好的朋友，而这些朋友在自己有需要的时候给予最及时的帮助。一般来说，与人交往的范围越广，得到帮助的机会就越大。而且，机会往往是在预料不到的地方出现的，也许是朋友的朋友、顾客、一个曾得到自己举手之劳帮助的人等。即使是萍水相逢的朋友或者在某个场合只有一面之缘的人，都有可能给自己带来意想不到的支持。"著名的社会资本研究者、美国经济社会学家格兰诺维特（Mark Granovetter）提出过'弱关系假设'理论，认为个人求职过程中真正有价值的信息往往不是通过其关系密切的亲朋好友（强关系）获得，而是通过一般朋友

---

① 郑杭生：《社会学概论新修》（第三版），中国人民大学出版社2003年版，第83页。

② 李文华：《现代社会心理学》，华中科技大学出版社2007年版，第239页。

（弱关系）获得。"①

3. 社会整合功能

人们通过人际交往能够相互联系结合起来，组成一个有机的整体。一切组织、团体和人群，也依赖于组织或团体中成员间的相互交往行为，有了相互间的交往行为，就使得团体或群体内部既有分工又协调一致地生存和发展。荀子讲："人生不能无群。"马克思也指出："人的本质不是单个人所固有的抽象物，在现实性上，这是一切社会关系的总和。"② 人之所以能成为自然的主人，其原因之一，就是人与人之间能通过交往建立各种关系，使整个社会形成了协调发展的有机整体。

---

① 李文华：《现代社会心理学》，华中科技大学出版社2007年版，第239页。
② 《马克思恩格斯选集》第1卷，人民出版社1995年版，第56页。

第二章 大学生人际交往的现状与存在的问题

一 大学生人际交往的基本信息

本次问卷调查在西北地区地方新建本科院校天水师范学院 11 个二级学院的一、二、三、四年级之间进行,有效问卷为 633 份,其中个人背景部分的基本信息统计分析如下:

(一)性别比例

从性别比例的构成来看,男性大学生所占的比例为 39.7%,女性大学生所占的比例为 60.3%。天水师范学院共有 14278 名大学生,其中男生 5793 人,女生 8485 人,男生占全校学生总数的 40.6%,女生占全校学生总数的 59.4%,调查的比例基本与全校学生的性别比例一致,问卷调查样本的抽取是比较合理的(见表 2-1)。

表 2-1　　　　　　　　　　性别

		频率	百分比	有效百分比	累计百分比
有效	男	251	39.7	39.7	39.7
	女	382	60.3	60.3	100.0
	合计	633	100.0	100.0	

(二)民族比例

表 2-2 中,汉族占调查对象的 97.2%,少数民族仅占 2.8%,

汉族学生占绝大多数。

表 2-2　　　　　　　　　民族

		频率	百分比	有效百分比	累计百分比
有效	汉族	615	97.2	97.2	97.2
	少数民族	18	2.8	2.8	100.0
	合计	633	100.0	100.0	

(三) 年级分布

在年级构成比例上，大一占 28.1%，大二占 33.8%，大三占 24.6%，大四仅占 13.4%。其中一、二、三年级人数相差不大，四年级人数较少。四年级学生人数较少有这样几个方面的原因：师范类学生有一部分去新疆顶岗支教实习，非师范类学生有一部分在单位带薪实习，期末考试才能回来，还有一些学生复习考研没去教室上课。因此，四年级的样本数量就相对偏少（见图 2-1）。

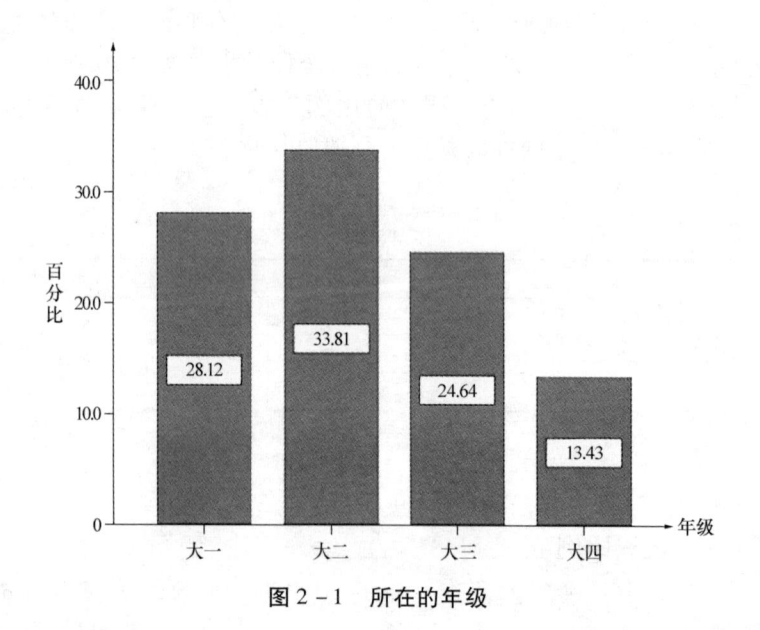

图 2-1　所在的年级

(四) 专业分布

在专业比例中，人文社科类所占的比例为32.4%，理学类所占比例为32.7%，两者所占比例基本一致。因为在天水师范学院，人文社科类专业有四个学院，理学有三个大的学院，而工学、体育只有一个学院，艺术有音乐与美术两个学院，但人数不多，所以这三类专业所占比例在10%左右（见表2-3）。

表2-3　　　　　　　　就读的专业

		频率	百分比	有效百分比	累计百分比
有效	人文社科类	205	32.4	32.4	32.4
	理学	207	32.7	32.7	65.1
	工学	83	13.1	13.1	78.2
	艺术	91	14.4	14.4	92.6
	体育	47	7.4	7.4	100.0
	合计	633	100.0	100.0	

(五) 贫困生比例

贫困生所占的比例为64.5%，非贫困生所占比例仅为35.5%。因为天水师范学院地处甘肃东南部，以省内学生居多，多以陇东南的农村学生为主，所以贫困生所占的比例较大（见图2-2）。

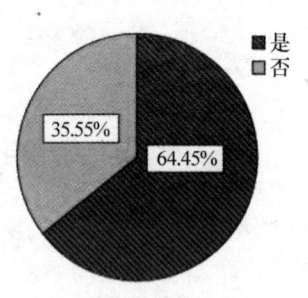

图 2-2 是否为贫困生

（六）城乡比例

城市生源的大学生所占比例为 16.7%，农村学生所占比例为 83.3%。可见，在新建地方本科院校，农村生源的学生占学生人数的绝大部分，因此贫困的比例较高（见表 2-4）。

表 2-4　　　　　　　　　学生来源

		频率	百分比	有效百分比	累计百分比
有效	城市	106	16.7	16.7	16.7
	农村	527	83.3	83.3	100.0
	合计	633	100.0	100.0	

（七）是否为独生子女

0 表示独生子女，没有兄弟姐妹。1-8 表示所调查对象家庭子女的数量。通过表 2-5 显示，新建本科院校的独生子女仅占 11.5%，有两个兄弟姐妹的比例高达 32.4%，这说明多数家庭有三个孩子，而有 4—8 个兄弟姐妹的比例较低，这说明西北欠发达地区的农村，重男轻女的思想仍然根深蒂固，为了生一男孩，躲避计划生育政策，只有生了男孩，才不愿再生育了。

表 2-5　　　　　　　　　有几个兄弟姐妹

		频率	百分比	有效百分比	累计百分比
有效	0	73	11.5	11.5	11.5
	1	157	24.8	24.8	36.3
	2	205	32.4	32.4	68.7
	3	137	21.6	21.6	90.4
	4	43	6.8	6.8	97.2
	5	9	1.4	1.4	98.6
	6	5	0.8	0.8	99.4
	7	3	0.5	0.5	99.8
	8	1	0.2	0.2	100.0
	合计	633	100.0	100.0	

（八）健康状况

设置健康这个项目主要是想了解大学生身体健康状况是否对人际交往有影响。调查数据显示，78.4%的学生身体健康，处于亚健康和有疾病的学生分别占19.9%和1.7%（见表2-6）。

表 2-6　　　　　　　　　健康状况

		频率	百分比	有效百分比	累计百分比
有效	健康	496	78.4	78.4	78.4
	亚健康	126	19.9	19.9	98.3
	病伤	11	1.7	1.7	100.0
	合计	633	100.0	100.0	

（九）学生干部比例

担任或曾经担任学生干部的学生比例为26.2%，设置这一问题主要是为了了解学生干部角色的担当对于人际交往的影响（见表2-7）。

表2-7　　　　　　　　　　是否担任学生干部

		频率	百分比	有效百分比	累计百分比
有效	是	166	26.2	26.2	26.2
	否	467	73.8	73.8	100.0
	合计	633	100.0	100.0	

（十）性格比例

表2-8中，性格活泼开朗型学生比例占33%，外向果敢型占16.9%，内向谨慎型占34.1%，多愁善感型占16%，后两项即内向谨慎型与多愁善感型合计共占到50.1%，调查显示性格倾向于内向的同学占的比例较大。

表2-8　　　　　　　　　　　性格

		频率	百分比	有效百分比	累计百分比
有效	活泼开朗型	209	33.0	33.0	33.0
	外向果敢型	107	16.9	16.9	49.9
	内向谨慎型	216	34.1	34.1	84.0
	多愁善感型	101	16.0	16.0	100.0
	合计	633	100.0	100.0	

二　大学生人际交往中积极性的方面

（一）人际交往的范围扩大

大学生分别来自不同的地方，其人际交往的半径、范围比中学明显扩大，交往的人群也更为广泛。

"在中学，自己的好朋友主要是一个县城的，同学们关系都比较密切。在大学，往往是同一个宿舍同学的关系比较好，交往的人群也更广泛，现在的朋友既有本省的，也有外省的，人际交往的圈子比起高中时更大了。"（被访者C15，大三理科男生）

"大学人际交往的圈子比中学有所扩大，我以前的好朋友都是南京六合区的，而现在一个宿舍的 6 个同学，我是南京的，另外 5 人中，1 个来自内蒙古、1 个来自河南、2 个来自四川，另有 1 个同学是其他学院的，来自山东。6 个人由于生长环境的差异，大家刚开始都比较拘谨和收敛，也不好问对方太多的事情，只是以后接触多了，大家才慢慢了解对方多了一些。交往刚开始时有一些沟通上的障碍，由于几个人地域差异性太大，交往时的沟通障碍是在所难免的，随着彼此了解的加深，在后来的交往中就比较顺畅了。"（被访者 C24，大三文科男生）

"加入学生会以后，我的交往面比以前广了，人际交往的圈子扩大了，从一个宿舍的好友扩大到学院好多班级新认识的朋友。语言表达能力也有一定的提高。从学长身上学到了很多的知识，尤其是在待人接物方面有很大的提高。"（被访者 C17，大一文科女生）

通过担任学生干部的实践锻炼，人际交往的圈子明显扩大了，并且自身的人际交往能力也得到了一定的提高。

"我特别喜欢踢足球，是学校足球队的队长，通过踢球，我认识了好多的朋友，也结识了几位知心朋友，我们之间的关系可以说是哥们关系，由于共同的兴趣爱好，一下子扩大了我的交往圈子。"（被访者 C21，大四工科男生）

发展自己的兴趣爱好，结识了很多兴趣相同的朋友，无形中扩大了自己的交往圈。

（二）人际交往的独立性增强

仅仅通过表 2-9 还不能清楚地反映大学生与家人的联系状况，因此需要做一个对应分析（列联表分析）。

表 2-9　　一般多久与父母联系一次

		频率	百分比	有效百分比	累计百分比
有效	几乎每天都联系	104	16.4	16.4	16.4
	大约一星期一两次	452	71.4	71.4	87.8
	大概一个月一两次	71	11.2	11.2	99.1
	很少和家人联系	6	0.9	0.9	100.0
	合计	633	100.0	100.0	

男、女同学与父母联系频率上的差异。下面主要是 A1—B2 即男、女同学与父母联系频率的列联表分析（如图 2-3 所示）。

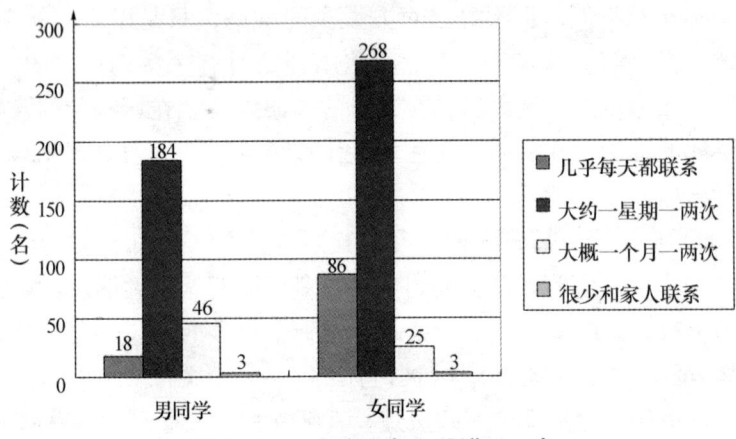

图 2-3　一般多久与父母联系一次

如图 2-4 所示，环形图里圈表示男生，外圈表示女生。圆环变量"性别"对"一般多久与父母联系一次"有影响，但影响是否显著还须进一步检验，下面采用对应分析方法对两变量进行独立性检验。原假设 $\alpha = 0.05$ 为：行变量与列变量间相互独立，备选假设 $p = 0 < 0.05$ 为行变量与列变量间不独立。

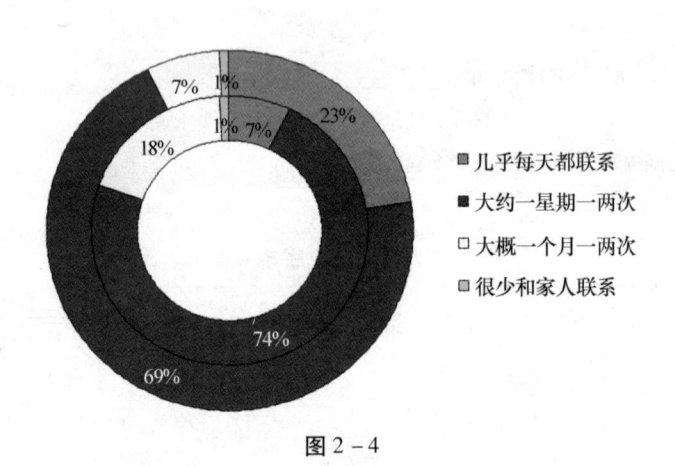

图 2-4

表中 Sig. 为显著性检验的概率值，即 $p = 0.014 < 0.05$ 值，由表 2-10 总结出的表 2-11 可知，行变量"性别"与列变量"一般多久与父母联系一次"的独立性检验（这里取显著性水平 $p = 0.005 < 0.05$），拒绝独立性假设，即说明行变量与列变量相关联，在"一般多久与父母联系一次"问题上，男生与女生表现出一定的差别，女生几乎每天与父母联系的占 23%，而男生仅仅占 7%；女生大概一个月一两次的仅占 7%，而男生就占到 18%。女生由于性格等原因，对父母比较牵挂和关心。这同样表明大学生的独立性逐渐增强，并不是一味地依赖父母，离不开父母的呵护。

表 2-10　　　　　　　　　对应表

性别	一般多久与父母联系一次				有效边际
	几乎每天都联系	大约一星期一两次	大概一个月一两次	很少和家人联系	
男	18	184	46	3	251
女	86	268	25	3	382
有效边际	104	452	71	6	633

表 2-11　　　　　　　　　摘要

维数	奇异值	惯量	卡方	Sig.	惯量比例		置信奇异值
					解释	累计	标准差
1	0.254	0.065			1.000	1.000	0.036
总计		0.065	40.926	0.000[a]	1.000	1.000	

下面接着分析 A10—B2 即不同性格大学生与父母联系频率的列联表分析，看性格是否对大学生与父母联系的频率有影响。

表 2-13 中显著性检验的概率值 $\alpha = 0.05$，拒绝独立性假设，即说明"性格"与"多久与父母联系一次"有一定的关联。一般情况下，活泼开朗的学生乐于与人交流，和父母联系较多，而多愁善感的学生烦心事较多，常常向父母倾诉，这两种性格的人与父母联

系的频率较高；外向果敢型的学生有主见，不愿父母干涉自己，而内向谨慎型的学生不愿意向别人倾诉，这两种性格的学生往往与父母联系的频率低一些。活泼开朗的学生联系父母的频率比较频繁只能说明对父母比较牵挂，而不是依赖父母，这两类学生与父母联系得比较少，这就表明除性格多愁善感类的学生外，其余性格类型的学生独立性较强。

表 2-12　　　　　　　　　　　　对应表

性格属于	一般多久与父母联系一次				
	几乎每天都联系	大约一星期一两次	大概一个月一两次	很少和家人联系	有效边际
活泼开朗型	49	143	15	2	209
外向果敢型	13	76	18	0	107
内向谨慎型	23	165	26	2	216
多愁善感型	19	68	12	2	101
有效边际	104	452	71	6	633

表 2-13　　　　　　　　　　　　摘要

维数	奇异值	惯量	卡方	Sig.	惯量比例		置信奇异值	
					解释	累计	标准差	相关 2
1	0.168	0.028			0.816	0.816	0.039	0.014
2	0.061	0.004			0.108	0.924	0.039	
3	0.051	0.003			0.076	1.000		
总计		0.034	21.805	0.010[a]	1.000	1.000		

在图 2-5 中，环形图由里往外依次为活泼开朗型、外向果敢型、内向谨慎型、多愁善感型。环形图中的百分比清晰地呈现出不同性格的同学与父母联系的频率。

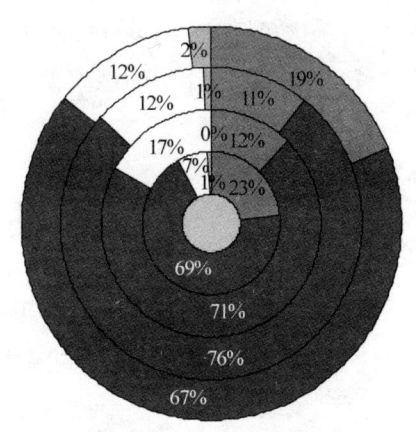

图 2-5 不同性格类型学生在与异性相处时的表现

在与自己有关的重要事情上，谁主要作出决定？

在表 2-14 中，在与自己有关的重要事情上，只有 4.6% 的学生选择了由父母决定，而 58.5% 的学生选择了与父母一起协商，表明现在多数家庭都比较民主。自己决定的占 36.2%，表明大学生更加成熟，在重要事情上有自己的主见，这也进一步说明，一方面，父母对孩子意见的尊重；另一方面，大学生的独立性逐渐增强。

表 2-14   在与自己有关的重要事情上，谁主要作出决定

		频率	百分比	有效百分比	累计百分比
有效	父母	29	4.6	4.6	4.6
	自己	229	36.2	36.2	40.8
	与父母一起协商	370	58.5	58.5	99.2
	其他人	5	0.8	0.8	100.0
	合计	633	100.0	100.0	

（三）人际交往中主动性增强

下面是多个独立样本的非参数检验。

非参数检验是指在总体情况分布不明时，用来检验数据资料是否

来自同一个总体的假设的检验方法。这里采用 Kruskal – Wallis 检验，Kruskal – Wallis 检验是通过来自多个独立总体样本的观察值，判断其在指标上的分布是否相同的非参数检验方法。

多个独立样本如五个专业，又如四个年级。

A4 – F1，Kruskal – Wallis 检验。

显著性概率值 $p = 0.010 < 0.05$，在显著性水平 $\alpha = 0.05$ 下，拒绝原假设，即认为四个年级的学生在"对学生团体（党团组织、社团组织、学生会）的活动，你参加的情况"问题上得分的分布不同。如表 2 – 15、表 2 – 16 所示。

表 2 – 15　　　　　　　　　　　秩

	所在的年级	N	秩均值
对学生团体（党团组织、社团组织、学生会）的活动，你参加的情况	大一	178	334.98
	大二	214	315.94
	大三	156	281.49
	大四	85	347.18
	总数	633	

表 2 – 16　　　　　　　　　　检验统计量[a,b]

	对学生团体（党团组织、社团组织、学生会）的活动，你参加的情况
卡方	11.304
df	3
渐近显著性	0.010

a. Kruskal Wallis 检验。
b. 分组变量：所在的年级。

A4 – B17，Kruskal – Wallis 检验。

显著性概率值 $p = 0.062 > 0.05$，在显著性水平 $\alpha = 0.05$ 下，不能拒绝原假设，即认为四个年级的学生在"对学生团体（党团组织、社团组织、学生会）的活动，你参加的情况"问题上得分的分布相同。如表 2-17、表 2-18 所示。

表 2-17　　　　　　　　　　　　　秩

	就读的专业	N	秩均值
对学生团体（党团组织、社团组织、学生会）的活动，你参加的情况	人文社科类	205	322.90
	理学	207	305.83
	工学	83	293.39
	艺术	91	360.02
	体育	47	298.85
	总数	633	

表 2-18　　　　　　　　　　检验统计量[a,b]

	对学生团体（党团组织、社团组织、学生会）的活动，你参加的情况
卡方	8.964
df	4
渐近显著性	0.062

a. Kruskal Wallis 检验。
b. 分组变量：就读的专业。

"大二我刚升为部长时自我感觉良好，想到自己成为部长了，觉得与班上的同学有了明显的距离，当时有点自高自大，膨胀了自己的官僚意识。另外，学生会待时间长了，明显发现学生会有一种帮派化的倾向，这无形中把自己的人际交往划成了两个不同的圈子，不利于自己健康的人际交往。当部长以后，我明显感觉自己干得少了，只是指手画脚，安排其他部员干工作，对自己的锻炼也少了，大二快结束时，我有一个想法，不想在学生会投入更多的时间，想在社会上做兼职工作锻炼自己的交往能力。"（被访者 C24，大三文科男生）

为自己以后的职业发展和人际交往能力的锻炼主动参加学生组织，而当目前的学生活动不能对提高自己的能力有所帮助时，便积极主动地计划自己人际交往能力提高的新途径，表明了大学生人际交往方面的主动性明显增强。

(四) 恋爱观念和动机趋于理性和成熟

A3—D5 的列联表分析,即不同年级大学生恋爱的根本动机。

由表 2-19 总结出的表 2-20 中显著性检验的概率值 $p = 0.062 > 0.05$,拒绝独立性假设。则表明不同年级的大学生在对"你谈恋爱最根本的动机是?"这一问题的看法有一定的差异,不同年级的大学生表现出不同的看法。

表 2-19   对应表

所在的年级	你谈恋爱最根本的动机是?						有效边际
	向往单纯美好的爱情	寻找终身伴侣,考虑向婚姻方向发展	有共同的理想追求,在一起时轻松愉快	出于面子的需要,同学有,感觉没面子	寂寞孤独,寻求感情寄托	其他	
大一	31	19	35	4	3	0	92
大二	64	32	47	1	10	0	154
大三	44	39	28	0	2	0	113
大四	20	27	18	0	2	0	67
有效边际	159	117	128	5	17	0	426

表 2-20   摘要

维数	奇异值	惯量	卡方	Sig.	惯量比例		置信奇异值	
					解释	累计	标准差	相关 2
1	0.216	0.047			0.664	0.664	0.043	0.290
2	0.143	0.021			0.292	0.956	0.049	
3	0.056	0.003			0.044	1.000		
总计		0.070	29.985	0.012[a]	1.000	1.000		

a. 15 自由度。

图 2-6 中,环形图由里到外依次是一、二、三、四年级同学恋

爱的动机,在恋爱动机"寻找终身伴侣,考虑向婚姻方向发展"这一选项上,一、二、三、四年级的比例分别为21%、21%、35%和40%,表明随着年级的升高,大学生在恋爱的动机上更趋于成熟和理性,尤其是四年级同学表现得更为明显。

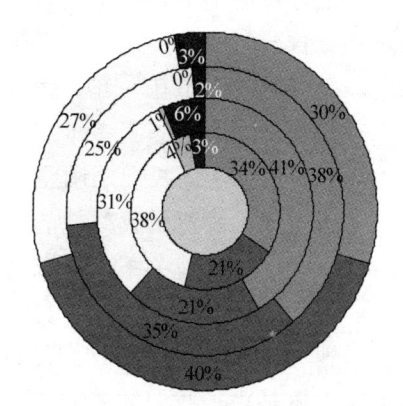

图2-6 不同年级大学生恋爱的根本动机

在表2-21中,在"你认为大学生平时的恋爱消费应该由谁买单"这一问题的选择上,41.4%的同学业选择了AA制,既体现了男女平等,同时也表明大学生在恋爱观上的成熟和理性。

表2-21 你认为大学生平时的恋爱消费应该由谁买单

		频率	百分比	有效百分比	累计百分比
有效	男方	53	8.4	12.5	12.5
	女方	3	0.5	0.7	13.2
	AA制	262	41.4	61.8	75.0
	谁有钱谁买单	106	16.7	25.0	100.0
	合计	424	67.0	100.0	
缺失	系统	209	33.0		
合计		633	100.0		

"我在大三时谈了女朋友,她比我高一级,也比我大1岁,她的学习成绩好,一直准备考研,感觉她又比较成熟,因为我个人就喜欢比自己年龄大一些,又比较成熟稳重的。我对她有好感,从大二第一学期就主动与她联系,尤其是入冬以后,我经常给她占靠近暖气旁边的座位,以便我们一起上自习,冬天上自习位子不好占,尤其是靠近暖气旁边的座位,这一点她非常感动,自然与我的关系走得近了。我们真正开始谈对象是从暑假开始的。暑假时我们不在一起,我为了投她兴趣所好,就编自己也要考研,这样与她谈的话题就多了一些,那段时间主要是通过电话和QQ联系的。联系多了,我们之间距离走得更近了。记得有一次,我给她发了一条短信,表达了我对她的追求和爱恋,她立马就给我回复了,当时我很激动。恋爱关系确立以后,我们之间的联系更加密切和频繁了。

我的老家在南京六合区,后来,她考研的志愿也填报了我们南京的学校,这一点让我很感动,她的努力也是为了我们的未来。与她交朋友以后,对自己的帮助很大,她指出了我身上的一些毛病和缺点,以前很要好的朋友也未曾指出自己的缺点和毛病。现在女朋友指出来,感觉她说得很对,她在人际交往中要比自己成熟,对自己的人际交往帮助很大。"(被访者C24,大三文科男生)

这一对恋人恋爱关系的确立是典型的学缘型关系,在学习上有着共同的兴趣,女同学为了以后能与男同学在一起,在考研志愿的填报上毅然选择了男方所在地,表明他们在恋爱观念上的成熟。

三 大学生人际交往中存在的突出问题

(一) 人际交往中功利性倾向比较明显

表2-22中,32.5%的同学认为大学同学关系与中学相比有所退步,有一定的功利倾向,认为大学同学关系平平淡淡的占29.5%,而认为大学同学关系比中学进步的占21.5%,所占比例并不高,究竟大学同学的关系怎么样,是否与年级有一定的关系呢?不同的年级有不同的表现。下面通过列联表来分析。

表2-22　　和中学时代相比,你觉得大学的同学关系是

		频率	百分比	有效百分比	累计百分比
有效	有所进步,更密切	136	21.5	21.5	21.5
	和中学时代一样	76	12.0	12.0	33.5
	有所倒退,有一定的功利倾向	206	32.5	32.5	66.0
	平平淡淡	187	29.5	29.5	95.6
	不是很清楚	28	4.4	4.4	100.0
	合计	633	100.0	100.0	

A3 – B4 的列联表即所在的年级对大学同学关系的看法。

由表 2-23 总结得出的表 2-24 中,显著性检验的概率值 $p = 0.497 > 0.05$,拒绝独立性假设,即认为大学生所在的年级与其在该问题上的看法有一定的关联,不同年级的学生对"和中学时代相比,你觉得大学的同学关系"这个问题的看法有所不同。就赞同"大学同学的关系与中学相比有所倒退,有一定的功利倾向"这一观点的学生来说,一、四年级比例较低,二、三年级比例较高。这主要因为刚步入大学,学生之间相处时间短,大家小心翼翼地融入这个陌生环境,步入二、三年级后,随着相处时间越来越长,矛盾也越来越多,比如奖学金、助学金、评优等各种竞争,容易使矛盾激化,而四年级毕业生通过近四年的学习,在这一问题上的看法基本趋于一致,认为大学生在人际交往中表现出的差异,是大学生在人生成长阶段的必然表现,又即将面临毕业时的离别,把一切问题都看淡了,到了四年级对这一问题的看法较二、三年级变得更为成熟。

表2-23　　　　　　　　　　　对应表

所在的年级	和中学时代相比，你觉得大学的同学关系是					有效边际
	有所进步，更密切	和中学时代一样	有所倒退，有一定的功利倾向	平平淡淡	不是很清楚	
大一	48	28	44	49	9	178
大二	32	23	88	63	8	214
大三	34	11	54	49	8	156
大四	22	14	20	26	3	85
有效边际	136	76	206	187	28	633

表2-24　　　　　　　　　　　摘要

维数	奇异值	惯量	卡方	Sig.	惯量比例		置信奇异值	
					解释	累计	标准差	相关
								2
1	0.186	0.035			0.837	0.837	0.039	-0.038
2	0.077	0.006			0.144	0.981	0.035	
3	0.028	0.001			0.019	1.000		
总计		0.041	26.143	0.010ª	1.000	1.000		

a. 12自由度。

在图2-7中环形图由里到外依次表示一年级、二年级、三年级、四年级，能更直观看出不同年级在这一问题上的看法。

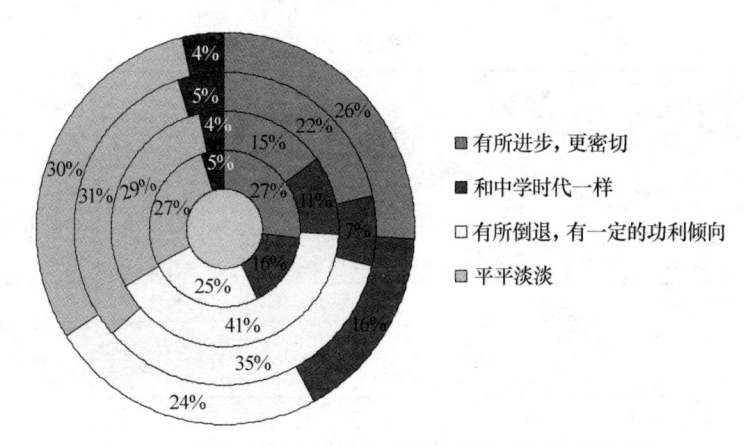

图 2-7　不同年级大学生对大学生同学人际关系的看法

A4-B4 的列联表分析，观察大学生所就读的专业对大学同学人际关系的看法是否不同。

在由表 2-25 总结的表 2-26 中，$p = 0.298 > 0.05$，不能拒绝原假设，即有 95% 的把握认为大学生就读的专业与"和中学时代相比，你觉得大学的同学关系"这一问题的看法不相关联。专业之间对这一问题的关联不大。

表 2-25　　　　　　　　　　对应表

就读的专业	和中学时代相比，你觉得大学的同学关系是					有效边际
	有所进步，更密切	和中学时代一样	有所倒退，有一定的功利倾向	平平淡淡	不是很清楚	
人文社科类	54	29	52	62	8	205
理学	36	24	76	64	7	207
工学	22	10	20	23	8	83
艺术	18	7	38	24	4	91
体育	6	6	20	14	1	47
有效边际	136	76	206	187	28	633

表 2 – 26　　　　　　　　　　摘要

维数	奇异值	惯量	卡方	Sig.	惯量比例 解释	惯量比例 累计	置信奇异值 标准差	相关 2
1	0.174	0.030			0.741	0.741	0.039	0.090
2	0.091	0.008			0.204	0.945	0.043	
3	0.045	0.002			0.050	0.995		
4	0.014	0.000			0.005	1.000		
总计		0.041	25.731	0.058ᵃ	1.000	1.000		

a. 16 自由度。

在图 2 – 8 中环形图由里到外依次是人文社科类、理学、工学、艺术和体育，能直观地看出不同年级在这一问题上的看法。

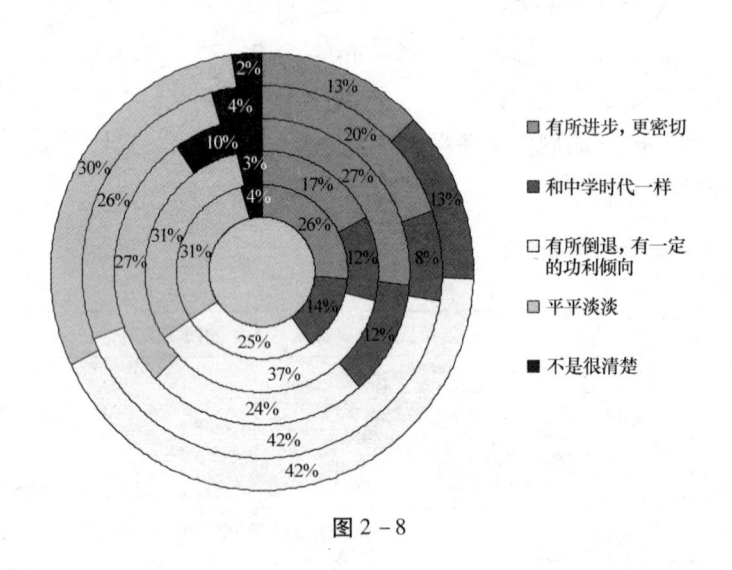

图 2 – 8

"我觉得大学生在人际交往时更注重对自己的适用性，看与谁交往能给自己带来一定的利益和好处，目的性很明显，比如讨好班长的目的就是偶尔有个缺勤好让班长照顾一下自己或有好事情优先推荐自己。"（被访者 C5，大三文科女生）

"在大学里，我感觉人际交往最大问题在于人与人之间不够真诚。

人前一套，人后一套，尤其是大二前半学期我感受颇深，平常同班同学见面，基本上都以女生为主，因为我们班绝大多数是女生。见面以后就少不了各种吹捧：你今天皮肤好白，用的什么化妆品？你今天穿的衣服好衬你的气质。这一学期，由于涉及奖学金、助学金的评定，一切都变样了。在这学期评定助学金时，有同学为了把我比下去，争取到助学金，真可以用一句俗语'一哭二闹三上吊'来形容，有的女生就直接像泼妇骂街，大打出手，改我的成绩。自这件事之后，我感到很迷茫。平时见面的那种伪善被撕得一点不剩。加之上大学我又是第一次住校，我心里压力很大。人与人之间不真诚，我该用什么表情，什么脸色去面对每天一起学习生活的同学呢？我不想再以真诚面对虚假，但我也担心如果某一天我戴上虚假的面具，那我的内心总是充满着矛盾、猜疑和不信任，这确实让我很困惑，我也一时改变不了这种现状。"（被访者C12，大二文科女生）

一些学生在利益面前表现得比较功利，比如为争取助学金可以说是用尽心思，在同学中造成了不好的影响，对人际交往也带来了很大的困惑。

"我还觉得大学同学之间的交往学会戴面具了，有目的倾向，比如，马上临近期末考试了，有人就向学习好的同学主动讨好，想着在考试时能帮上忙，不至于挂科。"（被访者C24，大三文科男生）

"大一、大二的学生视野比较狭窄，社会接触面不广，他们眼睛老盯着学生会和班上的小利益，甚至因宿舍的人际关系而产生的矛盾很多。其实，一旦到了大四，这种想法也就比较少了，思考多了一些，更多地考虑以后的出路和选择，也就没有多少心思和时间去考虑那些鸡毛蒜皮的小事了，慢慢地就会觉得以前的那一切都无所谓，并且到了毕业之际，才感觉大学的朋友才是最真诚的。"（被访者C20，大四工科男生）

大四学生毕业在即，心理也更为成熟，考虑问题也更为全面。大学生交往中的功利性具有阶段性，在大二、大三表现的比较明显，但到四年级就会发生改变，大四学生能更全面理性地看待这些问题。

（二）师生人际关系比较疏远

表2-27中，认为老师对自己关心的仅占10%，比较关心的占

54.5%，不够关心的占 25.6%，不关心的占 10%。总体说来，回答不够关心和不关心的同学比例为 35.6%，这就表明班主任、辅导员、授课教师对学生的关心还是不够，需要增加与学生的交往互动，了解学生存在的心理问题，帮助学生解疑释惑。

表 2-27　你的老师（班主任、辅导员、授课教师）对你们关心吗

		频率	百分比	有效百分比	累计百分比
有效	非常关心	63	10.0	10.0	10.0
	比较关心	345	54.5	54.5	64.5
	不够关心	162	25.6	25.6	90.0
	不关心	63	10.0	10.0	100.0
	合计	633	100.0	100.0	

表 2-28 中，大学生在"遇到困难和烦恼，你最想向谁求助"选项中，46.8% 的学生选择了向好朋友求助，17.4% 的学生选择了向家人求助，选择自己解决的占 33.6%，选择其他人的占 1.3%，而选择向老师寻求帮助的仅仅占到 0.9%，这一极低的比例说明师生之间在心理和情感上存在着较大的距离，学生遇到学习与生活中的问题一般更多地寻求朋友帮助，极少选择老师。

表 2-28　遇到困难和烦恼，你最想向谁求助

		频率	百分比	有效百分比	累计百分比
有效	好朋友	296	46.8	46.8	46.8
	班主任和辅导员	6	0.9	0.9	47.7
	家里人	110	17.4	17.4	65.1
	自己解决	213	33.6	33.6	98.7
	其他人	8	1.3	1.3	100.0
	合计	633	100.0	100.0	

A9-B10 列联表分析，即是否担任学生干部与老师交往的频率

影响。

在由表 2-29 总结的表 2-30 中，$\alpha = 0.05$，拒绝独立性假设，即认为"是否担任学生干部"与"你和老师的关系"相关联，是否担任学生干部对师生关系的密切程度有一定的差异。

表 2-29　　　　　　　　　　对应表

是否担任学生干部	你和老师的关系				有效边际
	较好	一般	与个别老师关系密切	与老师不来往	
是	63	70	23	10	166
否	88	288	22	69	467
有效边际	151	358	45	79	633

表 2-30　　　　　　　　　　摘要

维数	奇异值	惯量	卡方	Sig.	惯量比例		置信奇异值
					解释	累计	标准差
1	0.278	0.077			1.000	1.000	0.041
总计		0.077	48.901	0.000[a]	1.000	1.000	

a. 3 自由度。

环形图由里圈到外圈依次是表示担任学生干部、未担任学生干部。图 2-9 中的百分比能清楚地说明这一点。担任学生干部与老师关系较好的占到 38%，而未担任学生干部的与老师关系较好的仅占 19%，是担任学生干部比例的一半。这说明担任学生干部无形中增加了与老师接触交流的机会，有利于个体的成长发展。

"我认为目前大学师生关系是一种单纯的师生关系——教与学，师生关系主要体现在课堂上，课外大家很少接触，所以只能说课堂上关系相处得比较融洽，但彼此之间缺乏亲切感，师生关系比较淡薄。"（被访者 C29，大四文科女生）

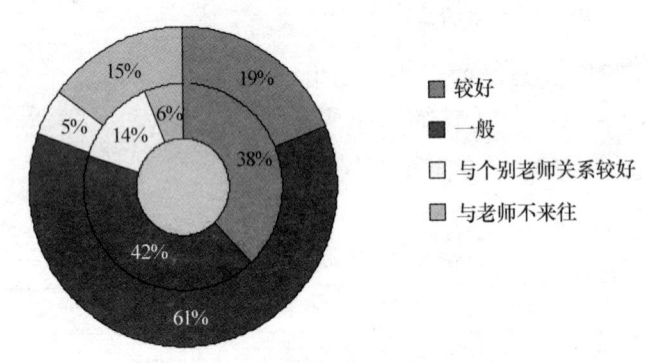

图 2-9　是否担任学生干部与老师的关系

"我们大多数学生和老师交流不多，只有少部分学生和老师之间关系比较好，平时交流较多。由于师生之间交流时间少，话题有限，很多学生在路上遇到老师时直接躲避。不管是面对面的交流，还是短信交流仅仅局限于学习方面，很少涉及生活方面，老师对学生现在的生活以及未来的规划都缺乏关心和指导。"（被访者 C28，大二文科女生）

"在大学里，我觉得老师和学生都各自忙自己的事，只关心与自己有关的事情，每个学期的教师都不同，短短的一个学期，教师几乎不能记得一半学生的姓名，学生在学期结束后也不再联系老师。而老师与学生稍微交往多一些的，仅仅是某些学生干部而已。"（被访者 C18，大一文科男生）

（三）贫困生在人际交往中有一定的心理障碍

在问卷调查的过程中发现，家庭的贫困对学生的人际交往影响较大。

"在我能记事起，我父亲就外出打工了，主要在建筑工地打工，每年回家两次，分别在过春节和六月份夏收时回家，春节过完，夏收结束后又匆匆忙忙地走了。由于跟父亲见面次数少，接触也不多，感觉很陌生，尽管父亲回家主动接近自己，但我看见他还是有点害怕，这种感觉从小学一直持续到初中，高中时自己也懂事了，跟父亲关系也融洽了。上大学以后，这种影响才慢慢地减少了。我上大学以后，母亲又去天津做保姆，一个月吃住后有2000元左右的收入，一年只是春节时才回家，暑假不回来。母亲不在家，对自己的影响还是比较大的，我暑假回家，母亲不在家里，总觉得家里缺少温馨感，总有一种说不出的感觉，住几天就待不住了，我就去村里的一个砖厂做小工，有事情做，就慢慢忘却这样一种感觉。在大学里，我跟男生交往比较顺畅，但跟女生交往有障碍，不知道怎样与女生交往，也不知道说什么，虽然已经是大三了，但跟女生也没说过几句话。"（被访者C15，大三理科男生）

"爸爸长年在外面打工，只有过年时才回来，我在小学一、二年级时对爸爸印象不深，我经常和爷爷、奶奶在一起，对爸爸逐渐有印象是在小学四、五年级以后。小时候在熟人圈子生活和学习，爸爸长年在外对自己几乎没什么影响，爸爸回家后跟自己很亲热，我们之间关系也很好。在我上高中时，妈妈去北京做保姆，她过年时才回一趟家。记得去年端午节放假时，我回家了，结果爸爸也去附近打工了，只有奶奶一人在家，当时感觉家里冷冷清清，空荡荡的，没有一丝温暖的感觉，我回家主要是见父母，现在人都不在，感觉回家没有必要，也没多大的意义，我只待了一个晚上，第二天就返回学校了。大学里在与同学的交往中，只要有同学问起父母的情况时，我心里总有一种自卑的感觉，与人见面打招呼后就不知道说什么了，不是我不想与人交往，而是与人交往不知说什么。我的人际圈子主要是初中、高中、大学同一宿舍的同学。可以说家庭的经济状况影响了自己的性格，而父母轮流式的外出打工又在一定程度上影响了自己的人际交往。与班上男同学还能说上几句话，而跟班上女同学只是见面时打个招呼而已，没有其他更多的交往。"（被访者C22，大四工科男生）

以上两位学生就是典型的由昨日的留守儿童成长起来的一代有长期留守经历的大学生，父母双方或一方长期不在孩子身边，造成了他们与同学人际交往中的心理障碍，主要表现为自卑、不自信，在与异性相处时表现得比较明显。而贫困生的贫困主要表现为精神上、心理上的贫困，即缺乏父母的关爱，而并不主要是经济上的贫困，由于父母长期外出务工，家里的经济贫困的状况有了很大的改善，但是精神和心理的贫困对他们的影响却是长期的、深远的。在西北地区，选择外出务工是改变家庭经济状况的主要途径，天水师范学院的大学生以甘肃籍学生居多，大多数学生的父母都以外出务工为主。

（四）大学生现实的人际交往能力较弱

表2-31中，在"假如你被朋友邀请参加一个聚会，而聚会上的很多人你不认识，你会感到"这一问题的选择上，有67.5%的学生选择了"拘谨，但能与人简单聊几句"，另有17.1%的学生表示"十分不自在"。这说明大学生在大学这一相对稳定性的同质环境中学习生活，缺乏在异质环境中与人交往的能力与水平。

表2-31　假如你被朋友邀请参加一个聚会，而聚会上的很多人你不认识，你会感到

		频率	百分比	有效百分比	累计百分比
有效	很自在	38	6.0	6.0	6.0
	拘谨，但能与人简单聊几句	427	67.5	67.5	73.5
	十分不自在	108	17.1	17.1	90.5
	没有特别的感受	60	9.5	9.5	100.0
	合计	633	100.0	100.0	

图2-10中，在"每一个新的场合，你对那里原来不认识的人，总是"这一选项的回答上，在所调查的633名有效对象中，有45%的学生表示"尽管想和他们成为朋友，但很难做到"，这就表明有一部分大学生在新的环境下的人际交往能力还是有一定的局限性的。

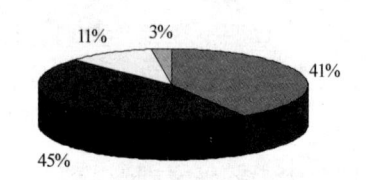

图2-10　每到一个新的场合，你对那里原来不认识的人，总是

随着手机网络的广泛使用,很多学生的交往由现实世界转向虚拟世界,进一步阻碍了学生交往能力的提高。

A3 – H1,即四个年级样本的非参数检验。这里采用 Kruskal Wallis 检验,Kruskal Wallis 检验是通过来自多个独立总体样本的观察值,判断其在指标上的分布是否相同的非参数检验方法。

显著性概率值 $p = 0.332 > 0.05$,在显著性水平 $\alpha = 0.05$ 下,不能拒绝原假设,即认为四个年级的学生在"除考试阶段外,每天上网的时间"问题上得分的分布相同。说明四个年级的大学生每天用在网上的时间是没有差别的,除考试时间外,大学生课余花大量的时间上网,致使现实中用于人际交往的时间明显减少,在一定的程度上弱化了现实中的人际交往能力。

表 2 – 32　　　　　　　　　　　　　秩

	所在的年级	N	秩均值
除考试阶段外,你每天上网的时间为	大一	178	315.79
	大二	214	332.54
	大三	156	301.53
	大四	85	308.81
	总数	633	

表 2 – 33　　　　　　　　　　　检验统计量[a,b]

	除考试阶段外,你每天上网的时间为
卡方	3.418
df	3
渐近显著性	0.332

a. Kruskal Wallis 检验。
b. 分组变量:所在的年级。

"我在与人交往中有一种羞怯心理,与熟悉的同学交往时还好一点,一旦到了人多的环境,我就觉得不自在,总感觉有很多双眼睛盯着看自己。"(被访者 C7,大二文科女生)

"在新的环境中，面对陌生的人群、陌生的面孔，我会感到无所适从，感到失落和迷茫，因此，我在这种环境中很少说话，尽可能保持沉默。在我们宿舍还好一点，一旦到了其他同学的宿舍或外面，我就会变得这样，自己明明知道要有所改变，但一直没有多大的变化，我自己很苦恼。"（被访者C14，大三文科女生）

"我在高中时就迷上了玩CS，在大一时，我完全沉迷于网络游戏，但我从来没有耽误过一节课。一放学，我就去网吧，可以说，大一时，我课余时间基本上是在网吧度过的，有时吃饭也是在网吧，周末经常包夜，从刚入学到大一第一学期的第12周左右，我玩游戏的势头才有些减慢，不是因为醒悟了，而是因为一方面对游戏《魔兽世界》没有新鲜感了；另一方面是因为期末考试临近，得应付期末考试了。考试的一段时间，我隔两周包一次夜，没时间就不去网吧了。我又迷上了《剑侠情缘》和《英雄联盟》，我下课还是去网吧，周末白天在网吧，晚上则在熄灯前返回宿舍，大二以后，我并不是完全迷醉于网络游戏，除了玩游戏以外，与网友还谈一些政治、军事方面的知识与看法。平时我晚上从网吧出来，基本上是最后一个回宿舍，我经常在门房登记，如果一查最晚回宿舍的学生，我可能是记录最多的学生。因为长期玩游戏，回宿舍又比较晚，舍友给我起了一个外号叫'阿鬼'，虽然宿舍时间待得不长，但跟同宿舍同学的关系还说得过去。

由于长期迷恋网络游戏，我挂科三门，但补考过了，英语到目前还未通过校四级的分数线。现在都大三了，班上好多女同学我都不知道她们的姓名，与好多女同学甚至没有说过一句话。我长时间玩网络游戏，当我回到现实生活中时，我与人交流有一定的障碍，见人不知道说什么，即使有想法，也不知道如何表达，造成的结果是见人不敢说话，只有谈起网络游戏，我才感觉有说不完的话，才算打开了话匣子。"（被访者C9，大三理科男生）

人的交往能力是在现实人际交往实践中锻炼出来的，很多学生对自己的大学生活缺乏规划，所以缺乏主动提高自己交往能力的意识，一旦长期沉迷于网络游戏、网上交流，则与现实中同学的联系就更少了，由此造成了现实人际交往能力下降，自己又缺乏主动改变的意识,长此以往,与人的正常交往就显得比较困难。

(五) 人际交往的圈子比较固定

进入大学,由中学时的同质环境进入一个异质环境,学生的交往范围比中学有了明显的扩大,这种扩大更多的是由于大学特殊的环境所造成的,大学生来自不同的地方,具有很大的地域和文化差异,一旦进入大学这一环境,对每个人来说都意味着人际交往范围的扩大,这种扩大更确切地说是由于大学环境和大学制度本身所造成的。而一部分学生一旦度过大学适应期后,他所建立的人际关系,他日常的交往只是一种由制度所带来的扩大,而并不是主动地去建立和扩展自己的人际交往圈子。另外还有一种情况,有些学生一旦恋爱以后,会疏远宿舍和周边的朋友,人际交往圈子明显地固定化,不再有意识地去扩展。

"我的交往圈子中主要是以前认识的朋友,老乡和舍友,除了这个群体,即使是一个班上的,平时也很少说话,关系也不怎么样。"(被访者 C2,大二理科女生)

"我的朋友主要是一个宿舍的舍友,或是同班同学中比较能谈得来的一些同学,也包括来自同一个地方,有亲属关系的亲朋好友。"(被访者 C29,大四文科女生)

"我在大学的交往对象主要是我们县的老乡,我们在一起根本不用说普通话,直接用我们的家乡话交流,大家在一起觉得很开心,每隔一段时间我们会小范围聚一聚,还是觉得老乡在一起亲切、随意、没有丝毫拘束的感觉。我们不同年级的老乡之间还定期举行篮球赛,毕业时还专门为我们县四年级的老乡举行欢送仪式的篮球赛,我觉得和老乡在一起的时间是我度过的非常愉快的时间。"(被访者 C31,大三文科男生)

一些大学生的人际交往圈子,和中学相比,在刚进入大学时明显扩大,但在之后的大学生活中,由于语言、地域、老乡等方面的局限,其人际交往始终是在一个熟人空间中展开的,熟人圈子的交往有其积极的意义,但也有其不足,不能扩大交往范围,在认知、文化、观念上基本停留在原有的同质性的地域文化之上,不能进一步扩大自己的交往视野。

第三章 影响大学生人际交往的因素及原因分析

一 个体因素对大学生人际交往的影响

(一) 性格差异对人际交往的影响

A10 与 B7 的列联表分析,看性格是否对"与同学相处时"产生一定的影响。

在由表 3-1 总结的表 3-2 中,$\alpha = 0.05$,拒绝原假设,即认为大学生的性格与"他(她)与同学们在相处时的行为"相关联,亦即不同性格的学生在与同学们相处时的行为表现有一定的差异。

表 3-1　　　　　　　　　　对应表

性格属于	你与同学相处时				
	不知道谈论什么,对建立友谊力不从心	开始比较拘谨,熟悉后就好了	能很快融入,拉近彼此关系	过分在意他人的看法,别人说什么都以附和为主	有效边际
活泼开朗型	12	110	84	3	209
外向果敢型	3	53	49	2	107
内向谨慎型	18	163	32	3	216
多愁善感型	14	61	18	8	101
有效边际	47	387	183	16	633

第三章 影响大学生人际交往的因素及原因分析 129

表 3-2　　　　　　　　　摘要

维数	奇异值	惯量	卡方	Sig.	惯量比例		标准差	置信奇异值相关
					解释	累计		2
1	0.300	0.090			0.763	0.763	0.037	0.110
2	0.165	0.027			0.230	0.993	0.049	
3	0.028	0.001			0.007	1.000		
总计		0.118	74.632	0.000ª	1.000	1.000		

a. 9 自由度。

图 3-1 中，性格类型由内到外分别是活泼开朗型、外向果敢型、内向谨慎型和多愁善感型。比如在"能很快融入，拉近彼此距离"选项上，内向谨慎型性格与多愁善感型性格的学生的比例明显很低，与外向果敢型性格的学生相比有很大的差距。环形图中的百分比较直观地体现了四种不同性格的学生在与人交往时的表现。

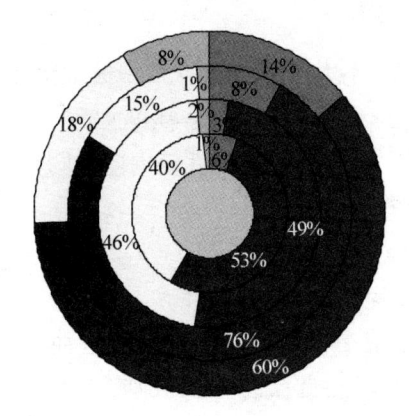

图 3-1　不同性格类型是否对同学相处产生影响

"在平时与同学的相处中，我感觉自己的性格与别人的性格特征不同，导致人际交往不是很广泛，甚至有时不愿与别人进行主动的交流。"（被访者 C6，大二文科女生）

"其实我的性格还是开朗的，早先认为像我这种性格在与人交往时会省去很多的麻烦，但是我判断错了。在与宿舍同学的相处中，我就感觉到了这一点，相比之下，她们的性格比较内向，我的喜怒哀乐都表现在脸上，但她们的表现就更难让人理解了，一般情况下，她们要是什么地方不对劲，就表现地面色冷峻，表情冷酷，出于一种关怀，我总是不由地询问，但她们对我的热情却表现出极大的反感，这让我措手不及，心里根本就没有提防，让我好受委屈。有时会碰到'没事，你别理我'的回应。我曾尝试对此类的问题表示漠视，但同在一个寝室内，总让人觉得压抑，或许，我太容易受小事的影响了。"（被访者C3，大三理科女生）

"我是一个特别内向和特别敏感的人，但是我以前的虚伪加上现在这个可怕的社会带给我的恐惧让人更难以相信这个世界上还有所谓的真心。在大学里没有信任、安全，充满了虚伪和欺骗，大家都是如此地虚假，不能以诚相待，以至于让我也渐渐变得虚假，不敢以真实的自己对待他人。以前特别讨厌虚情假意的人，现在我上了大学以后感觉也变成了以前所讨厌的那类人。我有时感觉做人很累。我对这个世界早已失去了信心，别人是靠不住的，现在我只相信我自己。"（被访者C27，大二文科女生）

以上调查显示，性格内向的学生交往不太广泛，也不太积极主动，如果内向更加严重的，则交往障碍大，甚至影响自己的学习和生活。性格开朗的同学在交往方面比较积极主动，但是如果遇到性格内向的同学也会出现交往障碍，不知道如何解决交往中的问题，情绪波动较大。

（二）个体生活经历对人际交往的影响

由于一些特殊的经历或偶然事件造成个体身体上的缺陷，进而影响个体在交往时的自卑心理，因为总是担心自己的隐私被别人发现，由此就造成了与人交往时的障碍。

"我与人交往时总有一种自卑的感觉，主要是因为小时候的一件事情，使我幼小的心灵受到了极大的伤害。记得我上小学一年级的时候，当时正是核桃成熟的季节，我和哥哥一起打核桃，不小心，一核桃树枝掉了下来，恰好砸在我左手的中指上，当时也没去医院，也没在意，结果几天以后，中指化脓了，到村里一个小诊所看了一下，医生说把感染的部分截掉，当时家里特别困难，也没去大医院就诊检查，就在小诊所把中指感染的部分截掉了，当时对我的精神上造成了巨大的伤害，这成为我以后与人交往时的巨大障碍，与同学交往，我总是隐藏自己的左手这一缺陷，生怕被人们发现。在大一上公体课时，一位同学发现了我的这一隐私，问是怎么回事，我当时就放声大哭了。我在心里一直有一个愿望，总想自己以后有钱了，一定要在最好的医院做手术，弥补自己的这一缺陷。"（被访者C8，大二文科女生）

大学生一旦恋爱以后，会对其原有的人际关系产生一定的影响。

"谈了对象以后，会忽略周围的一些朋友，疏远与他们之间的距离，谈了对象以后，与周围没谈朋友的同学之间有了隔阂，与同宿舍的同学话题也少了一些。我在谈对象以后，感觉自己变得更敏感了，表现在对她一言一行的揣测，我这样一种猜测女孩心理的表现，放大到跟周围同学的人际关系当中，感觉自己有时过分去猜测同学的心理或行为，但事实往往就过了头，感觉自己太敏感了。"（被访者C24，大三文科男生）

有些学生虽是独生子女，但因异地求学，寄宿在亲戚家里，学会了寄人篱下看脸色行事，改变了独生子女在人际交往中以自我为中心的倾向。被访者C23的例子就说明了这一点。

"我家在兰州市红谷区，我虽然也是独生子女，但在我上高中时，父母选择让我去天水市甘谷一中读书，我当时寄宿在亲戚家走读，尽管亲戚对自己亲热，但毕竟不同于父母，不可能在亲戚面前撒娇、发火，我慢慢地改变自己的任性的毛病。在班上，大多数同学来自农村，因为存在着诸多方面的差异，我与同学们刚开始相处确实有一定的障碍，尤其表现为语言上的障碍，有些老师上课也说地方话，绝大部分同学都说地方话，一开始有些听不懂，不习惯，但后来与同学们相处时间长了，慢慢地也能听懂地方话了。我在学习和生活上的一些困难，同学总是积极帮助我，三年的高中学习和生活，我与同学们关系处得还不错，自己也慢慢地融入这样一个集体中了，三年寄宿式的高中生活磨平了我的性格，在我的身上甚至看不到独生子女的影子。有了这样一种经历，一进入大学，在人际交往中感觉很自然，与一个寝室的同学关系也处得很好，与班级同学的关系也感觉很不错。"

(被访者 C23，大一文科女生)

(三) 个体择友标准对人际交往的影响

个体择友标准即在交友时首先看重对方哪些方面，是以什么作为判断标准的，在一定程度上反映了个体的价值观和交友观。不同的人因价值观不同，因而在人际交往时在择友观上表现出明显的不同。

"我交友时的出发点是对方做事的方式不能太讨厌，穿着打扮不能浓妆艳抹，不能有失大学生的身份，说话要算话，要有共同的兴趣，气质要文雅，其他的则不予考虑。"(被访者 C2，大二理科女生)

"我在人际交往的过程中，主要看重对方的人品以及行为、处事方式以及待人接物的习惯。我喜欢和性格稳重、做事稳当又有思想的人共处，并希望在他们身上学习到处事的正确态度。"(被访者 C29，大四文科女生)

"我在人际交往中首先要看对方的人品、素质怎么样，人品如果有问题，如阳奉阴违的，或是功利性的，我会比较排斥；其次，我看重的是在生活和学习中志趣相投的，并且他(她)们有好的优点和闪光点需要我去学习的。"(被访者 C5，大三文科女生)

"在人际交往时，我是看重这样几个方面，一是人品，我认为人品是第一位的，我非常看重这一点；二是是否孝敬父母，在宿舍或是学校，总是听到不同版本的对自己父母的指责和批判；三是为人处世的方式，准确地说一个人怎么样，我一般先看他的朋友是什么样的人；四是看面对挫折、成功时的态度，尤其是不顺心时对别人的态度。"(被访者 C16，大三理科女生)

二 家庭环境对大学生人际交往的影响

家庭是构成社会的最基本的单位，是个体社会化的起点，家庭对个体性格的形成、习惯的养成和交往观念的确立起着非常重要的作用，可以说对一个人一生的影响都很大。"家庭作为建立在姻亲关系上的社会生活组织，除了有繁衍和抚育后代的功能以外，还通过家风、家庭关系和家庭文化对子女进行着教化功能。所以家庭文化环境深深地影响着家庭成员的家人价值观和行为方式，并与学校环境和社会环境一起发挥着个体'社会化'的功能。"①

（一）家庭经济贫困对大学生人际交往的影响

A5—C5，即是否为贫困生在"家庭经济贫困对人际交往有影响吗？"问题上的看法的列联表分析。

在由图3-2总结的图3-3中，环形图由里到外依次表示贫困生、非贫困生。通过该图可以清晰直观地对比贫困生与非贫困生在"你认为家庭经济贫困对人际交往有影响吗？"这一问题上的看法。

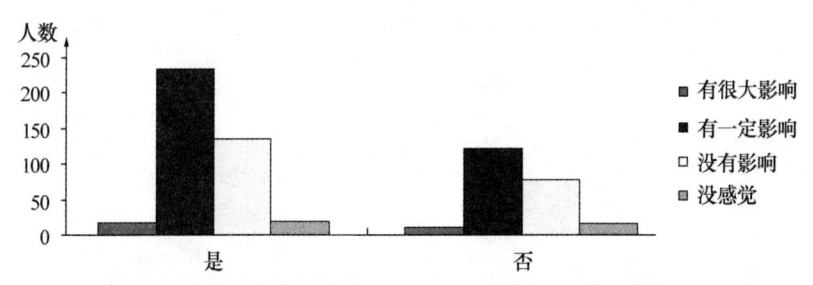

图3-2 是否为贫困生在"你认为家庭经济贫困对人际交往有影响吗"问题上的看法

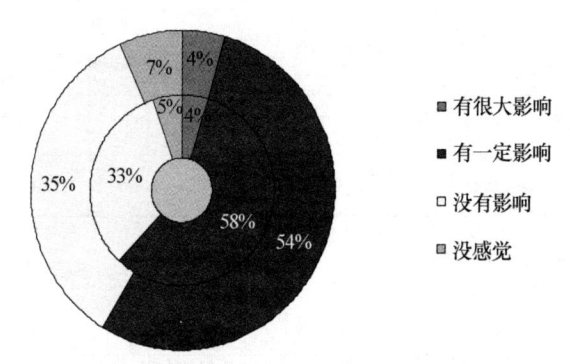

图3-3 是否为贫困生在"你认为家庭经济贫困对人际交往有影响吗"问题上的看法

---

① 张耀灿：《思想政治教育学前沿》，人民出版社2006年版，第407页。

由表 3-3 总结的表 3-4 中显著性检验的概率值 $p = 0.010 < 0.05$，不能拒绝独立性假设。在"你认为家庭经济贫困对人际交往有影响吗？"这一问题的看法不受学生是否是贫困生的影响，即表明不管是贫困生还是非贫困生，在对"你认为家庭经济贫困对人际交往有影响吗？"这一问题的看法是一致的，都认为家庭经济贫困对大学生的人际交往有一定的影响。

表 3-3　　　　　　　　　　　对应表

是否贫困生	你认为家庭经济贫困对人际交往有影响吗？				
	有很大影响	有一定影响	没有影响	没感觉	有效边际
是	18	235	135	20	408
否	10	122	78	15	225
有效边际	28	357	213	35	633

表 3-4　　　　　　　　　　　摘要

维数	奇异值	惯量	卡方	Sig.	惯量比例		置信奇异值
					解释	累计	标准差
1	0.044	0.002			1.000	1.000	0.041
总计		0.002	1.218	0.749[a]	1.000	1.000	

a. 3 自由度。

A6-C5，即城市大学生与农村大学生在"你认为家庭经济贫困对人际交往有影响吗？"这一问题上看法的列联表分析。

在由图 3-4 总结的图 3-5 中，环形图由里圈到外圈分别表示城市学生与农村学生，该图可以直观地反映城市大学生与农村大学生在"你认为家庭经济贫困对人际交往有影响吗？"这一问题上的看法。

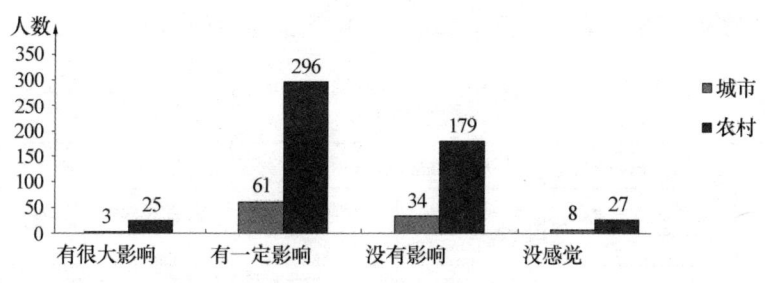

图 3-4　城市与农村大学生在"你认为家庭经济贫困对人际交往有影响吗？"问题上的看法

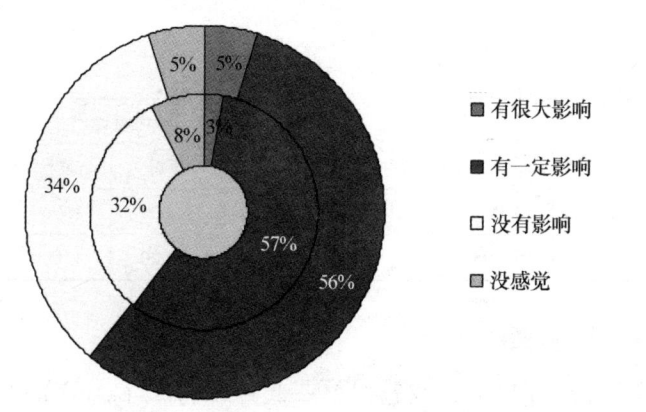

图 3-5　城市与农村大学生在"你认为家庭经济贫困对人际交往有影响吗？"这一问题上的看法

由表 3-5 总结的表 3-6 中显著性检验的概率值 $\alpha = 0.05$，不能拒绝独立性假设，原假设成立，在"你认为家庭经济贫困对人际交往有影响吗？"这一问题的看法不受学生来自哪里的影响。则表明不管是城市还是农村大学生，在对"你认为家庭经济贫困对人际交往有影响吗？"这一问题的看法也是一致的，即认为家庭经济贫困对大学生的人际交往有一定的影响。

（二）单亲家庭对大学生人际交往的影响

父母离异或一方病故对子女人际交往有一定的影响，并且这种影响是非常直接而且又是长期的、深远的。下面被访者 C1 的例子就是典型的父母离异对子女造成人际交往中产生障碍的例子。

表 3 – 5　　　　　　　　　　　　对应表

来自哪里	你认为家庭经济贫困对人际交往有影响吗?				有效边际
	有很大影响	有一定影响	没有影响	没感觉	
城市	3	61	34	8	106
农村	25	296	179	27	527
有效边际	28	357	213	35	633

表 3 – 6　　　　　　　　　　　　摘要

维数	奇异值	惯量	卡方	Sig.	惯量比例		置信奇异值
					解释	累计	标准差
1	0.053	0.003			1.000	1.000	0.040
总计		0.003	1.792	0.617[a]	1.000	1.000	

a. 3 自由度。

"从我上小学时起,我爸妈就一起外出打工了,爷爷奶奶在家一直照顾我,陪伴我,只有过年时才能见到父母。我求学的整个过程,身边的亲人主要是爷爷奶奶。长期的留守状态我早已适应了,也麻木了,因为我爸妈外出打工也是为了我们整个家庭,但令我悲痛和伤心的是我爸妈在我高三时离婚了,并且他们离婚以后两人还是在外地,没有一人回家,妈妈在一个小县城经营一家小卖部,一直在经济上接济我,我跟父亲的关系非常僵化。我想妈妈时,就去她所在的县城找她。父母的离异给我心理造成了很大的伤害,我以前性格比较开朗,小学、中学一直担任学生干部,自从父母离异以后,我变得不爱与人说话了,也不主动与人交往了。在大学,我在班上基本不怎么说话,与同学见面只是点头微笑一下,不想与他们交往,害怕别人问起自己的家庭情况。在大学,我有几个关系比较好的朋友,我们的兴趣基本相同,一般周末出去爬山,主要是放松自己的心情,向好朋友诉说自己的烦恼,但父母离异这件事我从来都没跟任何人说过。"(被访者

C1，大二理科男生）

单亲家庭的学生在人际交往中多数会有一些性格或心理上的缺陷，但如有亲戚的无私帮助，可以弥补孩子性格或心理上的缺陷，被访者 C10 的例子就说明了这一点。

"父亲在我 5 岁时就因病去世了，由于年龄小，对父亲的印象不是很深刻，离开父亲以后，我的 5 个舅舅、大伯、叔叔为我们这个家庭带来了很大的帮助与温暖。记得我在上中学以后，我和小伙伴经常骑自行车去上学，他们经常帮我修自行车，我感觉我的自行车经常好好的，从来不用打气，也不用修，后来我才知道，在我放学回家吃饭时，我的大伯和叔叔经常给自行车打气，一有不合适的地方，就立马给我修理好了。农忙时，亲戚们总是帮妈妈先干完我们家的农活，在经济上也经常接济我们，母亲很要强，但亲戚总是想办法从各个方面给我们这个家庭以最大的帮助。我和弟弟上小学、中学，以及我上大学这几年的学费，有一半都是亲戚给的，我现在用的笔记本电脑，也是二舅给我买的。在这样一种环境中成长，我并没有感觉到多大的孤独与心灵的痛苦。在大学，无论是宿舍还是班上的同学，我与大家人际关系都处得还不错，即便是宿舍与同学有了冲突，我也会换位思考，尽快化解矛盾。我自己也明显感觉我在人际交往中要比周边一些单亲家庭的孩子好得多，没有什么心理的障碍。"（被访者 C10，大三理科男生）

被访者 C10 自幼失去父亲，在一个单亲家庭环境中成长，但由于众多亲戚给予这个家庭方方面面的帮助，尤其是对自己和弟弟精神上、情感上的关怀，让他们走出了失去父亲带来的影响，能和其他孩子一样健康成长，尤其在大学人际交往中也表现得比较积极。

（三）家庭教育理念对大学生人际交往的影响

家庭教育理念或方式对个体性格、心理、行为处事方式等有很大的影响，目前，大多数家庭对子女的教育理念与方式都比较民主，能与孩子经常沟通交流，尊重孩子的选择与判断。

图 3-6 中表明当前 75.2% 的家庭对子女的教育采取的是民主的方式，采取专制教育方式的仅占 10.74%。采取溺爱型、放纵型教育

方式的比例是比较小的。

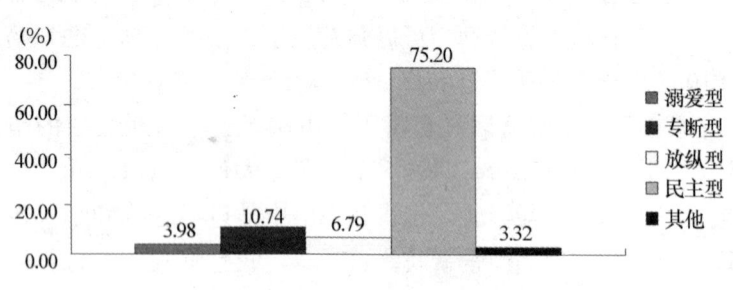

图 3-6　父母对你采取何种教育方式

溺爱型 3.98　专断型 10.74　放纵型 6.79　民主型 75.20　其他 3.32

被访者 C28 的例子说明家长与子女之间缺乏有效的沟通与交流。

"我从小就是一个性格叛逆的女孩，但因为一些特殊原因，我从小被父母当男孩子一样养大，在上大学以前，父母对我说得最多的一句话就是'好好学习'。可是上大学以后，我有自己的想法，想去干自己想干的事。于是，我加入了学生社团联合会，从干事到部长，有时虽然很忙，但我觉得自己过得很充实。可是，我每周给家人打电话，他们最关心的问题仍然是我的学习情况，他们老问我，有没有认真写作业，有没有巩固知识，有没有好好看书。我真的不知道怎么回答，有时甚至觉得很烦，觉得父母根本不理解自己。上大学了，觉得自己长大了，完全能够处理恋爱问题了，可是父母依然不让，说什么'大学，还是以学业为主，那些乱七八糟的事还是不要干的好'。我想，我已经 20 岁了，我有自己的生活方式，在你们像我一样年龄的时候，恐怕有许多早已结婚了吧，为什么不允许我谈恋爱？为什么？但到现在，我都没有想出什么可行的解决办法。"（被访者 C28，大二文科女生）

被访者 C28 的例子说明家长与子女之间缺乏有效的沟通与交流，父母总是按照自己的想法教育子女，造成父母与子女之间沟通不畅，也造成了她自己矛盾的心理。

还有一些父母对孩子教育方式不当所造成的影响是长期的，甚至是终生的。被访者 C25 的事例就说明了这一点。

"我这样一天混，其实是在逃避现实，我对学习早就失去了兴趣，感觉能混毕业就不错了,我这样一天天虚度光阴,我心里清楚这样不好,可是我不能够面对现实,家里有些事让我很纠结,让我难以忘却,成为我心中永远抹不去的阴影。记得还是高考前两个月的某一天周末,我与同班同学一起去玩,回来时我与一位女生在一起有说有笑,恰好被一直陪读的母亲发现了,我一进出租屋,她就怀疑我在谈对象了,因此她反复追问我是否谈对象了,说实话,我本来就没有谈对象,母亲一再追问,我始终说没有,母亲咬定我谈对象了,我也就一根筋,说自己没谈对象,态度也很生硬,母亲一直骂我,我也一直死不改口,她脾气越发越大,一直把我从下午5点多骂到天黑,硬让我说实话,我本来就说的是实话,母亲最后忍无可忍,拿起做饭的菜刀,直奔我来,看架势是来真格的了,我当时走投无路,一下子就从二楼直接跳了下去,也不知底下是什么,幸好跳到了楼下的花园里,没有受伤,算是捡了一条命,我从地上一骨碌爬起来,就赶紧跑了,跑了很远,看不见母亲了,才停了下来。我连夜打车赶回了家里,向父亲说明了事情的经过,父亲立即向母亲沟通了这件事,他们俩又在电话里吵翻了,后来,父亲让我直接回学校上课,第二天,我回出租屋给母亲道了歉。从那以后,我就不想念书了。在我们家乡,父母之间互相以孩子的学习成绩攀比,我的父母都没上过大学,对我的期望很高,总想让我考一个好的大学,以圆了他们未曾实现的梦想。他们经常以我能考个好成绩而高兴,感觉我给他们很给面子,给他们很争气。那年高考我只考了400多分,成绩刚到三本线,对我未来的选择,一家人举手表决各自的态度,父亲为了减少争吵,选择了弃权,母亲坚决让我上个医学大专,我死活不同意,坚持要复读一年,母亲坚决反对,我实在对医学不感兴趣,同时也想复读一年考个好成绩。母亲一定要我遵从她的意愿,我后来拎起包,离家出走了,父母在家里吵翻了天。

我向同学借了钱,买了去北京的火车票,由于那年的洪水,结果火车晚点了两天,后来我改为南下广州,就在开车前1小时,父亲来了电话,让我回家,说我不回家,这个家就散了,我也给父亲说了,家里我就不回去了,我去学校附近的出租屋了。退了车票,我就直接返回了学校附近的出租屋,当时好多同学都回家了,学校周围一个好朋友也没有，父母也没来看望自己，四川的夏季室温高达40℃，我想睡也睡不着，当时我心情郁闷到了极点，自己也开导不了自己，我就去超市买了两瓶泸州老窖和一把水果刀，回到出租屋，先喝下去半瓶酒，越想越委屈，就开始写了一封长长的遗书，写完遗书以后，我先把遗书念给我两位最好的同学，他们分别在电话那边哭了，劝我千万别胡思乱想，他们当时都在老家，一时也赶不过来。跟同学沟通完，我就关了手机。准备结束自己的生命。当时的确喝的有点多了，连拿水果刀的力气也没有了，后来就不知不觉地睡着了，第二天，两位同学的敲门声才把我惊醒，我昨晚的异常举动把他们也吓坏了，由于无法联系上我的父母，他们一早就赶来了，同学这么关心我，我起床后就没事了，决定继续复读一年。在假期，我向同学借了一学期的生活费，我的成绩上了三本线，复读不用交学费。在复读的第一学期，我总是没有心思学习，关键是静不下心，一学期一晃就过去了。在寒假，约几个好同学一块出去玩了一趟，心情有了好转。在第二学期的后两个月，我加足马力认真学习了两个月。高考志愿也是我一个人填报的，没有跟家人沟通。在来天水的前10天，我才回了一趟家，父亲给我凑足了学费。在我出发的那天，母亲打车来火车站送我，给我买了一大包东西，我当时有点感动。

　　自己目前有时不爱上课，爱睡觉，觉得很迷惘，一天总感觉无事可做，晚上就去网吧，玩累了就去宿舍睡觉，睡醒了就去网吧。有些课感觉没意思，所以就不去听，这也许是一种逃避现实的表现吧，我之所以这样颓废，还是因为高中时的那件事情，使我对学习彻底失去了兴趣，也对异性有了一种恐惧感。我现在觉得上大学就是为了实现父母的梦想，而不是我的梦想。从高中那次事件以后，我打心里对学习就失去了信心，并且产生了一种厌烦的感觉，总想着赶紧毕业，出去挣钱。我现在的状态就是做一天和尚撞一天钟，得过且过，学校的日常出操、评优选先、集体活动我根本就没有兴趣，总感觉这些事情与自己无关。高中时的那次变故，对我的刺激太大了，我一直无法把它忘却，总是放不下。父亲和母亲的关系这几年也比较紧，两个人分隔两地，一年也见不了几次面。现在虽说关系缓和了，但已无法回到原来那种幸福的状态了。

我上大学快三年了，暑假我从未回过家，寒假只是在年前几天才回家，在家也待不了几天，不是我不想家，不是我不想待，而是我担心家里待得久了，又闹矛盾，所以三天年过完，我就又回学校了，寒假期间，学校虽然冷清，但最起码没有争吵，尽管一个人很孤独，但起码要比家里好一点，再没有了争吵的声音，再没有念叨与怒骂的声音，有时想，一个人，没有人管倒还挺安静的。"（被访者 C25，大三文科男生，独生子女）

被访者 C25 母亲对他的教育方式就是非常武断的、缺乏与孩子之间的平等对话，最后导致极端行为，对他个人的影响也是刻骨铭心的。这次经历充分反映了母亲对孩子的教育方式上欠思考、欠妥、一时意气用事，对孩子造成的心理阴影是一时挥之不去的。这个事例也给广大家长以深刻的启示和警醒，一定要在尊重孩子的基础上与孩子平等对话，而不是以自己粗暴的方式去压制孩子的思想。

三 学校及周边环境对大学生人际交往的影响

大学生的交往活动总是受到一定环境条件的制约，而他们的活动又反作用于环境，改变着环境。大学生应正确认识校园环境对人际交往的影响作用，主动适应环境，能动地改造环境，在优良风气的陶冶下健康成长，在人际交往互动中顺利成才。

（一）校园周边环境对大学生人际交往的影响

校园周边环境主要包括学校周边治安状况、学校周边文化市场管理等。良好的学校周边社会治安、学校周边文化市场管理对大学生人际交往有一定的促进作用，相反，不良的学校周边治安、文化市场管理则会产生一定的不良影响。

表 3-7 中，49.1% 的学生认为学校周边社会治安状况一般，认为较好仅占 32.9%，可见，本次调查的 T 大学周边社会治安环境一般，需要积极整治，为大学生良好的人际交往创造一个良好社会环境。

表3-7　　　你们学校周边的社会治安状况如何？

		频率	百分比	有效百分比	累计百分比
有效	很好	26	4.1	4.1	4.1
	较好	208	32.9	32.9	37.0
	一般	311	49.1	49.1	86.1
	较乱	72	11.4	11.4	97.5
	很乱	16	2.5	2.5	100.0
	合计	633	100.0	100.0	

表3-8中，53.6%的学生认为学校周边文化市场的管理一般，文化市场无形中总是影响着大学生的价值观和交往观，因此，规范文化市场管理势在必行。

表3-8　　　你们学校周边的文化市场管理怎么样？

		频率	百分比	有效百分比	累计百分比
有效	很严	7	1.1	1.1	1.1
	较严	58	9.2	9.2	10.3
	一般	339	53.6	53.6	63.8
	不严	157	24.8	24.8	88.6
	无人管理	72	11.4	11.4	100.0
	合计	633	100.0	100.0	

图3-7中，认为学校周边环境对人际交往影响很大的占13.27%，较大的占35.7%，有一点影响的占42.5%，认为没有影响的占8.53%，由此可见，学校周边环境对大学生人际交往还是有一定的影响的。

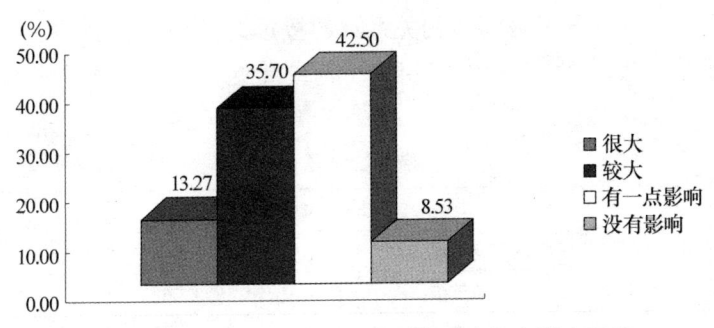

图 3-7 学校周边环境对你的人际交往有影响吗？

（二）校园自然环境与人文环境对大学生人际交往的影响

通过对问卷 G4 校园自然环境和人文环境对大学生人际交往的影响的因子分析，来判断影响的程度大小。

因子分析（Factor Analysis）是利用降维的思想，从研究原始变量相关矩阵或协方差矩阵内部的依赖关系出发，把一些具有错综复杂关系的变量归结为少数几个综合因子的一种多元统计分析方法。

由于因子分析是基于相关矩阵进行的，即要求各指标之间具有一定的相关性，求出相关矩阵是必要的。

原始变量之间必须有相关性，如果变量之间相互独立，则无法用因子分析法来进行数据降维，一般在做分析之前，先检验变量之间的相关性。

Bartlett 球形检验的假设为：

原假设：即变量互不相关。

备择假设：变量之间有相关关系。

通过 Bartlett 球形检验的卡方统计量的值、相应的自由度和显著性值来检验变量相关性。如果显著性 p 值小于 0.05，则认为因子分析是适宜的。KMO 统计量可比较样本相关系数，它用于检验样本是否适合作因子分析。KMO 统计量的取值在 0 和 1 之间，该值越大，则样本数据越适于作因子分析。一般要求该值大于 0.5，方可做因子分析。

G4_1—G4_11

从 11 个变量的两两相关系数矩阵看，变量之间有一定的相关性，相关系数介于 0 与 1 之间，相关系数越接近 1，变量之间相关性越强，相关系数越接近 0，变量之间相关性越弱（见表 3-9、表 3-10）。

表 3-9　　　　　　　　　　描述统计量

	均值	标准差	分析 N
G4_1. 校园绿树成荫，环境优美、令人心情舒展	3.95	0.834	633
G4_2. 教室窗明几净，干净整洁，有学习的氛围	3.26	1.065	633
G4_3. 餐厅干净卫生，饭菜可口，物美价廉	3.06	1.090	633
G4_4. 宿舍宽敞舒适，有家的感觉	2.57	1.194	633
G4_5. 课堂教学井然有序，学习风气良好	3.33	0.987	633
G4_6. 师生课间交流互动，关系融洽	3.41	0.929	633
G4_7. 班主任、辅导员关心学生，与学生关系融洽	3.18	1.065	633
G4_8. 管理制度科学民主，比较人性化	3.00	1.048	633
G4_9. 学生"评优选先"过程与结果公正合理	3.01	1.081	633
G4_10. 学校行政机关办事效率高，服务态度较好	2.85	1.101	633
G4_11. 校园文体活动丰富多彩，提供了较多的交往机会	3.42	1.010	633

表 3-10　　　　　　　　　　相关矩阵

		G4_1.	G4_2.	G4_3.	G4_4.	G4_5.	G4_6.	G4_7.	G4_8.	G4_9.	G4_10.	G4_11.
相关	G4_1.	1.000	0.477	0.344	0.308	0.284	0.329	0.246	0.255	0.218	0.199	0.265
	G4_2.	0.477	1.000	0.475	0.361	0.380	0.275	0.257	0.296	0.238	0.311	0.257
	G4_3.	0.344	0.475	1.000	0.485	0.375	0.253	0.271	0.407	0.334	0.362	0.275
	G4_4.	0.308	0.361	0.485	1.000	0.400	0.275	0.316	0.401	0.355	0.334	0.191
	G4_5.	0.284	0.380	0.375	0.400	1.000	0.436	0.377	0.387	0.338	0.387	0.311
	G4_6.	0.329	0.275	0.253	0.275	0.436	1.000	0.668	0.496	0.400	0.391	0.330
	G4_7.	0.246	0.257	0.271	0.316	0.377	0.668	1.000	0.549	0.437	0.392	0.293
	G4_8.	0.255	0.296	0.407	0.401	0.387	0.496	0.549	1.000	0.512	0.535	0.446
	G4_9.	0.218	0.238	0.334	0.355	0.338	0.400	0.437	0.512	1.000	0.538	0.386
	G4_10.	0.199	0.311	0.362	0.334	0.387	0.391	0.392	0.535	0.538	1.000	0.466
	G4_11.	0.265	0.257	0.275	0.191	0.311	0.330	0.293	0.446	0.386	0.466	1.000

由表 3-11 可知，KMO 统计量是 0.877，且 Bartlett 球体检验卡方统计值的显著性 p 值为 0.000，小于 0.05，就说明各指标之间具有较高相关性，此数据适用于作因子分析。

表 3-11　　　　　　　　KMO 和 Bartlett 的检验

取样足够度的 Kaiser - Meyer - Olkin 度量		0.877
Bartlett 的球形度检验	近似卡方	2437.228
	df	55
	Sig.	0.000

表 3-12 中前 5 个公因子的累计贡献率为 75.717%，说明前 5 个公共因子已经反映了原始变量的绝大多数信息，这里提取 5 个公因子。

表 3-12　　　　　　　　解释的总方差

成分	初始特征值			提取平方和载入			旋转平方和载入		
	合计	方差的百分比	累计百分比	合计	方差的百分比	累计百分比	合计	方差的百分比	累计百分比
1	4.650	42.270	42.270	4.650	42.270	42.270	2.051	18.645	18.645
2	1.269	11.539	53.809	1.269	11.539	53.809	2.031	18.468	37.113
3	0.925	8.408	62.218	0.925	8.408	62.218	1.729	15.721	52.834
4	0.833	7.575	69.792	0.833	7.575	69.792	1.529	13.897	66.731
5	0.652	5.924	75.717	0.652	5.924	75.717	0.988	8.986	75.717
6	0.550	5.003	80.720						
7	0.543	4.939	85.659						
8	0.455	4.132	89.791						
9	0.418	3.803	93.594						
10	0.398	3.619	97.212						
11	0.307	2.788	100.000						

提取方法：主成分分析。

表 3-13 中的第一列中负荷率有在 0.5 附近的，容易使得公共因

子的含义不清。为此,我们可以求因子旋转后的因子载荷矩阵,使因子载荷两极分化,其实际意义也更加明显。

表 3-13　　　　　　　　　成分矩阵[a]

	成分 1	成分 2	成分 3	成分 4	成分 5
G4_1. 校园绿树成荫,环境优美、令人心情舒展	0.522	0.478	0.306	0.405	0.258
G4_2. 教室窗明几净,干净整洁,有学习的氛围	0.587	0.551	0.066	0.185	-0.048
G4_3. 餐厅干净卫生,饭菜可口,物美价廉	0.634	0.425	-0.236	-0.192	0.089
G4_4. 宿舍宽敞舒适,有家的感觉	0.614	0.318	-0.124	-0.489	0.099
G4_5. 课堂教学井然有序,学习风气良好	0.655	0.102	0.107	-0.140	-0.672
G4_6. 师生课间交流互动,关系融洽	0.691	-0.294	0.502	0.017	-0.026
G4_7. 班主任、辅导员关心学生,与学生关系融洽	0.689	-0.348	0.427	-0.139	0.119
G4_8. 管理制度科学民主,比较人性化	0.759	-0.253	-0.086	-0.066	0.153
G4_9. 学生"评优选先"过程与结果公正合理	0.678	-0.282	-0.259	-0.071	0.230
G4_10. 学校行政机关办事效率高,服务态度较好	0.701	-0.235	-0.369	0.072	-0.055
G4_11. 校园文体活动丰富多彩,提供了较多的交往机会	0.587	-0.195	-0.315	0.552	-0.139

提取方法:主成分。

a. 已提取了 5 个成分。

经方差最大正交旋转后,实际意义更加明显,负荷率基本上没有在 0.5 附近的。

第一个因子在指标 G4_8、G4_9、G4_10、G4_11 上有较大的载荷,这些是从学校管理制度科学民主、比较人性化,学生"评优选先"过程与结果公正合理,学校行政机关办事效率高,服务态度较好,校园文体活动丰富多彩,提供了较多的交往机会这样四个方面反映校园环境对大学生人际交往的影响,因此命名为管理制度因子。

第二个因子在指标 G4_6 与 G4_7 上有较大载荷,这些是从师生课间交流互动，关系融洽，班主任、辅导员关心学生，与学生关系融洽这两个方面反映校园环境对大学生人际交往的影响的，因此命名为师生关系因子。

第三个因子在指标 G4_3 与 G4_4 有较大的载荷，因此命名为生活环境因子。

第四个因子在指标 G4_1 与 G4_2 有较大的载荷，因此命名为学习环境因子。

第五个因子在指标 G4_5 有较大的载荷，因此命名为学习风气因子。

通过因子分析可以给因子命名，还可对多个问题进行整合，总之通过因子分析，非常直观展现了几个因子对大学生交往的影响。

表 3-14　　　　　　　　　旋转成分矩阵[a]

	成分 1	成分 2	成分 3	成分 4	成分 5
G4_1. 校园绿树成荫，环境优美、令人心情舒展	0.082	0.219	0.119	0.870	-0.032
G4_2. 教室窗明几净，干净整洁，有学习的氛围	0.144	0.044	0.335	0.691	0.277
G4_3. 餐厅干净卫生，饭菜可口，物美价廉	0.239	0.024	0.694	0.351	0.147
G4_4. 宿舍宽敞舒适，有家的感觉	0.073	0.193	0.809	0.141	0.159
G4_5. 课堂教学井然有序，学习风气良好	0.197	0.268	0.251	0.134	0.855
G4_6. 师生课间交流互动，关系融洽	0.190	0.826	0.022	0.210	0.233
G4_7. 班主任、辅导员关心学生，与学生关系融洽	0.187	0.856	0.163	0.091	0.095
G4_8. 管理制度科学民主，比较人性化	0.531	0.507	0.360	0.075	0.032
G4_9. 学生"评优选先"过程与结果公正合理	0.601	0.380	0.388	-0.012	-0.086
G4_10. 学校行政机关办事效率高，服务态度较好	0.727	0.221	0.291	0.022	0.169
G4_11. 校园文体活动丰富多彩，提供了较多的交往机会	0.824	0.077	-0.110	0.275	0.181

提取方法：主成分。

旋转法：具有 Kaiser 标准化的正交旋转法。

a. 旋转在 8 次迭代后收敛。

四 手机、网络大众传媒对大学生人际交往的影响

(一) 手机、网络对大学生人际交往的积极影响

在调查问卷 H2. "手机、网络等现代大众传媒对大学生人际交往的影响"量表中，H2_1—H2_8 是手机、网络传媒对大学生人际交往方面的积极影响，而 H2_9—H2_17 是手机、网络传媒对大学生人际交往方面的消极影响。

我们首先对 H2_1—H2_8 进行因子分析。如表 3-15、表 3-16 所示。

表 3-15　　　　　　　　　描述统计量

	均值	标准差	分析 N
H2_1. 可以更加方便地交流，克服了交往方式的时空障碍	4.16	0.743	633
H2_2. 实现了交往过程中的真正平等	3.35	0.949	633
H2_3. 扩展了人们的交往手段	4.08	0.778	633
H2_4. 增强了人们交往的互动性	3.94	0.851	633
H2_5. 扩大了交往对象的范围，节约了交往成本	3.70	0.950	633
H2_6. 现实中难以启齿的话语可以在网上尽情倾诉和宣泄	3.55	1.042	633
H2_7. 可以向网友宣泄自己的烦恼与困惑，释放压抑的心理	3.48	1.081	633
H2_8. 节约了交往成本，提高了人际沟通的效率	3.49	0.995	633

表3-16　　　　　　　　　　　相关矩阵

		H2_1	H2_2	H2_3	H2_4	H2_5	H2_6	H2_7	H2_8
相关	H2_1	1.000	0.382	0.505	0.446	0.370	0.239	0.181	0.305
	H2_2	0.382	1.000	0.397	0.416	0.314	0.200	0.221	0.303
	H2_3	0.505	0.397	1.000	0.624	0.421	0.179	0.186	0.339
	H2_4	0.446	0.416	0.624	1.000	0.494	0.182	0.202	0.315
	H2_5	0.370	0.314	0.421	0.494	1.000	0.312	0.228	0.490
	H2_6	0.239	0.200	0.179	0.182	0.312	1.000	0.537	0.328
	H2_7	0.181	0.221	0.186	0.202	0.228	0.537	1.000	0.380
	H2_8	0.305	0.303	0.339	0.315	0.490	0.328	0.380	1.000

从8个变量的两两相关系数矩阵看，变量之间有一定的相关性，相关系数介于0与1之间，相关系数越接近1，变量之间相关性越强，相关系数越接近0，变量之间相关性越弱。

如表3-17所示，KMO统计量是0.805，卡方统计值的显著性p值为0.000，小于0.050，说明各指标之间具有较高相关性，此数据适用于作因子分析。

表3-17　　　　　　　　　KMO 和 Bartlett 的检验

取样足够度的 Kaiser – Meyer – Olkin 度量		0.805
Bartlett 的球形度检验	近似卡方	1472.799
	df	28
	Sig.	0.000

表3-18中，前5个公因子的累计贡献率为84.001%，说明前5个公共因子已经反映了原始变量的绝大多数信息，这里提取5个公因子。

表3-18 解释的总方差

成分	初始特征值 合计	初始特征值 方差的百分比	初始特征值 累计百分比	提取平方和载入 合计	提取平方和载入 方差的百分比	提取平方和载入 累计百分比	旋转平方和载入 合计	旋转平方和载入 方差的百分比	旋转平方和载入 累计百分比
1	3.409	42.617	42.617	3.409	42.617	42.617	1.753	21.914	21.914
2	1.308	16.348	58.965	1.308	16.348	58.965	1.565	19.564	41.478
3	0.759	9.490	68.454	0.759	9.490	68.454	1.406	17.572	59.051
4	0.660	8.249	76.703	0.660	8.249	76.703	1.003	12.536	71.586
5	0.584	7.298	84.001	0.584	7.298	84.001	0.993	12.414	84.001
6	0.536	6.694	90.695						
7	0.405	5.062	95.757						
8	0.339	4.243	100.000						

提取方法：主成分分析。

表3-19 成分矩阵[a]

	成分 1	成分 2	成分 3	成分 4	成分 5
H2_1. 可以更加方便地交流，克服了交往方式的时空障碍	0.673	-0.259	0.240	-0.245	0.569
H2_2. 实现了交往过程中的真正平等	0.622	-0.180	0.406	0.617	-0.018
H2_3. 扩展了人们的交往手段	0.732	-0.377	0.067	-0.218	-0.177
H2_4. 增强了人们交往的互动性	0.737	-0.360	-0.006	-0.158	-0.381
H2_5. 扩大了交往对象的范围，节约了交往成本	0.715	-0.035	-0.499	-0.014	-0.007
H2_6. 现实中难以启齿的话语可以在网上尽情倾诉和宣泄	0.526	0.650	0.171	-0.230	0.052
H2_7. 可以向网友宣泄自己的烦恼与困惑，释放压抑的心理	0.515	0.671	0.214	-0.028	-0.211
H2_8. 节约了交往成本，提高了人际沟通的效率	0.661	0.249	-0.457	0.305	0.190

提取方法：主成分分析。
a. 已提取了5个成分。

为了使公共因子的含义更加清楚，容易解释其实际意义，这里也将因子载荷矩阵进行方差最大正交旋转，旋转后的因子载荷矩阵如表 3-20 所示。

表 3-20　　　　　　　　　旋转成分矩阵[a]

	成分 1	成分 2	成分 3	成分 4	成分 5
H2_1. 可以更加方便地交流，克服了交往方式的时空障碍	0.297	0.105	0.158	0.900	0.164
H2_2. 实现了交往过程中的真正平等	0.250	0.106	0.146	0.157	0.919
H2_3. 扩展了人们的交往手段	0.787	0.080	0.150	0.296	0.158
H2_4. 增强了人们交往的互动性	0.873	0.091	0.186	0.092	0.175
H2_5. 扩大了交往对象的范围，节约了交往成本	0.450	0.115	0.729	0.123	-0.011
H2_6. 现实中难以启齿的话语可以在网上尽情倾诉和宣泄	0.053	0.842	0.171	0.206	-0.025
H2_7. 可以向网友宣泄自己的烦恼与困惑，释放压抑的心理	0.110	0.864	0.139	-0.067	0.157
H2_8. 节约了交往成本，提高了人际沟通的效率	0.063	0.245	0.850	0.102	0.200

提取方法：主成分分析。

旋转法：具有 Kaiser 标准化的正交旋转法。

a. 旋转在 6 次迭代后收敛。

表 3-20 中，从旋转后的因子载荷矩阵看：

第一个因子在指标 H2_3、H2_4 有较大的载荷，这两个指标是从"扩展了人们的交往手段，增强了人们交往的互动性"来反映手机、网络对大学生人际交往的影响，因此命名为"交往手段扩展"因子。

第二个因子在指标 H2_6、H2_7 有较大载荷，这些是从"现实中难以启齿的话语可以在网上尽情倾诉和宣泄，可以向网友宣泄自己的烦恼与困惑、释放压抑的心理"这两个方面反映手机、网络对大学生人际交往的影响，因此命名为"心理情绪宣泄与释放"因子。

第三个因子在指标 H2_5、H2_8 有较大的载荷，这两个指标是从"扩大了交往对象的范围，节约了交往成本，提高了人际沟通的效率节约了交往成本"来反映手机网络对大学生人际交往的影响，因此命名为"交往成本节约"因子。

第四个因子在指标 H2_1 有较大的载荷，是从"可以更加方便的交流，克服了交往方式的时空障碍"来反映手机、网络对大学生人际交往的影响，因此命名为"克服交往时空障碍"因子。

第五个因子在 H2_2 有较大的载荷，是从"实现了交往过程中的真正平等"来反映手机、网络对大学生人际交往的影响，因此命名为"实现交往平等"因子。

被访者 C9 就手机网络对人际交往的积极影响谈了自己的体会。

"由于手机、网络的存在，给我们的交往提供了便利，一些当面不能表达的话语，通过网络就可以顺畅地表达了，从而释放心理的压力，缓解抑郁的情绪和生活与学习中的不快。我是一名网络游戏爱好者，一些经典的游戏我都玩过，以 CS 为例，在大家联机玩游戏的过程中，更能体验到很赤诚的真心，更能感受到现实的一面，对于刚加入的新手，高手会耐心地教，在 CS 爆破模式中，有人敢冒险为队友去牺牲，这一点让人很感动。我觉得，网络交往比现实中的速度快，现实中认识一个朋友需要长时间的接触，并且还要有共同的兴趣爱好，网络中的朋友对我来说是一个很好的倾听者，我们在网游中混熟了，一般会通过 QQ、电话联系，但我们好多网络游戏爱好者都用歪歪（YY），能够互相提供帮助，有时我会开导对方。总之，通过网络交往，也可以缓解我的心理压力，同时开导帮助他人。"（被访者 C9，大三理科男生）

网络交往的积极方面是显而易见的，但对于正在成长中的青年大学生来说，要把握好分寸，不能沉迷于网络或陷于网络而不能自拔，一定要有一个度。

被访者 C11 从自己对网络的感受谈了手机网络对她带来的好处。

"笼统地说就是对社会各方面的信息有了更多的了解，感觉更加融入了社会，伴随着对网络环境的熟悉，对各种流行网络用语的接触，可以让我觉得自己是真实存在于这个信息飞速发展的时代的。在人际交往方面，它扩大了我们的交往范围。其实，我觉得，网络里的自己才是自己真实的状态，在网络的虚拟环境中，我们才能找到最本真的自我，我认为网络是我心灵的安放处。"（被访者 C9，大二文科女生）

（二）手机、网络对大学生人际交往的消极影响

在调查问卷 H2．"手机、网络等现代大众传媒对大学生人际交往的影响"量表中，H2_9—H2_17 是手机、网络传媒对大学生人际交往方面的消极影响，下面进行因子分析。如表 3-21、表 3-22 所示。

表 3-21　　　　　　　　描述统计量

	均值	标准差	分析 N
H2_9. 网络人际交往传递的信息不对称，真实性值得怀疑	3.95	0.941	633
H2_10. 依赖或迷恋于网络交往，现实的人际交往能力会下降	3.82	1.039	633
H2_11. 迷恋于网络交往，会疏远与舍友、同学和家人的联系	3.69	1.147	633
H2_12. 网络所交朋友良莠不齐，有较大的风险	3.96	0.953	633
H2_13. 娱乐化与低俗化的内容，容易使人迷失方向	3.88	0.951	633
H2_14. 网友越来越多，情义却越来越淡	3.69	1.063	633
H2_15. 关心你的人越多，可关心的人却越来越虚假	3.68	1.096	633
H2_16. 无法体会到盼望与守候的感觉（如：见面、信件）	3.73	1.080	633
H2_17. 网络交往是没有真实的感情投入	3.24	1.138	633

表 3-22　　　　　　　　　　相关矩阵

		H2_9	H2_10	H2_11	H2_12	H2_13	H2_14	H2_15	H2_16	H2_17
相关	H2_9	1.000	0.421	0.308	0.487	0.294	0.220	0.277	0.201	0.129
	H2_10	0.421	1.000	0.592	0.431	0.412	0.353	0.291	0.318	0.177
	H2_11	0.308	0.592	1.000	0.450	0.436	0.402	0.289	0.327	0.230
	H2_12	0.487	0.431	0.450	1.000	0.508	0.368	0.427	0.335	0.217
	H2_13	0.294	0.412	0.436	0.508	1.000	0.432	0.387	0.329	0.249
	H2_14	0.220	0.353	0.402	0.368	0.432	1.000	0.514	0.374	0.303
	H2_15	0.277	0.291	0.289	0.427	0.387	0.514	1.000	0.462	0.389
	H2_16	0.201	0.318	0.327	0.335	0.329	0.374	0.462	1.000	0.411
	H2_17	0.129	0.177	0.230	0.217	0.249	0.303	0.389	0.411	1.000

从 9 个变量的两两相关系数矩阵看，变量之间有一定的相关性，相关系数介于 0 与 1 之间，相关系数越接近 1，变量之间相关性越强，相关系数越接近 0，变量之间相关性越弱。

表 3-23 中，KMO 统计量是 0.852，卡方统计值的显著性 p 值为 0.000，小于 0.050，说明各指标之间具有较高相关性，该数据适用于作因子分析。

表 3-23　　　　　　　　　KMO 和 Bartlett 的检验

取样足够度的 Kaiser-Meyer-Olkin 度量		0.852
Bartlett 的球形度检验	近似卡方	1729.914
	df	36
	Sig.	0.000

如表 3-24 所示，前 6 个公因子的累计贡献率为 86.241%，说明

前6个公共因子已经反映了原始变量的绝大多数信息,这里提取6个公因子。

表 3-24　　　　　　　　　解释的总方差

成分	初始特征值 合计	初始特征值 方差的百分比	初始特征值 累计百分比	提取平方和载入 合计	提取平方和载入 方差的百分比	提取平方和载入 累计百分比	旋转平方和载入 合计	旋转平方和载入 方差的百分比	旋转平方和载入 累计百分比
1	3.873	43.032	43.032	3.873	43.032	43.032	1.638	18.202	18.202
2	1.195	13.283	56.315	1.195	13.283	56.315	1.437	15.968	34.170
3	0.789	8.766	65.081	0.789	8.766	65.081	1.319	14.655	48.825
4	0.730	8.115	73.196	0.730	8.115	73.196	1.273	14.146	62.971
5	0.605	6.719	79.915	0.605	6.719	79.915	1.069	11.882	74.853
6	0.569	6.327	86.241	0.569	6.327	86.241	1.025	11.388	86.241
7	0.454	5.039	91.280						
8	0.426	4.729	96.009						
9	0.359	3.991	100.000						

提取方法：主成分分析。

表 3-25 中,从旋转后的因子载荷矩阵看:

第一个因子在指标 H2_10、H2_11 有较大的载荷,是从"依赖或迷恋于网络交往,现实人际交往能力会下降;迷恋于网络交往,会疏远与舍友、同学和家人的联系"来反映手机、网络给大学生带来的影响的,因此命名为"现实人际交往能力下降"因子。

第二个因子在指标 H2_14、H2_15 有较大载荷,这两个指标是从"网友越来越多,情义却越来越淡;关心你的人越多,可关心的人却越来越虚假"来反映手机、网络给大学生带来的影响的,因此命名为"网络交往浅关系"因子。

第三个因子在指标 H2_12、H2_13 有较大的载荷,这两个指标是从"网络所交朋友良莠不齐,有较大的风险;娱乐化与低俗化的内容,容易使人迷失方向"来反映手机、网络给大学生带来的影响的,因此命名为"网络交往的风险性"因子。

第四个因子在指标 H2_9 有较大的载荷,这一个指标是从"网络人际交往传递的信息不对称,真实性值得怀疑"来反映手机、网络给大学生带来的影响的,因此命名为"网络交往信息的不对称性"因子。

第五个因子在指标 H2_16 有较大的载荷,这个指标是从"无法体会到盼望与守候的感觉(如:见面、信件)"来反映手机、网络给大学生带来的影响的,因此命名为"网络交往情感的淡漠性"因子。

第六个因子在指标 H2_17 有较大的载荷,这个指标是从"网络交往是没有真实的感情投入"来反映手机、网络给大学生带来的影响的,因此命名为"网络交往情感的不真实性"因子。

表 3-25　　　　　　　　　　旋转成分矩阵[a]

	成分 1	成分 2	成分 3	成分 4	成分 5	成分 6
H2_9. 网络人际交往传递的信息不对称,真实性值得怀疑	0.220	0.091	0.100	0.914	0.026	0.047
H2_10. 依赖或迷恋于网络交往,现实人际交往能力会下降	0.812	0.130	0.123	0.295	0.146	0.015
H2_11. 迷恋于网络交往,会疏远与舍友同学和家人的联系	0.828	0.156	0.261	0.074	0.094	0.110
H2_12. 网络所交朋友良莠不齐,有较大的风险	0.206	0.179	0.614	0.519	0.187	0.033
H2_13. 娱乐化与低俗化的内容,容易使人迷失方向	0.254	0.216	0.867	0.053	0.086	0.104
H2_14. 网友越来越多,情义却越来越淡	0.301	0.861	0.183	0.009	0.046	0.095
H2_15. 关心你的人越多,可关心的人却越来越虚假	-0.007	0.708	0.194	0.259	0.366	0.197
H2_16. 无法体会到盼望与守候的感觉(如:见面、信件)	0.197	0.196	0.133	0.052	0.910	0.189
H2_17. 网络交往是没有真实的感情投入	0.089	0.171	0.092	0.049	0.179	0.957

提取方法:主成分分析。
旋转法:具有 Kaiser 标准化的正交旋转法。
a. 旋转在 6 次迭代后收敛。

下面几位学生就手机网络对大学生人际交往的消极影响谈了自己

的看法。

"我以前上初中、高中时一直住校,晚上熄灯以后,大家还可以聊天、谈心,尤其是周末的晚上聊得更开心,因为周末大家都从家里返回学校,一方面分享各自从家里带来的好吃的东西;另一方面分享各自的家庭趣事、见闻,周末晚上经常聊到深夜1—2点才休息。尽管宿舍管理员警告,但阻挡不了我们的热情,经常聊天,大家的关系都比较好,彼此感觉很亲切,大家之间的距离也比较近,大家相处的时间长了,基本上可以较为准确地感知每一个人的内心世界。

上大学以后,大一时我们同一个宿舍的女生相处得比较好,大家之间有说有笑,经常晚上可以像中学时一样聊天谈心。但在大二、大三智能手机普及以后,宿舍上网条件改善以后,情况就跟以前大不一样了。想去宿舍串门,进宿舍发现一个个都在低头看手机、玩电脑,问一句,对方才说一句,如果我不问,人家也顾不上搭理我,懒得抬头看一眼,感觉自讨没趣,以后宿舍之间串门也少了。同一个宿舍的,从学校一回宿舍,有些人帘子一拉,就沉浸在自己的小天地看手机或玩电脑了,有些不拉帘子,但也顾不上彼此多交流几句,同样还是看手机、玩电脑。基本上很少分享各自的快乐、苦闷和见闻了,自己有时想说话,但是没有了听众,也就不想说了,害怕引起别人的误会或怕对方不理睬。"(被访者C16,大三理科女生)

被访者C16通过中学与大学的对比,反映了目前大学生宿舍人际交往的现状,回到宿舍,并不意味着同学之间情感交流的增多,而是各自为政,沉迷于网络世界,导致了现实中人际交往不多,人际交往能力不强。

"以前在高中时,同学一起去聚餐,大家有说有笑,在一起都聊一些开心的事情,通过大家聚餐,关系更近一层。而现在即便是一个宿舍关系好的,在一起聚餐时,在等候饭菜的过程中,总有几个同学先拿出手机玩,问人家几句,感觉是应付性的回答,有时给对方说话,对方好一阵才反应过来,竟然不知所问何事,感觉没听众,还不如拿出手机玩呢。只有大家一起用餐时才有了欢声笑语,感觉才有了一种聚会的氛围,吃饭的过程一般是愉快的,吃完还能聊一会。但慢慢地,只要有一个同学先拿出了手机玩,于是大家就都开始玩手机了,这种氛围又被打破了。

　　这种情形不仅在聚餐时有,在学生会日常值班时,有些学生没事就玩手机,有时老师或同学进来也觉察不到,只有来者主动询问时值班的学生才反应过来,要是来人不主动打招呼,值班的学生就一直玩手机。

　　在课间,睡觉的同学比较多,没有睡觉的则低头看手机,有同学互相大声说话聊天,甚至会引起他人的不满,课间休息时的气氛确实比较沉闷。"(被访者C23,大一文科女生)

　　被访者C23通过大学生日常聚餐、学生会值班、课间气氛几个场景反映了大学生受手机网络影响的现状,大学生对手机网络的过度依赖和不分场合地痴迷于手机网络,使这种气氛笼罩着聚会和交流的场所,对大学生现实的人际交往的确不利。

第四章　改善大学生人际交往状况的对策和路径

青年大学生成长成才的过程，既是个体不断学习、选择、提高的自主性过程，也是个体不断认识、适应、融入社会发展的社会化过程。个体的社会化总是在与社会、他人相互交往沟通的过程中来完成的。大学是青年大学生社会化的重要阶段，这一阶段，青年大学生身心不断成熟，生活领域不断拓宽，渴望个体价值被社会认可，渴望精神生活的丰富与广泛的人际交往。然而我们通过调查发现，许多大学生在人际交往中面临着各种人际交往的困惑与障碍，它在一定的程度上影响着大学生的成长进步和健康发展，关系和谐校园的构建，从长远来看，也会影响当下和谐社会的稳定与发展。因此，采取积极有效的对策与措施，切实改善大学生的人际交往状况，是当前高校思想政治工作所面临的重要任务之一。

一　遵循人际交往原则

俗话说："无规矩不以成方圆。"原则即规范、规约，是引领大学生人际交往的方向和指南，是大学生人际交往遵循的基本准则。在人际交往中如果不遵循基本的原则，我行我素，则注定在人际交往中会碰钉子，进而影响大学生正常的学习与生活。因此，遵循人际交往的基本原则，培养规则意识，是人际交往顺畅进行的前提，是人际关系得以建立的基础。

(一) 差异性原则

"所谓差异，就是事物及其事物的运动过程的不同或差别。"[①] 古希腊哲学家赫拉克利特认为，太阳每天都是新的，人不能两次踏入同一条河流；莱布尼茨认为，世界上找不到两片完全相同的树叶。他们分别揭示了事物动态差异和静态差异现象，差异是世界上所有事物存在的基本样态或基本形式，正是差异才形成了五彩缤纷的世界。差异性原则就是指在人际交往中，能够承认差别，克服主观偏见，尊重别人的个性与自己的不同，这样才能与别人正常交往，融洽相处。

人际交往的差异性原则告诉我们，在人际交往中一定要关注和重视人们之间的个别差异，尊重每个人的个性，尽可能地与大家和谐相处，正常往来。因为每个人成长的环境、家庭教养方式、所接受的文化教育等都不尽相同，所以不能以自我为中心，不能以自己的世界观、价值观、人生观和交往观去衡量别人，去指责和要求别人，要以包容的心态接受每个人，尊重个体差异。

大学生在人际交往中，一定要遵循差异性原则，认同个体差异，确立兼容大度的交往观，方可与人进行广泛的交流。大学生的成长经历了一个从中学相对稳定的同质性环境进入大学异质性强的特殊环境，一些大学生在人际交往中始终按照自己的价值观和自己既定的方式去与人相处，由于不能适应这样一个新的环境和新的交往方式，在人际交往中一下子陷入了迷惘的困境。

在人际交往中贯彻差异性原则，需要做到这样几点：一是要了解交往对象的个别差异，如学习差异、性格差异、思想差异和心理差异等；二是要在交往中有区别地对待不同学生，灵活采用不同的交往方式与方法；三是要认真总结经验，不断在交往中认识自我，扬长避短，兼容并包，以尊重、乐观、包容的心态去接受他人，与他人和睦相处。

(二) 尊重性原则

如果说差异性原则是人际交往广泛展开的前提和基础，尊重则是

---

① 邱耕田：《差异性原理与科学发展》，《中国社会科学》2013年第7期。

礼貌交往、文明交往的开端。人际交往的尊重原则是指在人际交往的过程中要以一种平等的态度对待他人，尊重交往对象的人格。尊重性原则是维系良好人际关系的前提和基础，是平等原则在人际交往中的体现，它包括尊重自己和尊重他人。尊重自己就是在各种场合不卑不亢，自重自爱，维护自己的人格、权利、名誉，不容他人的歧视和侮辱；尊重他人就是重视他人的人格、习惯与价值，不伤害他人的自尊心，承认双方的平等地位。

在人际交往中，交往双方由于各种各样的原因，在性格、能力、悟性、生活习惯等方面存在较大差异，但在人格上是平等的，只有充分了解他人、理解他人、重视他人，才能得到他人的尊重。

当今"90后"大学生有一个明显的特点，在家里受重视惯了，而在与他人交往时往往以自我为中心，往往只要求别人尊重自己、服从自己，自己却不懂得尊重别人，做事不留有余地，以证明自己的胜利，这样很容易伤人，当然也就难以与人相处。要想建立良好的人际关系，树立良好的人际形象，首先就要懂得自我反思，学会欣赏别人，要看到别人的优点和闪光的地方，而不是把自己的优点无限放大。

在大学生人际交往中，只有在尊重他人的前提下，交往才能够引发人的信任、坦诚等许多积极的情感，缩短相互间的心理距离。大学生在人际交往中要遵循尊重原则，就要求做好以下几点：一是对朋友平等相待。朋友间不应以家庭条件、父母职位、个人容貌、实际能力为标准分等级、分类别对待，应采取一视同仁、平等对待的原则，建立广泛而诚实的朋友交往关系。二是尊重朋友的人格。不随意暴露朋友的"隐私"，不随意拿朋友的短处和生理缺陷取笑，不传播有损于朋友名誉的流言蜚语，不干涉朋友的私事；尊重朋友们的兴趣、爱好，不轻易否定朋友的意见，不强行改变朋友的观点，不把个人的观点和意见强加给朋友。三是尊重朋友的劳动。对朋友的关照、帮助和支持应表示谢意，对朋友付出的劳动予以接受和尊重，承认朋友的劳动价值，珍惜别人的时间和精力，并能给予适当的回报。

（三）真诚性原则

真诚是人际交往正常发展和深化的保证。真诚性原则是指在待人接物、与人相处、说话办事等彼此交往过程中，要有诚心诚意、坦率真诚的动机和态度。在《孟子·离娄上》中有这么一句话："是故诚者，天之道也；思诚者，人之道也。至诚而不动者，未之有也；不诚，未有能动者也。"① 意思就是说，诚实是自然的法则；追求诚，是做人的法则。做到至诚而不被感动，是从没有过的事；如果不诚，也从不能感动人。自古人们就把诚实看作非常重要的品德。只有真诚待人，才能在交往中获得真正的友情。

真诚待人是中华民族的优良传统，是做人、做事的一条基本原则。只有彼此以心换心，才能相互理解、相互接纳、相互信任，所谓"精诚所至，金石为开"，用来形容人际交往就是用一颗真诚的心去打开对方的心灵之门。只有坦率地表达自己的观点，真实地反映自己的思想感情、处世态度，才能赢得别人的接纳，才能在与别人的交往中建立起良好的人际关系。在现实人际交往中，真诚的人，朋友满天下，不诚实者则往往孤独无友。这一原则要求人们在交往中要讲真诚、办实事。那种口是心非，心怀叵测的人，是难以得到他人的信赖的。

真诚作为一种品格需要长期培养，这就需要大学生做好以下两点：一是为人诚实。诚实是做人的基本品质，是人们相互建立信赖和友好交往的基石。每个大学生都喜欢同诚实、守信的人打交道。大学生在与同学和朋友的交往中，要以诚相待，说实话、办实事、做老实人；不虚情假意，不口是心非，不要小聪明，建立互相信赖的人际关系。二是言必信，行必果。与朋友交往应言行一致、表里如一、信守诺言。对任何朋友都要做到言必信。对朋友的要求，能做到的就答应；对于做不到的，则不可信口开河，开"空头支票"。凡是能尽力帮助解决的，应全力以赴，否则将失去自己的信誉。做事应善始善终。

---

① 《孟子直解》，徐洪兴撰，复旦大学出版社 2004 年版，第 171 页。

（四）宽容性原则

宽容性原则是指在人际交往中，正确对待交往双方在各方面存在的差异，在非原则问题上，不斤斤计较，不以怨报德，应宽以待人。

宽容原则和差异原则有很大的相关性，差异原则主要侧重客观方面，即每个人都有自己的个性差别，这就要求我们要尊重这种差异。宽容原则主要侧重主观方面，即因为有客观方面的种种差异，在主观方面，我们才应该宽容别人。

由于生活的经历、生长环境的不同，人与人之间存在着思想、性格、习惯、爱好等多方面的差异，因不理解或误会常产生矛盾是不可避免的，这就要求遵循宽容性原则，做到求同存异，宽以待人。但是宽以待人并不是意味着可以放弃原则，不顾原则，做好好先生。而是要求人们在坚持原则的同时，把原则性与灵活性结合起来，做到合情合理，不苛求于人，不粗鲁相待。宽容性原则也并不是唯唯诺诺，胆小怕事，而是说要有宽阔的胸怀，能容纳人、团结人。宽容是一种美德，它可以使摩擦减少到最低限度，化干戈为玉帛；宽容更是一种涵养，是一种善待生活的美好境界，在善待别人的同时，自己的心灵也得到慰藉。

大学生在日常人际交往当中，一定要从长期以来形成的固执好胜，以自我为中心的狭隘圈子中走出来，不断培养自己宽广的胸怀，学会宽容地对待他人，以获得良好的人际关系。当今"90后"大学生个性鲜明，在与同学交往中不可避免地会产生一些矛盾。坚持宽容性原则就是要求大学生在人际交往中要谦让大度，克制忍让，不斤斤计较对方的言辞，并勇于承担自己的行为责任。在对方情绪激动，失去理智时沉着、冷静，大可不必"以眼还眼，以牙还牙"，要以宽广的胸怀容纳他人的偏激与无理，使其自觉无趣。需要说明的是宽容克制并不是软弱、怯懦的表现，相反，它体现了你的涵养，是建立良好人际关系的润滑剂。

大学生要在人际交往中坚持宽容原则，要做好以下几点：一是不以自己做人的标准要求朋友。允许在朋友中存在差异，不企图改变他人，不按自己的标准去衡量和评价他人，承认差别，求大同存小异，和睦相处。二是不吹毛求疵。金无足赤,人无完人。每个人都有自己的缺点与不足。在交往中多看别人的长处,多发现朋友的优点,不强行改变别人业已形成的观念,做到尊重他人的权益。三是做到大事清楚,小事糊涂。在事关原则的"大事"上,不含糊,旗帜鲜明,而在日常生活的"小事"方面,则不斤斤计较,在一些枝节问题上避免纠缠不清,这就是人们常说的"求大同,存小异"。生活中,人与人发生摩擦是难以避免的,宽以待人就可以很好地化解,反之,小事不让人,到不相容,交往矛盾就会由小变大。

(五) 互利性原则

互利性原则是指在人际交往中,交往主体双方都能够从对方那里得到一定的利益和好处,相互满足各自的需要。人际关系心理学家认为:互惠互利是人际交往的基本原则。互利原则,既包括物质方面的,也包括精神方面的。受传统观念影响,人们在交往中更愿意谈人情,而忌讳谈功利。事实上,人与人之间的交往需求是多层次的,可以粗略地分为两个基本层次:一个层次是以情感定向的人际交往,比如亲情、友情、爱情;另一个层次是以功利定向的人际交往,也就是为实现某种功利目的而交往的。在交往过程中,有时是为了满足物质需求,有时则是为了满足精神需求,更多时候是两种因素交织在一起。换言之,人际交往的最基本动机,就在于希望从交往对象那里获取自己需求的精神上的或物质上的满足。所以,按照人际交往互利原则,良好人际交往应采取的策略是既要感情,也要功利。不管是感情还是功利,人际交往是为了满足双方各自的需求。人际交往的延续或不断加深的一个必要条件是:交往双方需求的满足必须保持平衡。否则,人际交往就会中断。也就是说,人际交往的发展要在双方需求平衡、利益均等的条件下才能进行。有人常常抱怨朋友不够意思,不讲交情。其实,这种抱怨是因为朋友没有满足抱怨人的某种需求。所以,一味追求所谓的"没有任何功利色彩的友情"是不现实的,也不必轻率地抱怨朋友"不讲交情"。所以,在交往中,要时时想到互惠这条基本原则,在交往中积极付出,这样就能满足交往对象的需要。人际交往在本质上是一个社会交换的过程。

很多大学生人际交往的困惑，就是觉得大学生的交往夹杂了功利的色彩，他们认为真正的交往只是一种友情，这种对交往认识上的偏差，影响了其交往的效果，因而很难融入现实中，也很难顺利合理地处理人际关系，解决这一问题就要纠正对人际交往认识上的偏差，意识到互利性原则是人际交往的一个很重要的原则。

大学生人际交往过程中的互利主要体现在以下几方面：一是要珍惜彼此友谊，互惠互利。人际交往活动应该说是一种付出，需要花时间，付出精力，投入感情，真诚面对。你在别人心理或情感上需要你的时候，无私地给了别人以诉说心语的空间，使别人心有所依，于是心灵得到了慰藉，自尊得到了满足，别人会因此把你当成知己。而你通过交流，也获得了丰富的信息和经验，更重要的是你赢得了朋友，为自己和别人营造了一个融洽愉快的人际氛围，使自己能在良好的环境中健康成长，不断成熟。二是要在交往中注重优势互补，信息共享和共同提高。现代科学技术发展日新月异，新技术、新成果不断涌现，人们获取知识、信息的渠道越来越多。如今的大学校园，更是新思想、新成果、新时尚不断涌现，大学生人际交往所涉及的范围也远远超越以往。在大学生日益重视科技创新，崇尚发明创造的大背景中，如果能从广泛人际关系的资源中寻求一种优势的互通，信息的共享，通过团结合作，共同发展，一定会为自己开拓广阔的发展空间。三是要在生活上乐于帮助别人的同时收获幸福与快乐。当我们力所能及帮助别人的时候，内心常会有一股非常大的成就感，因为我们会觉得生命非常有意义、有价值，付出有收获，这就是人生快乐的源泉。大学生在人际交往当中，如果能做到乐于帮助别人，把帮助别人当作一种习惯，那么一旦他有需求的时候，别人也会主动来帮助他。正是有了平时真心的利人之行为，才使必要的利己兑现，使自己在接受利己的同时感到欣慰而无愧。

二　优化人际交往环境

所谓环境，是指环绕在人们生活周围并对人们产生某种影响的客观现实，是人们赖以生存和发展的自然条件和社会条件的总和。

大学的学习成长是大学生社会化的一个重要阶段，在这一发展过程之中，大学生的思想观念与交往行为无时无刻不受环境的影响和制约。良好的环境会使人精神舒畅，产生奋发向上的精神动力，促进人际交往的良好互动与沟通，加速个体社会化的进程。美国心理学家卡尔·罗杰斯认为，一个人的创造力只有在他感觉到"心理安全"和"心理自由"的条件下，才能获得最优秀表现和发展。只有置身于轻松、民主、和谐、气氛宽松、心情舒畅的交往环境中，人际交往的双方才能摆脱一切束缚，其个性才能得以彰显，创造力才能得到激发，才能无拘无束地发表自己的见解，表达自己的意愿，反映自己的诉求。因此，优化和创设大学生人际交往的外部环境、文化环境和网络虚拟环境，是促进大学生人际交往，加速大学生社会化的重要举措。

（一）创设良好的外部环境

优雅的环境、整洁的布局、舒适的氛围总是给人一种愉快和积极向上的感觉；否则，会影响人的心情、抑制人的灵感、使人的创造力的发挥受到限制。因此，创设一个良好的外部环境，为大学生的人际交往提供一个良好的空间。与大学生人际交往密切的外部环境主要包括大学校园环境、校园周边环境和家庭环境这样几个方面。

1. 优化校园环境

置身于一个美丽的校园环境之中，人不由得产生一种轻松愉悦的心情，使心情得以放松，身心得以调节。优美的大学校园环境不在于高楼林立，不在于装饰的富丽堂皇。而在于卫生的干净整洁，树木葱葱而清新、绿草茵茵而亮晶、道路洁净且平整；楼舍窗明几净、教室整洁卫生；校园的一草一木，一景一物无不潜移默化地对大学生的人际交往起着引导作用，无不对大学生的思想政治教育起着"润物细无声"的作用。在这样一个优美、舒适和充满浓浓人文气息的校园环境之中，能够激发起大学生交往的激情和创造的热情。作为高校的后勤管理部门，应不断加大对环境的管护力度，把美化校园环境纳入制度化管理之中，持续地、一如既往地做好环境的创设与优化，构筑起大学生人际交往的环境平台。

2. 整治校园周边环境

由于种种原因，有些大学校园周边土地被社会居民占用。在校园周边乱搭乱建，一些社会人员在校园周边大量开设网吧、台球室、歌舞厅、餐厅等；还有更多商贩在校园周边摆摊，占据人行道，叫卖声不断，高音喇叭整天响彻不停。躁乱的环境不仅影响了师生的正常作息，更对大学生的人身安全造成了一定的隐患，严重干扰了学校正常的教学、科研和生活秩序，影响了学生的身心健康，对大学生健康和谐的人际交往极为不利。因此，对于校园周边环境的治理，要做到以下几点：一是积极依靠政府，校地结合，形成校园及周边治安综合治理的合力。二是突出重点，集中整治，加大校园及周边治安综合治理力度。三是预防为主，标本兼治，形成对校园周边环境治理的长效机制。校园环境的治理关系大学生健康的交往与成长，关系合格建设者和可靠接班人的培养。务必把校园周边环境的治理纳入环境建设的视野，为大学生的成长与交往建设一个美丽的环境。

（二）优化大学生人际交往的文化环境

人际交往的文化环境是指影响人际交往的思想观念与交往行为的文化要素的总和。我们知道，人并不是来到世上就自然地认同和承载了社会的文化，而是通过人际交往，通过后天的学习获得社会文化、成为社会的一员、参与和创造社会生活的。如果从文化的视角来看，社会化就是社会和群体向个体传输文化，个体学习和认同文化的过程。大学生通过人际交往这一社会化的重要途径，文化得以在个体身上接受、内化和传承，通过先进文化的滋养和熏陶、引导和塑造，个体才成长为合乎时代发展要求的合格建设者和可靠接班人。影响大学生人际交往的文化环境主要有家庭文化环境、校园文化环境和大众传媒环境等。

1. 优化家庭文化环境

"家庭作为建立在姻亲关系上的社会生活组织，除了有繁衍和抚育后代的功能以外，还通过家风、家庭关系和家庭文化对子女进行着教化功能。所以家庭文化环境深深地影响着家庭成员的价值观和行为方式，并与学校环境和社会环境一起发挥着个体'社会化'的功能。"① 在家庭环境中，一方面，个体获得家庭成员的态度和价值观，是个体社会化的开端。家庭对个体的教化往往是通过家长自身良好的内在形象和榜样来示范给自己的子女的，这种示范具有深刻的感染性、渗透性和持久性。《颜氏家训》指出："夫风化者，自上而行于下者也，自先而施于后者也。是以父不慈则子不孝，兄不友而弟不恭，夫不义则妇不顺矣。"② 另一方面，家庭环境蕴涵着一整套爱好、知识和文化教养。法国当代著名的社会学家布尔迪厄称之为"文化资本"。"这种文化资本不仅能够像其他资本一样进行创造，而且能够通过家庭进行代际传递和扩张，从而使个体获得特定的文化意蕴，如礼仪、说话方式等，反映并影响着个体的社会地位。拥有优越文化资本的个体往往比文化资本欠缺的个体更能充分利用社会资源，并增加自己的文化资本，从而获得较高的能力起点。"③ 布尔迪厄十分重视大学生成长与家庭文化环境之间的关联性："处于最有利地位的大学生，不仅从其出生的环境中得到了习惯、训练、能力这些直接为他们学业服务的东西，而且也从那里继承了知识、技术和爱好。而一种'有益的爱好'对学习产生的间接效益，并不亚于前面那些因素。"④ 因此，必须重视家庭和优化家庭文化环境在个体社会化中的重要作用，它对个体人际交往能力的养成起着非常重要的作用。

2. 优化校园文化环境

校园文化环境对大学生教育起着潜移默化的熏陶和启迪作用。一个整洁优美、积极向上、追求真善美、健康和谐的校园文化环境，对大学生的健康成长和发展，对促进大学生良好的人际交往有着重要意义。广义的校园文化环境是校园成员所共同拥有的价值观念在物质和精神上呈现出的文化形态总和。它是大学生社会化和接受思想道德教育的主要场所。物质文化是学校发展过程中积累下来的外在物化形式

---

① 张耀灿：《思想政治教育学前沿》，人民出版社2006年版，第407页。
② 《颜氏家训》，檀作文译注，中华书局2007年版，第32页。
③ 张耀灿：《思想政治教育学前沿》，人民出版社2006年版，第408页。
④ [法] 布尔迪厄、帕斯隆：《继承人：大学生与文化》，邢克超译，商务印书馆2002年版，第20页。

的总称，它是精神文化的载体；精神文化包括学校的历史传统、校风、人际关系、精神氛围等，它承载着特定的思想文化、价值取向、情感和风气。这里主要是从狭义上使用"校园文化环境"这一概念，即校园精神文化。校园精神文化是一个学校的灵魂，是对大学生进行生态德育的一个重要载体。这是一种适合高校特点，以学生为主体、以课外活动为主要手段、以校园精神为主要特征的精神环境和文化氛围。校园精神文化环境不仅为大学生的价值行为提供参照系，而且对大学生具有一定的软约束力，促使个体接受并践行相应规范，否则会受到群体舆论的排斥。一方面，校园精神文化环境的积极因素满足了大学生对精神文化的渴求并形成文化诱因，并成为大学生内化践行思想道德规范的精神动力；另一方面，校园主流文化、亚文化与个体文化背景的差异容易形成文化冲突，常常使个体感到无所适从。更为重要的是，大学生群体中的不良亚文化和思潮与思想政治教育内容相抵触，而且对个体产生经济和精神的双重的压力，如大学生中的通信、网络和异性交往等消费时尚迫使他们跟风，对大学生产生了不良的影响。

因此，优化校园精神文化环境，主要从以下两个方面着手：一是组织开展丰富多彩的校园文化活动，鼓励学生自发地建立兴趣俱乐部，如读书俱乐部，足球俱乐部等，这也是优化校园文化环境的一个重要方面。比如积极创建道德先进班集体、先进个人等评选活动。同时开展扩大大学生交往圈子，增进大学生广泛交流的平民化、大众化的文体娱乐活动，为更多大学生提供锻炼的平台。通过丰富多彩的校园文化活动，让更多有交往困惑的大学生走出自我封闭的个人狭小的生活圈，融入集体的活动之中感受大学生活的多样性，可以增强大学生的思想道德观念、人际交往观念，使大学生在丰富多彩的文化活动中陶冶了道德情操，锻炼了人际交往的能力。二是要在社会主义核心价值观的引领下，强化社会主义主流意识形态教育。充分发挥思政课在培养大学生社会主义意识形态中的重要作用，发挥好理论的引导作用。积极发挥高校学生社团在大学生文化形成中的重要作用，社团尽管是学生自发的组织，但要做好对于社团的管理与引导，让学生积极参与到社团充分发挥它在大学校园亚文化和个体文化中的引导作用，使社会主义核心价值观充分发挥其在大学生校园文化中的引领作用和导向价值。

3. 优化大众传媒环境

大众传媒环境作为影响大众思想道德行为和人际交往的一种文化环境，对大学生的人际交往也有着重要的影响。《公民道德建设实施纲要》中对大众传媒提出了明确的要求："大众传媒、文学艺术以及体育活动，对公民道德建设有着特殊的渗透力和影响力。一切思想文化阵地、一切精神文化产品，都要宣传科学理论、传播先进文化、塑造美好心灵、弘扬社会正气、倡导科学精神，大力宣传体现时代精神的道德行为和高尚品质，激励人们积极向上，追求真善美；坚持批评各种不道德行为和错误观念，帮助人们辨别是非，抵制假丑恶，为推动公民道德建设创造良好的文化氛围。"① 在当今时代，大众传媒已经成为影响人们思想品德，影响大学生人际交往的重要因素。

因此，结合大学生的特点与大众传媒的特殊性，主要做好这样几个方面：一是把握好舆论导向，不断优化大众传媒环境。面对大众传媒多样化的特征，一定要加强大众传媒正确的舆论导向建设。习近平在 2013 年 8 月 19—20 日的全国宣传思想工作会议上明确指出："宣传思想工作就是要巩固马克思主义在意识形态领域的指导地位，巩固全党全国人民团结奋斗的共同思想基础。……要深入开展中国特色社会主义宣传教育，把全国各族人民团结和凝聚在中国特色社会主义伟大旗帜之下。要加强社会主义核心价值体系建设，积极培育和践行社会主义核心价值观，全面提高公民道德素质，培育知荣辱、讲正气、作奉献、促和谐的良好风尚。"② 在大众传媒多样化的条件下，一定要坚持正确的舆论导向，强化社会主义主流意识形态，坚持用社会主义核心价值体系引导大学生的价值取向与人际交往的思想导向。二是加强大众传媒对大学生的教育导向。现代社会的大众传媒集新闻性、商业性、娱乐性和教育性于一身，没有差别地向全社会的各类成员传

---

① 《公民建设道德实施纲要》，人民日报出版社 2002 年版，第 14 页。
② 2013 年全国宣传思想工作会议精神 [EB/OL]. 引航网（扬州大学党委宣传部），http：//dwxcb. yzu. edu. cn/art/2013/8/21/art_ 1925_ 364479. html。

递信息。由于经济利益的驱动，必然通过各种感官刺激吸引受众群体，无限地追求扩大收视率和发行量；结果是浓厚的娱乐性和商业性对教育性形成了有力的冲击。因此，有必要从管理上把大众传媒的商业职能和教育职能区分开，并进一步强化教育职能。首先，做好传媒种类的区分，建立专门针对大学生的教育传媒，我国现在已经有了专门的教育频道，但是还需要进一步地改进和提高，否则无法满足大学生的精神需求。其次，做好传媒时段的区分。在我国，充斥黄金时间的既有体现社会主义主旋律的节目，又有大量的内容复杂的商业广告和娱乐节目，因此分段播出制度需要早日建立起来。再次是加强对网络资源管理。大学生已成为我国网络使用的主力军，网络资源良莠不齐、泥沙俱下，必须加强对网络的管理。

（三）创设大学生健康的虚拟交往环境

1. 优化手机媒体环境

手机媒体，是指以移动终端（手机）为媒介，以通信网络为基础，以双向或多向互动为主要传播方式而进行信息传播的新载体。它具有大众细分、精准传播、方便快捷、沟通无限等特征。[①] 近年来，伴随着智能手机的普及和校园网络环境的改善，手机成为大学生日常娱乐、消遣、信息获取和人际互动的一种主要方式。作为一种新的以通信为主的媒体，它对大学生的生活方式、学习方式、思维方式产生了很大的影响，尤其是对大学生的人际交往产生的影响更为深刻。

大学生手机媒体的广泛使用，一方面给大学生日常学习与生活带来了积极作用，主要表现为：一是手机媒体为大学生日常交往提供了互动交流的平台；二是手机媒体的文字、音频、视频等资源丰富了大学生的业余生活；三是手机媒体的广泛使用克服了交往方式的时空障碍，更加迅捷有效。但是另一方面，手机媒体给大学生带来的弊端也是显而易见的：一是对手机的迷恋性和依赖性增强，导致所谓的"手机控"，即人被手机所控制，有手机情结的人。有些大学生总是把手机带在身边，否则会心烦意乱或感到不适，总是不时地查看手机；二

[①] 王学俭、刘强：《新媒体与高校思想政治教育》，人民出版社2012年版，第179页。

是过分依赖手机,通过手机的各种功能来填补内心的空虚和寂寞,沉浸在自己用拇指建构的世界里,从而导致了现实的人际交往互动减少、交往能力下降;三是长期低头看手机,进而引发一些身体疾病,如睡眠不足、眼睛疾病、颈椎病和手机心理依赖症等疾病,有人把这类人也称为"低头族",长期低头看手机,对青年大学生的健康成长极为不利;四是有些大学生迷恋于手机游戏、进而成瘾,产生了心理上的依赖,给学习带来不良的影响。

因此,必须采取积极措施,优化手机媒体环境,改善大学生对手机过分依赖产生的不良现象与疾病。首先,教育引导大学生认识手机媒体的利弊,克服对手机的过度依赖。辅导员、班主任和任课教师,自己先了解和认识手机媒体对大学生成长的不利影响,教育大学生认识依赖手机带来的弊端,能够做到有节制地使用手机。其次,开展"放下手机、大家交心交流活动"的集体活动。大学生可以以班级或宿舍为单位,或者学校团委引导学生自发组织兴趣俱乐部,让学生从原子式的个体加入到社团中来,这样通过多渠道增加现实交往的机会,增进同学们彼此的情感,增强集体凝聚力,提高同学们现实的交往能力;再次,大学生以客观、理性的态度看待手机。学校层面可以组织系列讲座,诸如过度使用手机对身体和心理带来哪些不利影响,让学生能理性地认识过度使用手机的危害,进而认识到需要理性地给手机定位,认识它的工具性,而不是拟人性,需要大家从内心把它当成一个工具来看,而不是一种精神依赖品,让手机回归其"工具"的角色。

2. 优化网络虚拟交往环境

互联网作为新兴技术正以强大的攻势渗透人类生活的各个层面中,根据中文互联网数据中心 2017 年第 40 次中国互联网络发展状况统计报告发布的数据来看,截至 2017 年 6 月,我国网民规模达 7.51 亿人,半年共计新增网民 1992 万人,互联网普及率为 54.3%,较 2016 年底提升 1.1 个百分点。互联网发展再次提速并进入下一个快速发展期。

随着网络普及程度的大幅提高,网络本身已由单纯的通信工具发展为一个具有丰富途径的交往工具,通过网络所实现的人际交往已经成为人们日常交往的重要方式之一。由于这种交往是建立在互联网所模拟出来的虚拟平台基础上的，因此我们将这种交往形式称为虚拟交往。虚拟交往目前主要通过BBS、QQ、SNS社区、飞信、博客、微博、微信等方式进行。

与现实交往相比，虚拟交往具有虚拟性、间接性、隐蔽性等特征。第一，在虚拟交往中，看不到参与者的年龄、性别、外貌、健康状况、收入状况、职务、职业、种族、国籍和真实姓名，以上信息可以完全是虚构的；第二，虚拟交往不受时间空间的限制，具有间接性，现实交往受时空限制，所以人们通常交往范围比较小，而虚拟交往则不受时空限制，可以很容易地跨地区和即时性地交往，这样既便捷又节省成本；第三，虚拟交往具有隐蔽性，在现实交往中，人们的交往通常要考虑交往者的身份、地位、年龄、性格，甚至交往的场所情景等因素，交往者对自己的行为本身要承担责任。而在虚拟世界里，这一切不复存在，交往双方不再顾及以上因素，因而也不用担心对自己的行为直接负责，可以作出很多现实中不敢去做的事情。

可以说，大学生是虚拟交往的主要群体，因为他们更愿意尝试新事物，没有工作家庭生活等诸多压力，有更多的空闲时间，由不成熟走向成熟，需要更广阔的发展空间，网络正好提供了这样的交流平台，当理想向现实的转化遇到挫折时，网络正好提供了一个倾诉的平台。以上诸多因素，使得网络虚拟交往成为大学生人际交往的重要方式。

虚拟交往是一把双刃剑，它既为大学生的人际交往带来了积极影响，也存在着诸多负面因素。

就虚拟交往的积极因素而言，第一，虚拟交往有利于拓宽大学生的交往范围。在传统的交往方式下，个体的人际交往常常局限于现实中狭窄的交往圈子，而网络的有效连接，能在短时间内实现"面对面"的交流，达到一种"人—机—人"的状态，网络交往打破了身份、地位、财产等社会等级的限制，突破了国界和地域的局限，为大学生的人际交往提供了更广阔、更便利的交往方式，这种超时空的传播拓展了现实人际交往范围。第二，可以满足大学生发泄情感的需要，促进其心理健康发展。网络的匿名性和虚拟性使得大胆倾吐内心隐秘、敞开心扉与人交流成为可能，它能有效消解现实生活中的各种利害关系和顾虑，实现倾诉、宣泄、被人理解的欲望。大学生处于心理成长的重要时期，这有助于他们缓解精神上的紧张、压抑和烦闷等消极心理状态，获得一定程度的心灵安慰，同时也增长了见识、结交了朋友，增强了从不同角度分析问题的能力。网络的虚拟化和隐蔽性为他们发泄情感提供了良好的条件，通过互联网他们可以用自己喜爱的方式进行交流，寻求内心的平衡，减轻和消除人际交往中的焦虑和不安，从而有利于心理健康。第三，提高了个体主体意识和参与意识。作为开放的系统，网络主体之间是平等关系，人们根据自己的意愿聚散离合，使交往极具个性化。在交往行为的调控和评价方面，大学生逐渐形成并不断强化平等意识和自主意识。第四，有助于激发个体的创造力。在网络社会里，个体已不仅仅是文化和信息的接受者，而且还是选择者，有时甚至是创造者。网络信息开放式的教育空间，个人与网络之间的互动性，为大学生提供了尽情展示自我的机会和空间。第五，网络虚拟交往具有非功利的特征。现实交往中，人们的交往总是受或多或少的功利因素的影响，而网络交往中却可以进行单纯的情感交流，使得交往更加纯粹，这有利于大学生身心的健康发展。

就虚拟交往的负面因素而言，第一，网络交往挤占部分大学生的现实交往时间，大学生正常的人际交往得不到保障。热衷于网络交往使得部分大学生疏远了现实的人际交往，甚至出现同一宿舍的舍友，有事不面对面直接交流，而是通过网络来交流的情况。长期如此，这必定会对这些同学的心理健康、人际关系产生不良影响；第二，通过网络交往建立起来的人际关系比较脆弱。正如威尔曼所言，互联网提供的是弱纽带的人际联系。由于网络的虚拟化，交谈的双方无法了解对方的真实情况，这样建立起来的人际关系就显得十分脆弱，就会导致涉世不深的大学生产生信任危机，从而影响自己与他人良好人际关系的建立。第三，导致大学生在人际交往中丧失应有的交往规范。现实社会对人们之间的交往有一系列的礼仪要求，但当网上交往的自由随意成为习惯后，网下的交往也会不可避免地打上自由随意的烙印，会产生一系列的不符合礼仪要求的交往行为，导致交往的失范与失败。第四，网络交往容易使一些大学生产生网络性心理障碍问题。具体表现为上网时间失控，沉溺虚拟世界，离开了网络以后，在心理上出现焦虑、忧郁等特征。现实生活中可能患上社交恐惧症，出现角色混乱，反社会人格（攻击性人格，双重人格）等偏差，以及行为上的违规、破坏、犯罪等不良现象。

基于以上原因，网络虚拟交往对大学生的健康如此重要，因而高校管理者要高度重视网络的作用，对大学生的虚拟人际交往作出积极的引导而不是被动应付。第一，在学校层面，举行系列讲座，非常专业地对学生分析网络交往的利弊问题，让学生能理性地对这一问题有充分的认识。第二，校团委等应积极主动地鼓励学生多建立兴趣社团，开展学生趣味活动，让学生融入团体，感受到现实交往中不可替代的力量。第三，重视网络心理教育，做好网络心理咨询，大学生的网络心理教育和心理咨询对于普及大学生心理健康意识，增进学生全面素质培养，提高学生人格水平和心理品质具有重要作用。因此，可以在网上设立心理咨询主页，定期更新有关大学生维护心理健康的知识，并由专职心理咨询教师对访问的学生进行心理咨询，解答问题。这样，学生有了心理问题就会有一个好的疏通渠道，不至于陷入网络虚拟中而不能自拔。第四，培养健康的人际交往心理素质。过度沉溺于网上交往的大学生容易导致对现实人际交往的冷漠。冷漠、孤独状态往往是个体压抑内心愤懑情绪或消极悲观情绪的一种表现，他们表面孤独、冷漠，内心却备受痛苦、寂寞、不满、悲伤的煎熬，有强烈的压抑感。因此，大学生一定要克服这种冷漠、孤独的心理状况，打开封锁的心灵，积极投入现实世界中，与身边的同学、朋友发展友谊与爱情，体验到真实世界生活的多姿多彩和温暖关怀，摆脱冷漠与孤独的困扰，塑造健全人格，发展良好的人际关系。大学生要塑造健全的人格，必须发展良好的人际关系，实现个体社会化的良性发展，对自己人格的缺陷与弱点（如自卑、胆怯、抑郁、冷漠、懒惰、任性、自我中心等）予以纠正。健全的人格对大学生的人际关系能够起到良好的促进作用。学校要对一些心理明显有问题的学生进行特别的关心，提供疏解的渠道，这样就可以避免学生沉溺网络。

三 构建大学生人际交往模式

"模式作为一种独特的研究范式,它力图从知识形态上解决理论与实践的连接问题,教育模式是教育理论实践化和教育实践理论化的中介。"① 模式以独特的形式既区别于理论知识,也不同于实践知识。思想政治教育模式是连接对话理论与思想政治教育实践的中介,借助模式这一中介,使丰富的思想政治教育理论走向思想政治教育的实践成为可能,并能够积极应对当下大学生人际交往的现实需要,有利于改善和加强师生之间、同学之间的人际交往状况,有利于构建民主、平等新型人际关系,对促进大学生健康成长和发展具有重要的作用和意义。

(一) 对话模式

长期以来,高校思想政治教育模式一直未能摆脱"主客体二分"思维方式的束缚,这种单一的教育对象物化和非人性化的思想政治教育"灌输模式",严重地阻碍了受教育者主体性和创造性的提升,由此造成了师生人际交往中的隔阂和关系的疏远,并成为影响师生人际交往不顺畅的重要原因之一。对话作为人类最重要的一项活动,广泛存在于现实的社会生活之中,如何在新时期实现高校教师与大学生之间民主的、平等的对话,如何直面大学生的现实诉求、关注大学生的精神成长和引导大学生形成健康良好的人际交往,成为新时期高校思想政治教育模式构建的重要内容。

1. 对话模式构建的必要性

(1) 促进师生人际交往,确立民主、平等新型人际关系的基础。高校师生主体间的对话,其有效性的标志不仅在于促进学生知识的获得与能力的提高,而且在于主体间良好人际交往的展开与和谐人际关系的建立。主体间融洽关系的建立是教育和引导受教育者如何与人交往、与人相处、与人合作、与人共事的过程,融洽的主体间关系的构

---

① 张彦:《思想政治教育主体性研究》,广东人民出版社2006年版,第250—251页。

建同样也是高校思想政治教育精神实质的集中体现。在师生主体间对话的过程中，教师与学生之间是民主、平等的关系，"是把对方看作另一个我，另一个能与之沟通并能理解其所欲表达意义的对方。"① 也就是说，教育者与受教育者之间是一种"我—你"的主体与主体交往实践关系，而不是"我—它"的主体与客体之间的认识和被认识、改造和被改造的对象性关系。传统灌输模式的明显特征是一个主体要使对方成为客体；对话模式则与以往的教育模式不同，对话的双方都是主体，客体则是共同面对的外部客观世界，对话的目的是为了培养受教育者的创造性思维和批判意识，在对话中促进彼此的交往，促使双方共同成长，共同提高。因此，以对话式教育来透视高校思想政治教育，教育者与受教育者之间不是一种单纯的灌输与被灌输，控制与被控制、塑造与被塑造的关系，思想政治教育主体的对话也不是被人强制和操纵的，而是对话双方的积极合作，是思想政治教育主体间通过对话与交流在知识、能力、性格、态度等多方面的相互深入交往、了解与认识，也表现为彼此交往深入，表现为对话双方之间关系的增进与情感的逐渐加深。融洽和谐的主体间关系也表现为对话双方之间生命的相遇、相契，而不仅仅局限于思想政治教育活动任务的完成。这样，教育者就由以往知识传授者、话语的霸权者成为受教育者知识成长和精神成长的启迪者、引导者和合作者。受教育者作为一个具有个性特征、人格尊严的主体，在与教育者的相互对话与沟通的过程中，建立起了彼此信任与合作的新型关系，感受到人格的尊严，体验到生命的价值。由此可见，在思想政治教育对话活动中，教育者与受教育者的关系与以往相比，在性质上发生了根本的变化，"非正式性、平等性、灵活性、适应性、创造性将取代追求正式性、权力性、官僚性、僵化性和线性思维模式的传统价值观。"②

（2）加速受教育者社会化进程的最佳方式。思想政治教育的任务不仅仅在于主流意识形态的宣传和价值理念的认同，更在于通过主体

---

① 叶澜：《教育研究方法论初探》，上海教育出版社 1996 年版，第 289 页。
② ［美］唐·库什曼等：《人际沟通论》，宋晓亮译，知识出版社 1989 年版，第 182 页。

间的对话与交往，培养具有主体性、创造性和个性化特征的一代新人。在传统的主体—客体二元对立的思想政治教育灌输模式下，教育者以权威的身份主导着思想政治教育的话语权，受教育者对话语的解释、疑问遭到教育者的漠视和忽视。他们无视时代变迁和受教育者个性化差异，力图用一致性的要求、统一性的标准、规范性的内容和划一性的教育模式去塑造规格化、模型化的人，其结果是造成了个性的淹没和创造性的压制，在一定程度上抑制了受教育者（大学生）社会化的进程。而对话主体间的民主、平等，就意味着敞开心扉的心灵沟通与精神交往互动。这种基于对话基础上的人际交往因对象的差异而呈现为对话方式、方法的多样性。只有在这种人与人之间平等交往与对话中，人的潜能和创造活力才被激发、创造出来。"对话像是一种撞击，把潜力激发出来，没有这种撞击，潜力再大也出不来。"①而个体潜力的发掘也正是个性化发展的核心之所在。从这个意义上说，对话模式是一种人性化和创造性的教育方式，这是生产性的、创造性的、建设性的，而不是复制性的、机械重复性的过程。因此，大学生思想政治教育的重要任务是通过科学有效的对话模式，即教育主体之间的对话和交流，加速大学生社会化的进程与质量，进而提高大学生人际交往的水平，培养大学生的主体意识、批判意识和创新精神，进而培养具有时代精神与个性化特征的新人。

（3）思想政治教育"软权力"作用发挥的有效方式。思想政治教育的对话就意味着主体间民主、平等关系的确立，意味着主体间对立隔阂状态的消除。有了主体间的对话，我们才能接近教育对象，聆听到大学生人际交往中真实的声音，大学生才能接纳和欢迎我们，更愿意吐露他们的心声，抒发他们的真实情感，表达他们的合理诉求，才能改善师生之间人际关系疏远的现状。同样，教育者与受教育者之间对话的开展，使思想政治教育获得了大学生广泛的支持和认同，理论才能进一步深入大学生，也易于被大学生接受和掌握。对话往往表现为主体间的相互尊重、相互理解、相互体谅、相互协商与合作等方式，这样一些民主、平等、柔性化的教育管理方式正是思想政治教育

---

① 滕守尧：《文化的边缘》，作家出版社1997年版，第369页。

"软权力"的具体体现。从社会管理的视角来看，思想政治教育之所以称之为"软权力"，就在于它区别于"硬权力"，它不是以政治权威身份主宰人，不是以话语霸权压制人，不是以强制的硬性方式约束人，取而代之的是以民主平等的方式接近人，以真诚的爱心关怀人，以真实的情感鼓舞人，以先进的榜样引导人，通过主体间的对话，思想政治教育真正做了以情感人，以理服人。这样，建立在民主、平等、合作与协商等基础上的对话，使思想政治教育交往活动中主体间的利益表达与实现更为通畅，对话无疑为思想政治教育"软权力"作用的发挥提供了一种有效的方式。

2. 对话理论的历史梳理与思想政治教育对话模式的特征分析

对话是日常生活中一种较为普遍的语言现象，其理论源远流长，影响深远。但是随着社会的发展和进步，对话已经超越了原始的语言学意义，并且进入哲学、社会学、心理学、教育学等领域而被赋予了全新的意义，有了丰富的内涵和显明的特征。

（1）对话的内涵及其对思想政治教育模式构建的启示。对话作为人类交往的一种重要方式，其思想由来已久，在人类历史的长河中，曾有一些著名的思想家主张通过"对话"来探究真理和知识。苏格拉底、孔子等人采用对话的形式来教学，取得了显著的成就，对后世产生了积极的影响。对话往往被认为是探索一定真理、知识的手段，除此之外，对话还被赋予了特定的哲学、社会学、文化学和教育学等多个领域的内涵。对话理论的丰富内涵和研究视角的多样化，在西方文化中有着悠久的传统和深远的影响。古希腊哲学家苏格拉底以对话的方式启发人们的心智，让人们认识到对话在认识真理过程中的重要性。他把自己的这种对话方式称为"助产术"，寓意开启智慧、循循诱导，苏格拉底的"助产术"被学术界誉为对话教育早期的雏形；俄罗斯的巴赫金作为最早提出对话概念的理论家，他从文学的角度对对话进行了系统研究，认为生活的本质就是对话，人类最基本的关系是一种对话关系。"真理只能在平等的人的生存交往过程中，在他们的对话中才能被揭示出一些来"[1]；素有"对话"概念之父之称的犹

---

[1] 巴赫金：《文本对话与人文》，白春仁等译，河北教育出版社1998年版，第372页。

太哲学家马丁·布伯认为,"存在"并非"我"自身所具有,而是发生于"我"与"你"之间,他指出个体"我"不应当把他者视为客体而形成"我—他"关系,而是应当建构平等的"我—你"关系,使人与世界、与他人之间构成平等的相遇,这种"我—你"关系和敞开心扉便被称为"对话"①;被誉为20世纪最伟大的物理学家和重要的思想家、哲学家之一的英国思想家戴维·伯姆认为,"对话仿佛是一种流淌于人们之间的意义溪流,它使所有对话者都能够参与和分享这一意义之溪,并因此能够在群体中萌生新的理解和共识。"对话追求的不是单方面的胜利,而是"一赢俱赢","在对话中,人人都是胜者"。②德国哲学家伽达默尔认为,"理解"和"对话"是哲学解释学的中心话语。对话是一种交往关系,对话表现为解蔽、敞开,在相互交流中平等交换,互相接纳,从而产生理解,而任何理解都不可能由理解者的单一角度构成,而是需要理解者和被理解者的"对话",在此过程中,理解者和被理解者的视角调和起来,形成了"视域融合"(fusion of horizons)现象;③德国哲学家哈贝马斯的交往行为理论则以主体间性的核心概念构建和发展了一种新的社会理论,从其所定义的主体间互动与语言的密切关联来看,交往行为理论包含了对对话交往与协商的肯定。④

以上这些丰富的理论为我们深刻认识和全面理解对话提供了众多富有意义的多维视角,其中比较明显和突出的共同点表现为:以语言交流为中介的对话十分重视对话人作为主体的地位,重视交往过程中主体间对话的平等地位,真理存在于主体间以相互理解为基础对事物的共识,存在于主体间平等的对话中揭示。对话涵义的丰富性、多维性也给予对话模式一定的启示。在思想政治教育交往活动中,对话模式是指交往主体间在相互尊重、相互信任和相互理解的基础上,通过

---

① [德]马丁·布伯:《我与你》,陈维纲译,生活·读书·新知三联书店1986年版,第7页。
② [英]伯姆:《论对话》,王松涛译,教育科学出版社2004年版,第4页。
③ [德]伽达默尔:《真理与方法》,洪汉鼎译,上海译文出版社1999年版,第388页。
④ 徐蓉:《对话模式及其在社会领域的适用性》,《学术月刊》2011年第6期。

言谈、倾听进行的以寻求真知、创造意义和构建完满的精神世界为目标的教育主体之间的平等交流、相互沟通的过程,达到主体之间对知识、经验、智慧、思想和人格等方面的共享,促进个体生命质量和政治修养不断提升的方法模式。在思想政治教育对话模式中,思想政治教育主体间的对话"内含着对民主、平等的人际关系以及对其他个体开放包容心态的倡导,暗含着对人的主体性的弘扬,对个体独特性、差异性的崇尚与尊重"[1]。

(2) 思想政治教育对话模式的特征透视。在思想政治教育对话活动中,主体之间交流互动的过程,不仅仅局限于教育主体之间的语言交流,更是指教育主体之间各自向对方精神世界的敞开和彼此真诚的接纳,是一种真正意义上民主和平等的精神交往与内在交融。在思想政治教育活动中,对话模式具有一些鲜明的特征:

首先,教育主体之间的对话是一种基于民主平等基础上的"我—你"关系。"我—你"关系是马丁·布伯对话哲学的核心范畴,在他看来,人与人之间健康、正常的关系不是彼此把对方看作某种物品的"我—它"关系,而应当是一种主体间的"我—你"关系。在"我—你"关系中,"你"不再是我的经验物、利用物,"我"以"我"的整个存在、全部生命、本真自性来接近"你","我不是为满足我的任何需要,哪怕是最高尚的需要(如所谓'爱的需要')而与其建立'关系'"[2]。在这种"我—你"关系中,体现了我对"你"的尊重,每个人对于另一个人说来,始终是一个主体,双方在广泛深入交往的同时又保持着各自的独立性。这样,通过教育主体之间的对话,个体不仅可以摆脱以往的孤立和"独存"状态,而且还可以与他人产生感情共鸣,更好地激发创造的欲望,获得身心发展的动力和条件。

其次,在思想政治教育活动中,主体之间的对话关系是一种"共享"关系。思想政治教育交往实践中主体之间的对话作为一种平等的精神性交流与沟通,"实质上是一种共享关系,是教育主体之间共享

---

[1] 张天宝:《走向交往实践的主体性教育》,教育科学出版社2005年版,第54页。
[2] [德] 马丁·布伯:《我与你》,陈维刚译,生活·读书·新知三联书店1986年版,第7页。

知识、共享经验、共享智慧、共享精神、共享人生的意义与价值的过程。"① 在思想政治教育活动中，教育主体从自己对生活的感受出发，以各种不同的方式共同参与到对话中，无拘无束地发表自己的意见和看法，并且积极吸取别人拥有的精神财富，从而达到共享。教育主体之间的这种共享关系，"既是文化共享，即教师作为教育者身份的人，把知识、思想、智慧经验等文化成果提供给而不是传授给学生，师生双方通过对话沟通获得新知，共同提高；也是责任共享，即师生共同承担教学任务，共同为教学成败负责；更是精神共享，即师生相互传递、理解和感受同一种精神体验。通过这几种共享，师生可真正成为'同舟共济'的人。"②

再次，教育主体之间的对话是相互之间理解的过程。在教育活动中，教育主体之间的相互理解是指"我们不断地进入他人的思想世界"，③ 能够站在对方的立场看问题，能够相互尊重、将心比心，认可和接受对方的独特性与完整性，对不同的观点与见解有一种宽容和支持的态度。在思想政治教育对话活动中，"师生之间的对话和相互作用的交往是以理解为导向的。对话就是师生双方理解的过程。教师和学生之间进行的交往必须形成相互理解，教育与对话必须以理解为定向。没有双方平等的对话也就不可能形成相互理解与承认，同时，没有理解，双方也很难形成对话，师生之间的对话与理解是相辅相成的关系"。④ 理解是对话顺利进行的前提，通过互相理解进而达到双方观点上的一致和视界的融合。

3. 思想政治教育对话模式的构建

在思想政治教育活动中，教育者和受教育者之间的对话作为个体精神世界的建构和共同创造新意义的过程，其发生并不是自然的，而

---

① 张天宝：《走向交往实践的主体性教育》，教育科学出版社2005年版，第206页。
② 李瑾瑜：《布贝尔的师生关系观及其启示》，《西北师大学报》（社会科学版）1997年第1期。
③ ［德］加达默尔：《哲学解释学》，夏镇平、宋建平译，上海译文出版社2004年版，第54页。
④ 金生鈜：《理解与教育——走向哲学解释学的教育哲学导论》，教育科学出版社1997年版，第135页。

是基于对话空间的建立、良好对话环境的创设和双方对话品质提高的基础上进行的。

（1）思想政治教育对话空间的建立。对话模式作为思想政治教育对话活动中主体之间的一种情感与心灵沟通方式，要在实践中取得理想的效果，对话空间的建立就显得非常必要。这种对话空间排除了任何形式和价值的强制，创设了多元的目标和多样的选择性，对话的双方在这种空间中能够展现一个真实的自我，能自由地表达自己的心声，自主地选择自己的行动，体会和理解各种价值。这种空间的建构，就必须摆脱以往话语权威单一主导的局面，必须祛除他者的任意支配和塑造的行为，必须除去教育者中心化意识，进而创设一种引导性、激励性、支持性的思想政治教育对话的空间，从而把思想政治教育活动变成受教育者自由地与他者对话的活动。同时，"对话空间意味着教育的共同世界是各种不同的声音共同存在的场域，这些不同的声音应该具有相互之间表达、倾听、交流的可能。不同的声音之间的平等性是对话进行的根本性条件。"① 不同声音之间的相互碰撞与平等交流正是对话精神的体现，民主、平等的对话就意味着思想政治教育中包容多样性、尊重差异、认可多元声音的共存。

在对话空间里，每一个人都是个体生命的完整性存在、个体生命的主体性存在和个体生命的独特性存在，每一个对话者都是行动者和参与者，思想政治教育活动不是教育者的"独白"和"独角戏"，而是教育者和受教育者之间的"对话"与"二人转"。"对话不是灌输式的说服，也不是试图把自己的意见强加于人的论战，更不是一部分人对另一部分的控制和支配。"②

（2）思想政治教育对话品质的培养。思想政治教育对话活动的实效性，不是单纯地以形式为评判标准，而关键在于教育者与受教育者要具备一定的对话品质。在思想政治教育对话活动中，主体间良好对话品质的培养，对于提高对话质量，增强思想政治教育的实效性有着

---

① 金生鈜：《规训与教化》，教育科学出版社2004年版，第198页。
② ［巴西］保罗·弗莱雷：《被压迫者教育学》，顾建新等译，华东师范大学出版社2001年版，第35页。

积极的意义，对话品质的培养主要体现在以下几个方面：一是对话意识的培养。对话意识主要是指能够理解和领悟对话的内涵、意义和价值，对话就意味着既承认教育实践活动中主体间的共通性，又承认主体间的差异性，在主体间彼此沟通和理解的基础上，达成共识，共同提高。对话意识也是一种体现民主和平等精神的意识，它主要包括民主意识、尊重意识、信任意识、体谅意识等。主体间的对话，如果缺乏对话意识和对话意识的培养，其对话的质量和效果就会受到一定的影响。二是对话能力的培育。思想政治教育对话不仅体现为一种意识，同时还表现为一种能力。主体间是否具备良好的对话能力是影响对话质量的关键。"对话能力主要包括准确清晰的语言表达能力，对话内容的判断和理解能力，对话过程的调控能力，对话过程中对其他参与因素的掌控能力，以及质疑能力、科学分析能力等。"[1] 良好的对话能力是加强和改进彼此对话水平和质量的关键。三是对话素养的提升。思想政治教育活动是在主体之间相互的对话中展开的，它是一个言说和倾听的互动过程。因此，对话素养就必然包括言说素养和倾听素养两个方面。言说素养，就是要求对话者语言表达简洁明快，真切准确，不拖泥带水。倾听素养主要表现为用心专注、认真地聆听，倾听也不是被动和机械的，"而是在倾听的过程中积极地分析和解读言说者的思想，进而将言说者所传授的知识和理念融入自身的知识和结构之中，形成新的视界融合。"[2] 对话"不仅仅是二者之间的言谈，而且是指双方的内心世界坦诚的敞开和接纳，是对对方真诚的倾听"。[3] 主体间良好的言说素养和倾听素养，是开展对话的前提和基础。

（二）关怀模式

大量思想政治教育的实践经验表明，成功有效的思想政治教育既要做到以理服人，更应该做到以情感人，主体间有了情感的基础，理

---

[1] 李海、范树成：《对话德育中学生对话品质的培养》，《教育评论》2011年第5期。
[2] 董泉增、李剑萍：《大学的管理与质量》，山东大学出版社2007年版，第116页。
[3] 肖川：《主体性道德人格教育》，北京师范大学出版社2002年版，第198页。

论才容易被广大学生所接受和认同。而关怀模式则是交往实践思想政治教育主体间情感交融的有效模式之一。关怀模式,就是指将关怀伦理学应用到现代思想政治教育(道德教育)中,形成注重关怀,关心受教育者的方法模式,其本质上也就是一种人文关怀。有了彼此之间的关怀,人际交往就更加顺畅。

1. 关怀模式构建的必要性

(1)关怀模式是大学生素质教育的价值追求。大学生素质教育面对的是现实的、具体的、活生生的人,教育要取得理想和预期的效果,理应体现人文关怀。素质教育的实质就是做人的工作,要做好我们的教育对象大学生的工作,就应当深入大学生的实际生活,在与他们的交往互动中,全面了解他们的思想动态,洞察他们的心理变化,在全面掌握大学生思想和心理发展状况的基础上,调整我们的工作思路,以关心人、鼓舞人、提升人、尊重人的主体地位,激发和调动人的活力为宗旨,特别是以关心人的内心世界和精神需求为大学生素质教育的价值旨归。我们当前的大学生素质教育,就是在日常人际交往互动中,用社会主义核心价值体系教育和引导学生树立科学的世界观、人生观和价值观,引导大学生更好地成长成才。

大学生素质教育的传统价值追求,始终忽视人文关怀这一内容。长期以来,大学生素质教育一直忽视了人的主体性和对人的现实关怀,忽视了对人的现实需要和精神需要的满足,从而使素质教育逐渐偏离了"现实的人"这一核心主题。实际上,在人与社会发展的关系中,人始终是社会发展的主角,始终是社会发展的能动因素。教育的社会价值,就在于培养出社会发展所需要的人。如果我们的教育脱离一个个现实的、具体的、鲜活的生命个体,脱离每个个体的现实需求和精神需求,教育社会价值的实现只能是一句空话而已。因此,在大学生素质教育中融入人文关怀,构建关怀模式,并以此作为素质教育的价值追求,有利于增强大学生素质教育的针对性和实效性。

(2)关怀模式是大学生思想政治教育的现实需要。关怀总是体现于思想政治教育的实践之中,总是体现在交往双方的互动之中。在大学生思想政治教育活动中,关怀就是指走进大学生的内心世界,消除彼此之间曾经疏远的距离,用人的方式去理解人、善待人、关怀人,特别是关怀人的精神生活。社会的发展要求大学生具备良好的素质，时代呼唤高等教育对大学生融入人文关怀。党的十八大报告也明确提出："加强和改进思想政治工作，注重人文关怀和心理疏导。"大量实践也证明，只有充满人文关怀的思想政治工作才能真正为大学生所接受，才能真正促进大学生的健康成长成才。

在大学生思想政治工作中融入人文关怀，既是适应新时期形势发展的需要，也是促进大学生社会化的需求，还是体现精神文明程度的重要标志。在社会转型期，社会的系统风险增加，与此同时，大学生个体感觉到生存压力的加大。与此相伴的是，大学生在人际交往互动中遇到的问题和困惑也越来越多，这使得大学生思想政治工作面临许多新的挑战和机遇，也给加强和改进大学生思想政治工作提出了新的要求，更是高校思想政治工作者面临的新课题。要解决新时期大学生学习与生活中遇到的新问题，在思想政治工作中只有融入人文关怀，在与他们日常人际交往中，及时给大学生以更多的人生指导、正确的方向引导和及时的心理疏导，才能帮助他们走出人际交往的困境与迷惘，才能够使其健康地成长成才。

2. 关怀模式理论渊源与特征

关怀模式的形成是与关怀伦理学的兴起密切相关的，关怀伦理学是该模式的理论基础。关怀伦理学的理论模型最初是由内尔·诺丁斯提出的。关怀伦理学的出现，与女性主义思潮密切相关。最初它是以"女性主义关怀伦理学"为名而提出，后经伦理学家不断完善，最后发展成为适用于人与人之间普遍关系的关怀伦理学。关怀伦理学的出现，是为了缓解由全球化、国际化以及市场化所引发的社会竞争日益激烈而引起的人际关系日趋紧张化、功利化，"为了缓解这一激烈竞争和紧张关系对人们所造成的伤害，人与人之间需要更多的关怀。在这种情况下，对于人际关怀的需求，就成为社会文明发展与社会稳定过程中出现的重要道德需求，而关怀伦理理论也就应运而生。"[①]

诺丁斯创立的关怀模式是建立在关怀伦理学基础之上的。她认为，人人都生活在关系中，人人都渴望得到关怀，要想实现相互关

---

① 楚丽霞：《关怀伦理的心理特征及应用价值》，《道德与文明》2006年第3期。

怀，首先就要每个人有关怀的品质。关怀可以分为两类：一类是自然关怀，它源自于爱的、自然而生的情感，是对人或事物的一种自然反应，不需要作出刻意的努力就能实现；另一类是伦理关怀，它是人在自然关怀的基础上发展起来的一种关怀类型。同时，自然关怀可以积累关怀与被关怀的记忆，从而增强伦理理想的力量，最终使伦理关怀得到强化。可见，关怀不是一种纯粹的理性行为，它需要以人的道德情感和自然态度为基础。诺丁斯认为，"关怀的过程分为四个阶段：关心、照顾、给予关怀、接受关怀。"[①] 关怀关系是由关怀者的关怀行为与被关怀者的回应共同促成的，两者相互促进、相互强化，最终实现了对人的道德的建构。关怀不是一种可以独立发展的美德，而是双方共同构建起来的一种道德关系。因此，道德教育的最终目的就是要建立、维系、巩固、提升这种关怀关系。在道德教育中，建立师生的关怀关系、培养学生对他人关怀的感受性尤为重要。诺丁斯认为，关怀始于教师的关怀行为，完成于学生的被关怀感受。因此，学生的感受是推进关怀关系建立和发展的一个重要因素。"当我们进行关怀时，应该考虑到他人的观点、他人的物质需要以及他人对我们的要求。我们的注意力和精神应集中在被关怀者身上，而不是我们自己身上。我们的行为应该与他人的需要、愿望及其在特定情境中的客观因素相关联。"[②]

关怀是指全身心投入的状态，一种在精神上有某种责任感，对某事、某人的一种担心和牵挂感，因此，关怀也就具有了双重含义，一是指操心某事；一是指关注、关心某人。有了关怀，彼此之间的交往才会进一步深入，主体间才会珍惜彼此的情谊，从而成为一个有血有肉，一个活生生的人。关怀模式的特征有：

首先，关怀是一种主体间的关系行为。关怀的核心在于其关系性，表现为交往互动的两个人之间的一种连续或接触，在思想政治教育实践活动中，一方付出关怀，另一方接受关怀，关怀关系是教育者

[①] 肖巍：《女性主义关怀伦理》，北京出版社1999年版，第23页。
[②] [美]内尔·诺丁斯：《学会关心——教育的另一种模式》，于天龙译，教育科学出版社2003年版，第26页。

的关怀行为和受教育者的回应共同促成的,两者相互促进、相互强化,是在双方交往互动的基础上共同构建起来的一种关系。关怀是主体间的一种接触与交流,正如美国著名教育家内尔·诺丁斯所认为的那样:"当我真正关怀一个人,我就会认真去倾听他、观察他、感受他,愿意接受他传递的一切信息。这种专注或者关注可能仅仅持续片刻,以后可能出现也可能不出现,但在任何关怀的交流过程中,它都是关键因素"。[1]

其次,关怀模式注重教育者的榜样引导。在思想政治教育关怀关系中,榜样具有非常重要的作用,学会关怀并不是告诉受教育者关怀的概念、记住关怀的一些原则和方法,而是在主体间彼此关系中展现教育者的关怀,其关怀的展现就是榜样,因此,"教师首先要做一个关怀者,以一颗爱心同被关怀者来往,教师的关怀行为对学生践行关怀具有催化之功能"。[2] 受教育者往往是依靠自己观察教育者如何关怀他人、如何为人处世而获得关怀的价值,人们常常会在一种温馨、真诚、体贴关怀的人群中自然学习到关怀的品德。关怀的品德是通过感染而习得,并不是直接教出来的,受教育者从教育者的人格和行动中学到的远远多于他所教的,在教育者的多次引导和示范下,受教育者会在潜移默化中学会如何去关怀他人。

2. 关怀模式的实践方法

师生之间、同学之间良好的人际交往就是要建立、维系、巩固和提升教育者与受教育者之间的关怀关系,既要让教育者在尊重差异的基础上学会关怀,又要让受教育者感受到他人的关怀。关怀模式的有效实施主要有以下几种方法:

(1)榜样示范。诺丁斯认为,教育中榜样的作用是非常重要的,教师要与学生建立起关怀关系,他首先要向学生示范如何做到关怀,如何回应与表达他人对自己的关怀。因此,作为教育者,首先要做到以身作则,以自己良好的形象和关怀行为来感染教育身边的学生。老

---

[1] [美]内尔·诺丁斯:《学会关心——教育的另一种模式》,于天龙译,教育科学出版社2003年版,第24页。

[2] 同上书,第32页。

师先要做一个关怀者，用心与被关怀者交往，用情与被关怀者沟通，用真心、真情与学生交往，与学生交心。只有这样，教师的关怀行为对学生践行关怀才具有催化的功能。在教师的反复示范引导下，学生会潜移默化地从中受到教育，学会如何在交往中去关怀他人。

（2）实践体验。在学校人际交往活动中，实现关怀的方式是多种多样的，如关心自我、关心身边的人、关心陌生者等都是实践关怀、从中受到教育的有效方式。在大学生日常学习与生活当中，实践关怀的途径可以说俯拾皆是。在与老师、学生、家人交往的过程之中，要给他人以关怀，给他人以温暖，给他人以温情，那我们也同样也会收获别人给予的关怀。学生可以通过广泛的实践活动来全面锻炼与体验关怀，比如学生还可以参与社区服务活动，在真实的生活情境中去实践关怀，体验如何与人建立、维系一种关怀关系。

（3）认可。在双方彼此的关怀当中，认可是关怀的理想与愿望走向实践的枢纽，要学会关怀则首先需要认可他人的关怀。要让学生实现这种认可，教师要充满温情，以关爱之心来对待学生，关心学生的成长与成才，努力使关怀建立在师生间深厚的情感基础上。当然，认可的实现也不是轻而易举就能够做到的，它要求教师在日常的教育教学活动中，通过行之有效的方式，全身心地投入到对学生的关怀实践中去，让学生体验到一种春风化雨般的关怀。

（三）激励模式

改善大学生人际交往状况，提高大学生人际交往能力，进行对话与关怀是非常必要的，除此以外，对有着人际交往障碍的大学生进行激励是非常有效的措施。激励模式在人际交往中承担着提供内在驱动力，改善和激发要素状态，增强思想政治教育组织活力的一种特殊作用。对于改进人际交往有障碍学生的交往状况，更好地实现思想政治教育目标有着重要的作用。

众所周知，人们无论从事什么活动，产生什么行为，形成什么样的关系，总是受人自身动机的调节和支配的。因此，对于激励模式的研究，实质上就是激励人的动机的研究。所以，为了改善人际交往障碍学生的交往现状，探究当前大学生思想政治工作的有效措施，以激发学生的发展动力,就成为当下高校思想政治教育的重要内容之一。

1. 激励模式的涵义、特征及其理论借鉴

(1) 激励模式的涵义。"激励"一词来源于古拉丁语"movere",意思为"促动",是指以满足个体的某些需要为条件而使其产生去做某事的意愿。英语中的激励是"motivation",它含有激发动机、鼓励行为、形成动力的意义。由此可见,激励实质上就是通过某种有效的外部诱因来引发个体的内在动机,从而调动个体的积极性和创造性,向所期望的目标前进的心理过程。可以说,"激励是行为的钥匙,又是行为的按钮,按动什么样的激励按钮就会产生什么样的行为。"[1]一般来说,激励的含义代表了行为的方向、强度与持续期三种因素间的关系。也就是说,激励水平即实现某一目标的积极性大小,同时要不要为此目标去努力,应为此目标花费多大努力以及此努力应维持多久。

"激励模式"认为,大学生人际交往的激励模式,是一个旨在关心学生、引导学生、鞭策学生,体现"以学生为本"的新型教育和管理模式。它以关注学生的需求为出发点,以激发学生的动机为动力,以规范学生的行为为目标,使学生在激励中不断提高自己的交往能力与水平。

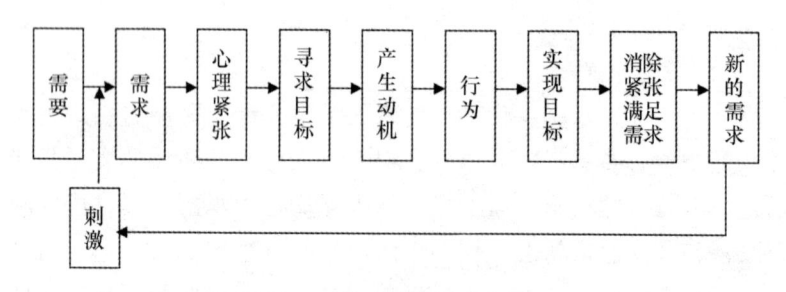

图 4-1 激励过程的基本模式

图 4-1 非常清晰地展现了一次成功实现目标的激励过程。图 4-

---

[1] 李中斌、杨成国、胡三嫚等编著:《组织行为学》,中国社会科学出版社 2010 年版,第 93 页。

1 中表达着这样的心理过程,需要向需求的转化,依靠的是外部的刺激,进而产生心理紧张;而需求向动机的转化,依靠的是目标的出现;消除紧张,实现目标,满足需求,则依靠行动。由此可见,"行为"是源于人内心的需要,是两者共同作用的结果。

因此,作为思想政治教育工作者,在大学生日常思想政治教育实践中需要做好以下几项工作:一是了解大学生人际交往中的需要,然后设置刺激因素,以使学生的需要转化为需求;二是设置目标导向,引导大学生为实现人际交往的目标而行动。

(2)激励模式的特征。首先,激励模式是一个循环的过程。这一过程包括了这样几个阶段:第一阶段,刺激人的需要产生;第二阶段,在需要的作用下产生动机;第三阶段,在动机作用下引发行为;第四阶段,比较行为的结果,如果行为的结果与预期的目标一致,就会产生一种满足感,从而产生新的需求,强化行为。其次,"激励模式是一种典型的管理艺术的体现。在组织行为中,这样的情形是十分常见的:行为相同,动机不同;或行为不同,动机却相同。相同的动机,由于在寻找方法上的差异,会造成行为上的不一致。这说明,调动人的积极性的激励,对不同的人,不同的情况,应当应用不同的方法。"[1]

(3)激励模式的理论借鉴。一是马斯洛的需要层次理论。美国著名心理学家和行为学家马斯洛(Abraham Maslow)在1943年提出的需要层次理论,是行为科学家试图揭示需要规律的主要理论。他认为,人类都是有需要的,其未满足的需要是产生工作的动机,也是激励他们的因素。他指出,人类的需要是以等级层次形式出现的,由低级到高级分为五个层次,分别是生理上的需要、安全上的需要、感情或归属上的需要、地位和受人尊敬的需要、自我实现的需要。他认为,当一层次需要得到满足时,这一层次需要并未消失,它依然存在,但对人行为的影响却降低了,也就是说,随着个人需求层次的逐渐上升,主导需要也随之发生更替。马斯洛的需求理论告诉我们,每一个人都有不同层次的需要,同一个人也有不同的需要。思想政治教

---

[1] 李国政主编:《管理学》,清华大学出版社2009年版,第205页。

育工作者的任务就在于找出相应的激励措施，以满足尽可能多的学生多元化的需求，当一个层次的需要基本满足时，就要及时地把需要引导到另一个更高的层次上来。

二是奥尔德弗的 ERG 理论。美国耶鲁大学教授奥尔德弗（C. P. Alderfer）在 20 世纪 70 年代提出了一种新的需要层次理论，即 ERG 理论。该理论认为，人有生存、关系和成长三种基本需要。生存（Existence）需要，是指人全部的生理需要和物质需要，如衣、食、住、行等各个方面，这是最基本的需要，组织中的报酬、工作环境和工作条件等都和这种需要有关。这一类需要大体和马斯洛需要层次中的全部"生理"需要和部分"安全"需要相对应。关系（Relation）需要，是指在工作环境中人与人之间相互关系和交往的需要。这与马斯洛需要层次中的部分"安全"需要、全部"归属"需要和部分"尊重"需要相对应。成长（Growth）需要，是人要求得到提高和发展的内在欲望。这种需要通过发展个人的潜力和才能得到满足。这一类需要同马斯洛需要层次中部分"尊重"需要和全部"自我实现"需要相对应。

由此可见，ERG 理论与马斯洛的需要层次理论相似，激励的行为是遵循一定的等级层次的，但该理论对各层次间存在的内在联系有三个重要的观点：一是在同一层次上，少量需要满足后，会产生强烈的需要。二是较低层次需要满足得越充分，对较高层次的需要越强烈。三是较高层次需要满足得越少，低层次需要则更加强烈。因此可以说，ERG 理论是对马斯洛需要层次观点的有力补充。具体表现在以下三个方面：首先，马斯洛的需要层次理论是基于"满足—前进"的逻辑，认为人较低层次需要相对满足后，会向更高层次需要前进。而 ERG 理论不仅是"满足—前进"，还包括"受挫—倒退"。即较高层次需要得不到满足时，会转向追求更强烈的低层次需要。其次，ERG 理论认为，激发高层次需要不一定要先满足低层次需要。人由于其个体生活经历以及所受教育的影响，可能会使其对高层次需要有特别的欲望。最后，按照马斯洛的需要层次理论，在某一时刻，人的五种需要中会有一种需要表现出主导优势。而 ERG 理论则认为，一个人可以同时拥有几种需要，而且不一定表现出强度上的多大差别。也就是说，在 ERG 理论中，这些需要类型间的区分并不是十分严格的，奥尔德弗倾向于使用需要连续体这样的概念。

作为高校思想政治教育工作者应当充分了解大学生在成长发展过程中的多元需要，尤其是关注其交往需要，对那些交往有障碍的学生采取适当的措施来满足他们不同的需要，以便激励他们的行为，进而实现合格建设者和可靠接班人的培养目标。

2. 构建激励模式的基本要求

在高校学生思想政治教育管理工作中，要切实改善人际交往困难学生的交往状况，提高大学生的人际交往能力，促进大学生全面发展，首先需要加强作为教育和管理者自身的建设。在当下教育管理模式变革的形势之下，在全面提倡以人为本教育理念的背景之下，高校每一位思想政治教育工作者和教育者，都应进一步更新理念，明确自己的角色定位，才能切实发挥自身作用，引导和激励大学生健康成长。

（1）树立"育人为本"的教育新理念。高校有别于其他科研机构和企业的特殊性，就在于学生的存在，大学生才是高校的主体。在高等教育由"精英教育"迈向"大众教育"的过程中，大学生在某种程度上已经成为通过缴纳学费而获取教育服务的消费者。因而原有的教育模式，师生关系必然要有一定的改变。时代的发展要求高等教育在教育理念上，应当更加尊重学生的主体性，也要求思想政治教育工作者"深怀爱子之心，恪守为师之责，善谋扶才之策，多办助学之事，满腔热情地帮助青年学生解决他们自身成长中学习、生活的实际需求问题，使他们能够保持成长动机，健康成才"[①]。

高等教育中将"以人为本"的理念落实为"育人为本"的理念，它实质上表明，如果我们不重视学生成长的变化和主观需求，忽视他们所面对的实际问题，仍旧以强制性灌输教育模式和刚性的管理模式，在时代发展的今天的确是无效的。"育人为本"的"人"落实在现实中，是指一个个有差异的人，这就要求我们不能以整齐划一的方式去要求所有的教育对象，而应该关注、关心每一个学生的成长。

---

① 冯培：《组织变革视野下高校学生事务管理模式创新研究》，博士学位论文，北京工业大学，2008 年，第 71 页。

"育人为本"的"本"并不是指我们的教育对象是大学生,而是特指我们的教育对象代表着我国社会的未来与希望。所以我们只有将学生的成长发展需求与社会的发展结合起来,积极引导、耐心指导和悉心教导我们的学生,才能真正实现关心学生与教育学生的功能。因此,在我们的学生教育管理工作中,要解决好学生的激励问题,一方面,首当其冲的是要解决好我们的教育管理理念。我们广大教育工作者尤其是思想政治教育工作者要树立"育人为本"的理念。恪守"学为人师,行为世范"的师德要求,以自己良好的师德形象为大学生的健康成长成才提供一个良好的空间。另一方面,今天我们面对的大学生也是伴随着数码科技、网络经济和虚拟环境等成长起来的一代学子,外在环境的变化,不仅使得今天青年大学生的动机激励问题更加复杂多样,也同样意味着要有效解决这些问题,仅靠以往的经验、习惯和热情是远远不够的,它需要以智慧、知识和技能而形成的过硬的专业本领,做到学生教育管理专业化。

所谓专业化,是高等学校根据学科分工或生产部门的分工把学业分成的门类。高校的智育都是专业化的,其教师职业岗位是稳定的,专业形象是鲜明的。而面向大学生日常思想政治教育与管理的广大思想政治教育工作者,尤其是辅导员,承担着日常琐碎的工作任务,专业化如何入手,这是当下高等学校需要面对和解决的现实问题和紧迫问题。而要做到思想政治教育工作的专业化,更好地激励学生形成良好的人际交往与互动,需要从以下两个方面着手。

首先,明确学科依托是学生思想政治工作者专业化的前提。管理与服务工作具有重要的教育职能,所以学生思想政治教育工作者的工作,必须遵循思想政治教育学科所揭示的教育规律,掌握科学化的教育方法。如果不以思想政治教育学科为依托,缺乏科学理论指导,在实际工作中就很难避免事务性和经验性。学生思想政治教育工作者也不能仅仅满足于思想政治教育学科一般理论与方法的掌握,而是要根据大学生思想政治教育的需要与自己的研究特长,确立比较稳定的研究方向,结合具体工作实际,运用相关学科知识,开展大学生思想政治教育的科学研究,提高教育管理质量,促进学生健康成长成才。

其次,进行工作领域划分并形成专门化的理论与方法体系是思想政治教育教育工作者专业化的关键。思想政治工作面对着学生学习与生活的方方面面。"在当今开放环境、信息社会、多元文化、激烈竞争、风险频发的社会条件下,社会生活经验还比较缺乏,人际交往能力较弱的大学生,他们在学习与生活过程中不可避免地存在着许多迷惘与困惑需要引导和解决。如果我们学生思想政治工作者缺乏对学生学习与生活的了解,缺乏应对这些问题的专业知识,只是一般性和经验性地对待大学生在实际生活中的问题,既与教育担当的职责不相符合,也难以满足学生的现实需要。"① 在当下科学迅速发展,知识与日俱增,专业技能不断细化的时代背景之下,要想解决学生学习与生活中遇到的迷惘与困惑,我们思想政治工作者只有具备扎实、广博与娴熟的知识与技能,才能增强解决问题的针对性和实效性。比如学生的人际交往就涉及心理学、教育学、管理学等相关知识,如果我们思想政治工作者能在某一个方面成为专家里手,成为学生成长之路上的良师益友,进而能够切实有效地解决学生的疑惑,就能形成有效的动机激励。

（2）教师应成为学生精神成人的引路人。在信息多元化发展的社会,网络的便捷性与内容的丰富性一方面扩展了大学生的知识,方便了他们的生活,但也增加了青年学生从众化的倾向。在各种迷惘与困扰面前,广大青年学子渴望有人能够引导他们前行的方向,给他们引导规划职业生涯,帮助化解困惑烦恼,指点生活迷津。但是在本课题对 633 名大学生人际交往状况的实际调查中,当问"遇到困难和烦恼,你最想向谁求助?"这一选项时,46.8% 的学生选择了好朋友；33.6% 的学生选择了自己解决；17.4% 的学生选择了家人；1.3% 的学生选择了其他人；选择向教师或辅导员解决的学生仅有 6 人,所占比例为 0.9%。这一极低的比例的确让人很吃惊,表明了师生之间关系的淡漠与心理距离的疏远。更多学生选择了好朋友,并不是与好朋友物理距离的近便,而主要是指他们心理上的接近,在朋友面前能够真实地呈现一个完整的自我,能够敞开心扉与朋友坦诚交流。

学生的这一选择同样给我们以深刻的启示,如果我们教师与学生之间密切交往,建立良好的人际关系,使学生能够像对朋友一样与我

---

① 朱孔军:《大学生管理理论与方法》,人民出版社 2010 年版,第 3 页。

们进行深入的心灵交流与互动,使我们学生思想政治教育工作者成为学生心灵的守护者和精神成人的引路人,使我们成为学生可以信赖的朋友,那么日常思想政治教育与管理的功能就可以得到最大的发挥。要做到这些,这就要求我们学生思想政治教育工作者首先提高自身的理论水平与敏思明辨的能力,增强解决实际问题的能力,增加对学生学习与生活的了解,深入学生的寝室,课间增加与学生交流的机会,多走进学生的生活,掌握学生的思想动态和他们学习与生活中遇到的困难。真正用我们专业化水平与增强的思想理论本领化解学生的心理问题,给予学生人生的指点,并帮助他们确立远大理想,在这种潜移默化中使学生受到教育,获得精神的动力,这才是我们思想政治教育工作者的本质所在。

四 发挥思政课的价值引领作用,培养大学生正确的交往观

人际交往根源于观念,展开于个体兴趣、爱好以及需求半径范围之内,发展于彼此持续不断的交往互动之中。"交往观念是人际交往的动机、过程、效益和择友标准等总和,是交往的总驱动力,也是个人价值观的重要组成部分。"[1] 交往观受到个体的世界观、价值观和人生观的影响与制约,与这几种观念是趋于一致的。因此,在高校,要发挥思想政治理论课在大学生思想政治教育中的主导作用。思想政治理论课是大学生的必修课,是帮助大学生树立正确的世界观、人生观、价值观的重要途径。高校思想政治理论课是马克思主义中国化最新理论成果的体现,加强和重视思想政治理论课的主阵地、主渠道作用,就是通过课堂,向学生传播社会主义核心价值体系,用社会主义核心价值体系引领青年大学生的思想和行为,增强大学生的凝聚力。尤其通过课堂灵活多样的教学方式,使大学生接受、掌握社会主义核心价值体系,并内化为大学生的世界观、价值观和人生观,保证大学生社会化的精神引领与方向保证,真正确保把大学生培养成社会主义

---

[1] 张向东、舒东:《人际交往的新观念》,《道德与文明》1993年第2期。

的合格建设者和可靠接班人。

为此，必须加强高校思想政治理论课的建设，做好以下几个方面：

（一）提高思政课教师素质，发挥其在教学中的主导作用

思想政治理论课教师是马克思主义理论和党的路线、方针、政策的宣讲者，社会主义核心价值体系的传播者。思想政治理论课，不仅仅是传授知识，更重要的是教会学生在与他人交往互动中如何做人，教会学生用马克思主义理论和相关知识来指导自身的成长和人生实践。在思想政治理论课教学中，教学效果的最终体现都依赖于教师主导作用的发挥。教师本身的素质状况，直接影响其教学的吸引力。这就要求思政课教师要提高自身理论水平与道德修养。教师对待马克思主义只有做到真学、真懂、真信、真用，才能以高度的政治责任感和使命感，创造性地开展教学活动，才能成为学生成长之路上的指导者和引路人。教师的理论素养、道德修养、人格魅力会直接影响学生的成长，给大学生树立做人的标杆和榜样。当教师良好的精神状态、敬业的工作作风、扎实的学识水平和良好的师德形象展现在学生面前时，自然能得到学生的敬重，从而引起品格心理的共鸣。教师做到为人师表，才能使学生"亲其师""信其道"。才能真正发挥思想政治理论课对大学生世界观、价值观和人生观的引领作用。

（二）掌握大学生人际交往动态，增强思政课教学的针对性

高校思想政治理论课教师、辅导员、班主任应及时关注大学生人际交往的现状以及存在的问题。通过调查我们发现，在影响大学生人际交往的诸多原因中，最关键的原因就是受个体世界观、价值观和人生观的影响，交往观作为价值观的重要组成部分，它是大学生交往行为的指南和先导，大学生人际交往中出现的种种困惑无不与个体的交往观念有一定的联系。因此，针对大学生在三观认知上存在的问题，及时调整课堂教学内容重点，侧重强化社会主义核心价值观教育，使青年大学生牢固树立正确的交往观，才能在物欲横流的今天、在烦躁不安的当下，使大学生在人际交往中不至于迷失方向、迷失自我。

(三) 改进思政课教学方法，增强思政课的感染力和影响力

学生喜闻乐见的、灵活多样的教学方法可以有效地调动学生学习和参与的积极性，激发学生的学习兴趣，能够将科学有效的思想政治教育内容内化为学生的内在素质，做到学生社会化过程的方向的正确引领。因此，高校思政理论课应注重构建与学生互动的"对话式""参与式"和"启发式"等教学方式，使枯燥的、教师一人表演的讲台变成大家积极参与的互动交流平台。在平等的主体间对话中传递教育观念，培养大学生形成正确的世界观、价值观、人生观以及人际交往观。

五 重视人文教育，提高大学生的人际交往能力

大学生的人际交往根源在于他们的世界观、价值观、人生观和交往观，这些观念的形成与确立，一方面要受大学生成长的家庭环境、友群环境、学校环境、社会环境和社会大众传媒等环境的影响；另一方面，重视和加强大学人文教育，通过经典文化知识的传授和相应实践使人类的文化成果、文化观念内化为大学生稳定的人格、气质与修养，这对于大学生人际交往能力的提高有一定好处。如果我们从文化的视角来审视人际交往，人际交往就表现为一种文化现象，人际交往中人们表现出的行为、举止，是受其个体观念文化的影响和制约的。同时，观念文化又对人们的行为规范和方式发挥引导和制约作用。一般说来，一定时期、一个社会的文明程度和文化水平的高低，往往是通过人们的道德修养水平、精神风貌和民风民俗表现出来的。同样，培养有德性、具有爱国主义情怀的高素质大学生，一是思想政治教育，即通过外在的说理方式，确保人才培养的社会主义方向；另一种则是人文教育，即通过潜移默化的作用，提高大学生的道德感、责任感，实现大学生个人修养和公共关怀的统一。可见，有针对性向大学生进行人文教育，向大学生传播中华民族优秀传统文化和世界文化精华，是提升大学生人文修养和人际交往能力的关键所在。

大学教育不仅仅是一种文化知识的学习，同样，大学教育的目的也不仅仅在于生产手工艺人，而在于培养有德性的公民，从根本上提

升国民的精神境界。大学人文教育主要是向大学生传播一种思想，根植一种理念，提升人的内在的修养与品质。如果说科学精神可以给人一种永无止境的探索激情和源源不断的创新活力，那么人文精神则可以净化人的心灵，提升人的文化品格和思想境界。在当下全球化的背景下，"我国年轻的一代大学生如果对生养、培育自己的这片土地一无所知，如果对其所蕴涵的深厚文化，厮守其上的人民，在认识、情感以至心理上产生疏离感、陌生感，这不仅导致民族精神的危机，更是人自身存在的危机。"[1] 这是人文教育的大课题。笔者通过本次对大学生人际交往现状的调查也明显感觉到，不少大学生存在着人际交往、组织协调能力较差，交往中的自卑情绪、焦虑情绪较浓，害怕与人交往，也害怕人际交往中的失败，固守自己交往的狭小圈子，安于现状，容易满足，缺乏创新和积极进取的精神等一系列问题。事实证明，人文学科的作用，是眼睛不容易看到的，它具有潜移默化的作用。人文教育主要在于发挥经典文化的引领和导向作用，使人类优秀的文化成果内化为个体人格、气质、修养，成为人具有相对稳定性、恒久性和绵延性的内在品格。通过人文教育，主要是引导大学生学会做人，包括处理人与自然、人与社会、人与人的关系，尤其是要培养大学生人际交往中人与人的关系。同时还培养大学生的理性、情感和意志等。

当今社会发展对大学生提出了新的更高的要求，需要他们具有坚实的专业知识和合理的知识结构，更为主要的是具有良好的行为举止、团队集体意识以及人际交往与合作能力。因此，教育的目标不能只限于给大学生一种专业化、职业化的培养，还要培养具有较高文化素质和文化品格的全面发展的人。我们的教育不仅要注重专业技能培养，而且要注重文化素质和文化品格的教育。如果我们高等教育培养出来的人只懂一门专业知识或一门技艺，不懂哲学，不懂文学，不懂历史，不讲礼貌，不讲道德，不讲奉献，不能与人良好地互动交往，专门利己，毫不利人，急功近利，躁动不安，心胸狭窄，这样的人是我们中国特色社会主义现代化建设所需要的吗？可见，加强人文教

---

[1] 甘阳、陈来、苏力：《中国大学的人文教育》，生活·读书·新知三联书店2006年版，第6页。

育,已经是时代对我们高等教育发出的强烈呼唤,我们应以做好人文教育为契机,改善学生的整体素质,尤其是增强学生的人际交往能力,乃是当前教育的关键所在。

近年来,许多大学对于加强人文教育也进行了各种尝试,为探索我国大学本科教育的转型积累了一定的经验教训。但总体说来,我们所在的地方新建本科院校的人文教育仍然比较薄弱,这一方面是在特定的社会转型时期,经济生活剧烈变迁给整个社会生活造成了深刻影响;另一方面,还与人们对人文教育认识的不足和在整个教育中定位的偏颇是有关的。因此,要改变这样一种现状,需要我们把握好以下几个方面的问题:

(一) 克服对人文教育狭隘性的认识,提倡全方位的人文教育

人文教育的核心是培养全面发展的、有人文精神、有责任感和关怀情怀的人。因此,人文教育就不仅仅是通过课程,也不是通过高校人文学科的教师和课程来实现的,它还包括了大学的整体环境,大学的图书馆、大学生丰富多彩的文体活动和社团活动,这些都可以承载人文教育,体现一定的人文精神。并且,人文教育还是高校所有教职员工共同所担负的责任,注重校园人文环境建设,注重高校"隐性课程"的作用,注重日常生活中对人精神点滴的训练与培养,这些都是人文教育的重要形式。

(二) 制度上进行合理引导,保证人文教育的重要地位

高等教育是对大学生预期发展状态所作的规定,它体现国家、社会对高校学生的总体要求。国外高等教育界在高等教育目标中突出强调人文教育的重要性,目的在于防止学生偏重于理科知识而损害自己的平衡。人文教育本身不仅仅是传播知识的教育,而且是传授和引导一定的社会价值观念的教育,具有明确的导向性,人文教育就在于引导学生树立国家和社会所期望的价值观和道德观,使学生成为符合时代发展要求的合格人才和可靠人才。通过制度的规范与引导,使更多的人明白:"社会不仅需要有关人类所面对的客体世界的规律、原理以及我们如何操作对象的方法,也需要满足人类自身精神需求的信

仰、价值理念和人们行为的基本原则和规范。人文教育与人文学术研究,重在对人之生命意义及价值理想的思索,能提升作为目的的人的品质与境界,其所提倡个人的人生理想和群体的社会理想,是牵引社会向前发展的重要精神动力。"[①]

(三) 人文教育应注重民族性与国际性的有机结合

国外许多高校人文教育方面的课程内容设置多以本民族文化为主,这些课程或规定为必修课程,或规定为核心课程。但国外高校在强调和注重民族性的同时也十分重视国际性,并力图将两者统一起来。在当今全球化时代,我们之所以强调人文教育民族性与国际性的结合,因为文化是一个民族历史发展的产物,它代表着一个民族的传统,体现着民族的个性,处于全球化的开放时代,我们绝不能再关起门来与世隔绝,而要培养学生的国际眼光,不弘扬中华民族的优秀传统文化,就不能很好地吸收外国文化;而不吸收外国文化,中华民族则难以生存和持续发展。因此,我们高校的人文教育课程应立足于培养学生对中华民族优秀传统文化的自信感和认同感,同样对外来文化要有正确的理解,形成民族意识与国际视野统一的观念。

国内外一些实行人文教育或通识教育的实践证明,通过人文教育,在潜移默化中陶冶了学生的情操,提升了学生的精神境界;培养了学生对民族命运的关注和责任感;培养了学生高尚的人格和健康的心理素质;培养了学生的社会适应能力与团队协作精神,尤其是大学生的人际交往能力有了很大的提高。可以说,人文教育是提高大学生人际交往能力的根本之所在。

六 进行人际交往艺术指导,规范大学生的人际交往行为

如果说通过思政课帮助和引导学生确立了正确的世界观、人生

[①] 甘阳、陈来、苏力:《中国大学的人文教育》,生活·读书·新知三联书店2006年版,第399页。

观、价值观和交往观，重在人才培养的方向引导。而人文教育则重在学生德性的培养，关心人的精神世界。政治性与人性的培养，为人的成长与发展奠定了良好的基础。在此基础上，我们如果再培养学生掌握一定的交往技巧和艺术则使学生更能适应当下的社会现实，切实提高大学生的人际交往能力和适应社会的能力，加速大学生社会化的进程。

（一）人际交往中的语言沟通艺术

人际交往是个体社会化的过程，"人的社会化有两个基本目的，语言社会化和角色社会化。其中，语言社会化是重要的目标，也是实现其他社会化的基础。执照符号互动论者 G. H. 米德（1934）的观点，语言是个人超越自我，联系自我，联系社会，使自己成为整体社会的一个自然部分的桥梁；而角色社会化则是个体获得社会角色、了解角色期望，并最终融入社会的重要一步，这关系个体能否真正过渡成为社会人。"[①] 由此可见语言及语言艺术的掌握对人际交往的重要作用。在人际交往过程中，语言不仅担负着传递信息的功能，而且还是激励或协调交往成员情绪，调节人们交往行为的重要手段。在大学生日常的人际交往中，如果语言艺术运用得好，就能优化人际交往。相反，如果不注意语言艺术，往往就会无意间因语言表达的失误而伤人，进而产生种种矛盾。

1. 锤炼交往语言

首先是要做到称呼得体。称呼一般反映出人们之间心理关系的密切程度。恰当得体的称呼，使人能获得一种心理满足，使对方感到亲切，交往便有了良好的心理气氛；如果称呼不得体，往往会引起对方的不满甚至反感，更有可能使正常的交往中断。因此，在大学生日常人际交往过程中，要根据对方的年龄、身份、兴趣、性格等具体情况及交往的场合、双方关系的亲疏远近来决定对方的称呼。对长辈、师长的称呼要尊敬，对同辈的称呼要亲切、友好，对关系密切的同学可以直呼其名，对不熟悉的人则要用全称。

[①] 桂世权：《大学生人际交往指导》，西南交通大学出版社2007年版，第27页。

其次是注意礼貌。一要做到正确运用语言，表达要清楚、生动、准确，有感染力，逻辑性强，尽量少用方言，提倡普通话，切忌平平淡淡、含含糊糊、干巴枯燥。二是要注意语速。说话太快，使对方听不清楚，从而影响表达的效果；说话吞吞吐吐，则使听者失去兴趣，交往也不能持久。三是开玩笑要注意对象、场合、把握分寸，以免笑话讲不恰当，反而弄巧成拙，伤害了他人的自尊心。四是要避免过度激烈的争论。大学生往往喜欢争论，一些有学术意义的争论能促进彼此之间的意见的融合，形成对问题深层次的认识。但有些争论往往是在互不服输、面红耳赤、不愉快甚至演化成直接的人身攻击。这对于人际交往的影响是显而易见的。所以，大学生要尽量避免争论，而要通过讨论、民主协商的途径解决分歧。语言艺术运用得好，就能吸引和抓住对方，从内容到形式适应对方的心理需要、知识经验、双方关系及交往场合，使交往关系密切起来。

2. 学会适度的赞美

赞美对任何人来说都是必不可少的。生活中，如听到他人对自己长处的赞美，就会感到身心愉快，就会鼓起奋进的勇气。反之，当一个人应当得到赞美而得不到时，就会心灰意冷，甚至牢骚满腹。赞美在人际交往中是一种不可缺少的"催化剂"。赞美对人的生活、成长的作用是非常大的。在大学生人际交往中，把握和运用好赞美艺术，将会有许多方面的收效：首先，赞美是取得对方认同的最好方式之一。恰当的赞美会给对方一种鼓舞和激励，是双方交往持续前进和深入的重要动力。其次，赞美能使他人认识到自己的价值，进而增强自信心。当一个人获得一个小成绩、取得一点小进步时得到赞美，会让对方体会到成功的价值和意义。而当一个人心灰意冷、缺乏信心和动力时，适当的赞美会激励他就会充满战胜困难的勇气和信心。

赞美的作用和功效是明显的，是不容置疑的。但赞美的方式与方法又必须注意这样几点：一是赞美必须真诚。赞美作为一种交往艺术，最基本的要求是必须要诚恳，并应体现在准确的语言表达之中，切忌使用华而不实的辞藻。二是赞美语言必须得体。赞美语言切不可乱用。如果运用不当，则会影响人际交往的持续和效果。三是运用赞美要把握分寸，切不可滥用赞美，如果运用不当，那也是误人误己的事。这一点我们不可不加以防范和注意。

3. 做一个认真的倾听者

在人际交往中，人们总是希望自己说的话对方能够认真倾听，这能给人以极大的心理上的满足。有人说："会说，显示的是你的能力；会听，显示的是你的修养。"① 这句话有一定的道理，但在人际交往中，会听，不仅仅是显示修养而已。会听，还显示出听者对信息传递者的接纳，或者承认。这样一来，根据人际交往的互动原则，信息传递者也就会对听者产生同样积极的态度，进而促进良好的人际交往发生。另外认真的倾听是需要运用大脑及全身心去理解和感受。同样，认真的倾听能给说话者以极大的心理上的愉悦，使他觉得自己很重要，觉得自己受到足够的重视。因此，这种倾听不是故作姿态，而是一种尊重他人、欣赏他人的表现。倾听者的积极态度也表达着对传递者的自我价值的认可，这也有利于人际交往的进一步发展。

（二）人际交往中的非语言沟通艺术

在人际交往中，如果我们稍加留意就会发现：一个眼神、一种面目表情、一个手势等都会发挥着奇妙的作用，有时甚至达到了语言交往所达不到的效果，这就是非语言交往与沟通的效果。所谓非语言交往，顾名思义，是指利用语言以外的其他沟通元素传递信息的过程。包括面部表情、身体动作、空间距离、声音、姿态等。掌握和运用好这样一些交往艺术，对大学生的人际交往是大有好处的。据研究，高达93%的沟通是非语言的，其中55%是通过面部表情、身体姿态和手势传递的，38%是通过声音传递的。在人际交往中，人体如同一个信息源，具体的信息可通过交往双方的面部表情、身体动作、仪表姿态等载体传播，是交往双方可以利用的有效资本。常见的有以下几种。

1. 目光语言

目光语言是指通过目光接触表达个体的各种情感、态度、观念等信息。眼睛是心灵的窗户，目光与眼神在非语言交流中对表情达意起

---

① 姚本先：《高等教育心理学》，合肥工业大学出版社2005年版，第290—291页。

着关键性的作用,因为人的目光与眼神是传递信息的最有效的器官,它可以传达内心的奥秘和内心的情感。在大学生日常人际交往当中,应根据不同的场合,善于通过各种目光与对方交流调整交谈的氛围,通常,交谈中的目光和表情应和谐统一,如果要表现出对对方的兴趣与爱好,则可以睁大充满活力的眼睛。如果要表达否定的意愿,则应用审视的目光注视对方。大学生应学习和了解相关的知识,努力做到准确、恰当地使用目光语言。

2. 表情语言

在人际交往中,人的表情对建立人与人之间的关系有很大的影响。通常在不同的文化背景下,同样的面部表情有可能具有相反或不同的意义。人的面部表情,主要是通过人的五官来表达。而微笑则更能突出地体现表情的变化,实现传递信息的功能。微笑不仅是自己精神放松、心情舒畅的表现;也是对别人传达一种友好愉快的信息。因此,善于使用微笑,以微笑的面孔迎接每一个朋友,成为交往的重要艺术。在当今社会,微笑语堪称一种世界语,微笑也被世界各民族公认为一种"社交场所的常规表情"。因而,微笑语言可谓是非语言交流手段中最重要的一种。不可否认,在现实的交往中,作为内心自然情感的流露,真诚微笑不仅表示友好、愉悦、欢迎、欣赏、领略之意,也给交谈带来轻松、愉快及融洽的气氛。

3. 手势语言

手势语言是指表达者运用自身手指、手掌及手臂的动作变化来传递信息。在交谈中,交谈者运用其双手可以非常显明地表达自己的意向。可以说,在非语言交流中,手势语言灵活多变,富有极强的表达功能,通常与口头语言同时使用。大学生日常交往中,如能恰当地运用手势语言,则可以强化语言的表达效果,产生极强的表现力和吸引力。并且,在人际沟通中,运用非语言手段比起运用语言更能让交往对方感到真实、生动和容易接受。具体包括手语、握手语、鼓掌语和挥手语等。

4. 体势语言

体势语又称动态体语,是指通过无声的动态姿势来交流和沟通思想和感情。在与他人交谈的过程中,一般可通过对方的体态姿势推断其寓意，并判断对方的个性气质，体势语主要包括坐姿、立姿、步姿等几种体姿。人的体姿不仅对于良好形象的塑造有很重要的作用，而且也是传情达意的重要方式之一。不同的坐姿、站姿和走姿，能表现出人物的不同心理状态、精神面貌和思想感情。"坐如钟，站如松，走如风"，常给人以坚韧挺拔、蓬勃向上、积极进取的印象；而坐得东斜西歪，站得前倾后靠，走得步伐迟缓，则往往给人疲惫懒散、精神不振、缺乏进取心的感觉。比如在师生课堂交往互动中，教师在讲台上要站有站相，坐有坐相，走有走相，通过体姿，让学生感受到教师的稳重端庄、坚定自信、谦虚随和的风貌。同样教师的体势语言也会感染学生，学生自然会以端正的坐姿与老师达成一定的互动，增强课堂的教育效果。在人际交往中，体势语言的运用要合理把握节奏，不可过多或过于频繁地使用，否则会给对方造成不好的影响。

（三）掌握人际交往中的基本礼仪

中华民族向来是礼仪之邦，在长期的交往活动中，人们逐渐形成了一些约定俗成的"礼仪"。"礼仪"由"礼"和"仪"复合而成，出自《诗经》"献酬交错，礼仪卒度"，意思是依据一定的制度、规范和标准，按照一定的形式和顺序进行祭祀（即前所述"事神致福"）。在现代社会，礼仪的含义没有古代那么宽泛，只是着重规范人们交往活动的程序和行为，借以维系和发展人际交往关系，推动社会文明与进步。"礼仪是指人们在社会交往中相互之间为了表达尊重、敬意、友好、关心而约定俗成的、共同遵守的行为规范和交往程序，既指为表达敬意而隆重举行的典礼、仪式，也泛指社会交往中的礼貌、礼节。"[1]

在当今社会，无论是在政务或商务交往活动中，还是在民间团体或个体的交往中，掌握得体的交往礼仪无疑是拓展我们交往圈子的通行证。大学生学习交往礼仪，提高交往艺术，是赢得别人尊重和信任的前提，也是讲文明、有教养的表现，更是成功人生的需要。然而，很多大学生在交往中仍然存在着不知礼、不守礼、不文明的行为，缺

---

[1] 沙风、顾坤华：《大学生社交礼仪》，清华大学出版社2011年版，第1页。

乏必要的礼仪修养和教育。可见，对大学生进行社交礼仪教育具有重要而深远的意义：社交礼仪教育有利于大学生与他人建立良好的人际关系，形成和谐的心理氛围，促进大学生的身心健康；社交礼仪教育有利于促进大学生的社会化，提高社会心理承受力和抗挫折能力；社交礼仪教育有利于对大学生进行思想政治教育，提高大学生的思想政治道德素质；社交礼仪教育有利于强化大学生的文明行为，提高大学生的文明素质。大学生的礼仪具体分为个人礼仪和社交礼仪，下面分别做一说明。

1. 个人礼仪

个人礼仪是社会个体的生活行为规范与待人处世的准则，是个人仪表、仪容、言谈、举止、待人、接物等方面的个体规定，是个人道德品质、文化素质、教养良知等精神内涵的外在表现。其核心是尊重他人，与人友善，表里如一。大量的事实也证实，个人礼仪对一个社会的净化与美化起着积极的作用。个人礼仪所形成的一种具有较强约束力的道德力量，使每一位社会成员能够自觉按文明社会的要求，调节行为、摒弃陋习，最终将自己的言行纳入符合时代之礼的轨道，以顺应社会发展的潮流。良好的个人礼仪、规范的处事行为是需要个人不懈的努力和精心的教化才能逐渐地形成。个人礼仪具体有以下几个方面：

（1）仪容礼仪。仪容，通常是指人的外观、外貌。其中的重点则是人的容貌。人皆有爱美之心，长相姣好，梳妆得体的容颜，总能给人留下美好印象和赏心悦目的快乐体验。"美丽的仪容，表现在三个方面，即仪容的自然美、仪容的修饰美和仪容的内在美。真正的意义上的仪容美，应当是这三个方面的高度统一。忽略其中任何一个方面，都会使仪容美失之于偏颇。在这三者之间，仪容的内在美是根本，仪容的自然美是人们的心愿，而仪容的修饰美则是仪容礼仪关注的重点。"[①] 在大学生人际交往中，干净整洁的仪容，不仅使自己清爽精神，增添人际交往中的自信，树立个人的良好形象，也是对交往对象的礼貌和尊重。人际交往中对仪容的修饰也非常重要，它反映出

---

① 李明、林宁等：《人际关系与沟通艺术》，清华大学出版社2012年版，第180页。

一个人精神状态和礼仪素养。

（2）仪表礼仪。仪表，是指人的外表，包括人的容貌、姿态、服饰和个人卫生等方面，它是人精神面貌的外表，仪表虽是人的外表，但它更是一种无声的语言，"在一定意义上反映出一个人的文化、道德、教养、情操和性格等。注重仪表美，是热爱生活，积极向上的表现，也是尊重他人和表达友情的重要手段。"[1] 大学生的衣着服饰一定要适合自己的身份，应该朴素、大方、文雅，最忌浓妆艳抹、花枝招展和怪异。大学生正值青春年华，朝气蓬勃的面容、轻盈匀称的体态、充满活力的步态等，都是难得的青春之美。青年学生的自然美，胜过了服饰美，要珍视这种纯朴真实的自然美。当然，修饰打扮是人对自己外表美的一种设计，修饰得当，可以显示和衬托外在美，还可以弥补和掩盖先天外形美的不足。服饰是一面镜子，人们不仅要看服装的颜色、款式，还要看是否适合大学生的身份。离开了这个基本标准的所谓美，在大学生身上只能表现为丑。作为大学生，在人际交往中，应从这样几个方面展示朝气蓬勃的青春仪表美：一是适体、大方、协调的服装；二是简洁、自然、适宜的发型；三是彬彬有礼、落落大方的风度。

（3）仪态礼仪。仪态，指人的姿势、举止和动作，是身体所表现出来的样子。人的举手投足、一颦一笑都传达着他的修养、学识。苏格拉底说："高贵和尊严、自卑和好强、精明和机敏、傲慢和粗俗，都能从静止或者运动的面部表情和身体姿势中反映出来。"在大学生的人际交往中，"每个人的仪态应当力求美化，仪态的美化有三个标准：一是仪态文明，要求有修养，讲礼貌，不应在异性和他人面前有粗野动作和行为；二是仪态自然，要求仪态既要规则庄重，又要表现得大方实在，不要虚张声势，装腔作势；三是仪态美观，这是高层次的要求，它要求仪态要优雅脱俗，美观耐看，能给人留下美好的印象；四是仪态敬人，要求避免失敬于人的仪态，要通过良好的仪态来体现敬人之意。"[2] 大学生应该注重仪态的学习，养成良好的举止习

---

[1] 卢新华、康娜：《社交礼仪》，北京大学出版社2007年版，第138页。
[2] 杨继忠、胡洁、张洪铖：《大学生礼仪》，北京理工大学出版社2011年版，第39页。

惯，要让自己的仪态真实地表达出内心的美好，展现大学生应有的素质和风采。古人云："站如松、坐如钟、行如风、卧如弓。"可见基本体姿仪态主要表现在站、坐、行、卧等方面。通常呈现在公众面前的主要是站姿、坐姿和走姿三个方面，在这三大类体姿的基础上，还可以衍生出其他许多不同体姿，不同体姿具有不同含义，相同的体姿在不同场合也会具有不同含义。大学生要在日常学习、生活、工作中养成和保持良好的基本体姿，规范与自然结合，运用自如，分寸得当，给人以良好的体态形象。

2. 社交礼仪

社交礼仪是指在人际交往中，自始至终地以一定的、约定俗成的程序、方式来表现律己、敬人的完整行为，是一种为时代所共识的行为准则或规范。掌握规范的社交礼仪，能为交往创造出和谐融洽的气氛，建立、保持、改善人际关系，促进社会交往和事业成功。并且随着社会的快速进步和文明程度的不断提高，人们普遍意识到礼仪在生活、工作和学习等过程中的重要性，认识到缺乏礼仪的危害性，认识到礼仪是人立身处世的根本。大学生在人际交往中如果能够掌握社交礼仪的原则和基本规范，并能在人际交往实践中努力实践，那么，礼仪这种文化现象就能在社会生活中发挥它应有的作用，为人际交往打下良好的基础。常见的社交礼仪有这样几个方面：

（1）介绍礼仪。介绍是指从中沟通，使双方建立关系的意思。介绍是社交场合中相互了解的基本方法。通过介绍，可以缩短人们之间的距离，以便更好地交谈、更多地沟通和更深入地了解。在大学生日常学习与生活中常用的介绍主要有自我介绍，为他人介绍等。一是自我介绍。自我介绍是架起人际交往的第一道桥梁。如果你要和一个不相识的人谈话，首先应作自我介绍，表明自己的身份。基本要求有：其一，简洁明了。针对不同的对象，简明介绍自己的姓名、身份等。其二，增加色彩。可在自己的姓名、职业、特长等方面作适当的发挥，凸显个性，令人印象深刻。其三，把握分寸。既要推销自己，又不要给他们留下自吹自擂的印象。其四，礼貌结语。如"请多指教""请多关照"等。二是介绍他人。介绍他人时，首先，应先向双方打招呼，使双方有思想准备，不至于感到唐突。其次，应遵循"尊者居后"的顺序：把地位低的介绍给地位高的，把年轻的介绍给年长的，把男士介绍给女士。再次，介绍时应礼貌地用手示意，不可指指点点。将手指或尖状物对着别人，是极不礼貌的举止。

（2）握手礼仪。握手礼是在人际交往中使用最为广泛的见面致意礼节。它表示致意、亲近、友好、寒暄、道别、祝贺、感谢、慰问等多种含义。从握手中，往往可以了解一个人的情绪和意向，还可以判断一个人的性格和感情。握手是一种通行的见面礼，具有和解、友好的象征意义。其基本概念是：握手前应脱下手套；握手时用力应适度，避免松而无力，显得缺乏热情，但也不能握得太紧；握手时眼睛要注视对方，微笑致意；多人同时握手，不要交叉，可待别人握完再握；与长辈、贵宾、上级和女士握手时，应等对方先伸手后，自己才能伸手相握。

（3）手机礼仪。手机是一种主要的移动式话机，"已经成为人际交往十分便捷的通信工具，它不受地点和时间限制，跟着人走，它的功能丰富，既可通话，也可接发短信，还可储存文件信息资料，还能拍摄摄像等，是很理想的通信工具。"[①] 目前，在校大学生使用智能手机的比率几乎达到了100%。但同时要明白一点，通信工具功能越多，使用越广泛，它对使用者的要求也就越高，不仅是使用技能技巧方面，更重要的是使用者的礼仪形象，会在使用者使用手机过程中得以反映。因此，有必要掌握手机使用中的礼仪：一是通话礼仪。利用手机打接电话，还有几点需要特别指出：当对方不接电话或传来无人接听信号时，不要继续打这个电话。或许可以换一种方式，即以短信方式将想要说的事情发到对方的手机上，并留言"是因为打不通才发短信的"。这样做既合乎礼仪，又可以同样传达信息；当与朋友面对面聊天时，不要正对着朋友拨打手机，避免发射时高频大电流对他产生辐射，损害他人健康。不要不分场合当着众人面或陌生人接打电话，使他人心中不快或泄露电话内容。二是接发短信。打电话时对方正有事不方便接听，或对方正在通话，或对方关机，或对方手机掉

[①] 卢志鹏、康青主编：《新编大学生实用礼仪教程》，北京理工大学出版社2009年版，第58—61页。

电,说对方网络信号不畅,更加重要的是,有时你想让对方记住你传递过去的信息内容,而且方便对方记载,于是,也就使用短信方式向对方发送短信息了。既然有一方会使用短信手段给你发送短信息,那你也就一定要接受对方的短信息了。由此可见,接发短信便成为日常通信的一种常用手段,使用者就应当遵守规范即礼仪。三是拍摄资料。手机还可以拍照、摄像、录音等。在使用手机进行拍照、摄像或录音时,首先要遵守公德公信,拍他(她)人照片时,务必要征得对方同意,或对方要求你为他(她)拍摄后,才能进行拍摄,而且一定要满足对方的要求。手机还可以储存信息、上网诸如看新闻、电视电影、进行股票基金交易等这些项目。虽然与上述通话、接发短信等有所区别,但有一点是不变的,那就是必须遵守法律和社会伦理道德,不做损人利己、损害国家、损害社会、损害他人利益的事情。

七 开展心理咨询指导,培养大学生人际交往的健康心理

大学生心理咨询指导是指咨询人员根据每个学生的具体情况,运用心理学的知识和相关原理,通过测评观察等方法,帮助学生发现自己心理问题的症结,以维护和增进学生心理健康,促进学生健康成长与发展。大学生心理咨询的目的就是引导和帮助大学生正确处理成长成才、学习择业、人格发展、情绪调节等方面的心理矛盾和心理问题,尤其是培养大学生人际交往的健康心理,提高其对社会生活的适应能力和调控能力,促进学生的全面发展。

大学生心理咨询指导工作,对于大学生健康成长成才具有多方面的积极作用:一是有利于提高大学生的心理素质。心理咨询也是一种人际交往的过程,通过这种互动交流,有利于大学生改变原有的思维模式,调整自我心态,增强心理素质。二是有利于维护大学生的心理健康。大学生心理咨询对提高大学生的心理健康水平起着重要作用,是维护大学生心理健康的重要途径。三是有利于培养大学生健全的人格。心理咨询的开展可以影响学生人格发展水平和方向,指导学生认识和检查自己人格发展的合理性与局限性,从而能够正确地认识自

我，接纳自我。四是心理咨询是加强和改进学生思想政治教育的需要。在传统的思想政治教育中，心理方面的教育和引导被忽视，更多地强调了政治素质、思想素质、道德素质的培养和训练。随着社会的发展，学生的心理问题越来越多，这种教育模式越来越不能适应形势的要求了，客观上要求思想政治教育必须进行改革。

（一）健全心理咨询机制，使大学生心理咨询走向制度化

我国开展心理咨询工作的时间不长，各项机制还不完善，对于西北地方新建本科院校来说，心理咨询机制则更应该得到我们应有的重视。健全心理咨询机制，应从师资、投入、培训等方面加强完善。一是在师资方面要逐渐落实人员的编制，同时制定职称评定和相关待遇的政策，建立一支素质优良，专职兼职结合的心理健康教育师资队伍。二是要保证经费的投入，以确保心理咨询机构的正常运行，从机构的建立、人员的配备、劳动报酬、师资培训以及机构硬件设施的购置等，都需要有充足的经费做支撑。三是重视心理咨询员的岗位培训，国外非常重视心理咨询员或心理咨询老师的培训和考核，以保证心理咨询工作的科学性和严肃性，从而提高心理咨询工作的质量和权威性，而我们的咨询员多数处于边学边干边提高的状态。因此，我们应强化质量意识，逐步完善咨询员的培训、考核、资格认定等制度，使我们的心理咨询工作逐步走向成熟。

（二）加强心理咨询理论与方法的研究，适应大学生心理多方面的需求

根据对象的身心特点开展心理咨询理论与方法的研究，是学校心理咨询机构工作所强调和重视的工作之一。在国外与港台地区，个别咨询与团体咨询的方法是比较常见的，而忽视团体咨询是我们心理咨询方面的薄弱环节。在当下，面对目前高校扩招学生数量不断增加的情况下，应注重团体咨询。因此，我们在全面了解学生心理状况的基础上，在合理借鉴与吸收西方先进心理咨询方法的同时，更应系统、认真研究，总结我国传统文化中关于心理沟通调节的思想与方法，发掘传统文化中的精华和素养，结合中国文化的背景与当代青年大学生

的思想特点、思维方式、个性特点、心理状态，创建具有中国特色，彰显中国气派的心理咨询理论与方法是当前高校心理健康教育的历史任务。只有加强心理咨询理论与方法研究，我们的心理咨询工作才能自觉地、有针对性地帮助学生解决好成长过程中遇到的心理问题与心理困惑，引导大学生乐观、积极、自信、和睦和顺畅地与人交往相处，引导大学生健康成长成才。

附录1 大学生人际交往状况调查问卷

亲爱的同学：

　　首先感谢你接受我们的问卷调查！此次问卷调查是为了了解当代在校大学生人际交往的状况，调查问卷的结果供相关课题研究使用，并为相关部门更好地做好学生工作提供参考。问卷采用匿名制，希望你在认真阅读题目后，客观、真实地回答问卷中的问题，你的相关资料我们将严格保密。

"大学生人际交往状况与对策研究"课题组

　　填答说明：1. 每题如果没有特别说明，均为单选，请你选择一个最合适的答案。

　　2. 请在你认可的选项序号上打"√"；在"＿＿＿"上填写适当的内容。

　　A. 基本信息

A1. 你的性别：

　　（1）男　（2）女

A2. 你的民族：

　　（1）汉族　（2）少数民族

A3. 你所在的年级：

　　（1）大一　（2）大二　（3）大三　（4）大四

A4. 你所就读的专业是：

　　（1）人文社科类　（2）理学　（3）工学　（4）艺术

　　（5）体育

A5. 你是否为贫困生：
(1) 是　(2) 否

A6. 你来自：
(1) 城市　(2) 农村

A7. 你一共有几个兄弟姐妹？＿＿＿＿个（请填写具体数字，若是独生子女，请填"0"）

A8. 你的健康状况：
(1) 健康　(2) 亚健康　(3) 病伤

A9. 你是否担任学生干部：
(1) 是　(2) 否

A10. 你的性格属于：
(1) 活泼开朗型　(2) 外向果敢型　(3) 内向谨慎型
(4) 多愁善感型

B. 人际交往行为

B1. 上大学后，离家比较远，你和家人的联系状况是：
(1) 自己主动联系家人　(2) 家人联系自己
(3) 都主动联系过　(4) 很少和家人联系

B2. 你一般多久与父母联系一次：
(1) 几乎每天都联系　(2) 大约一星期一两次
(3) 大概一个月一两次　(4) 不怎么联系

B3. 在与自己有关的重要事情上，谁主要作出决定：
(1) 父母　(2) 自己　(3) 与父母一起协商
(4) 其他人（请注明称谓）：＿＿＿＿＿

B4. 和中学时代相比，你觉得大学的同学关系是：
(1) 有所进步，更密切　(2) 与中学时代一样
(3) 有所倒退，有一定的功利倾向　(4) 平平淡淡
(5) 不是很清楚

B5. 上大学后，你与上大学之前的同学联系状况是：
(1) 经常联系　(2) 不怎么联系，有事才想起联系
(3) 没有联系

B6. 你觉得同学对你帮助最多的是：
（1）学习方面　（2）经济方面　（3）生活方面
（4）情感方面

B7. 你与同学相处时：
（1）不知道谈论什么，对建立友谊力不从心
（2）开始比较拘谨，熟悉后就好了
（3）能很快融入，拉近彼此关系
（4）过分在意他人的看法，别人说什么都以附和为主

B8. 你和宿舍同学的关系：
（1）融洽　（2）一般　（3）与个别关系密切
（4）较差，经常有矛盾

B9. 在和异性同学关系的处理中，你：
（1）相处感到尴尬不自然
（2）刚开始比较尴尬，后来就好多了
（2）能做到大方得体，相处愉快
（3）除了恋人以外的异性基本不接触

B10. 你和老师的关系：
（1）较好　（2）一般　（3）与个别老师关系密切
（4）与老师不来往

B11. 你与班主任、辅导员的交往如何：
（1）经常主动与老师交流自己的学习生活状况
（2）在学习或生活中遇到困难时才想起与老师联系
（3）很少与老师联系　（4）从不联系

B12. 你认为你的老师（班主任、辅导员、授课教师）对你们关心吗？
（1）非常关心　（2）比较关心　（3）不够关心
（4）不关心

B13. 在社交场合中，你在乎别人对自己的看法吗？
（1）非常在乎　（2）比较在乎　（3）有一点在乎
（4）满不在乎，无所谓

B14. 假如你被朋友邀请参加一个聚会，而聚会上的很多人你不认识，

你会感到：
(1) 很自在　　　　(2) 拘谨，但能与人简单聊几句
(3) 十分不自在　　(4) 没有特别的感觉

B15. 在与他人交谈时，遇到你不感兴趣的观点或话题时，你会怎么做：
(1) 耐心听对方说完　　(2) 建议对方换个话题
(3) 找借口离开　　　　(4) 打断对方

B16. 每到一个新的场合，你对那里原来不认识的人，总是：
(1) 能很快记住他们的姓名，并成为朋友
(2) 尽管想和他们成为朋友，但很难做到
(3) 喜欢一个人独处，不想结交朋友　　(4) 与他们不交往

B17. 对于学生团体（党团组织、社团组织、学生会）的活动，你参加的情况是：
(1) 主动参加　　(2) 多数情况下都参加　　(3) 偶尔参加
(4) 从不参加

B18. 遇到困难和烦恼，你最想向谁求助：
(1) 好朋友　　(2) 班主任和辅导员　(3) 家里人
(4) 自己解决　　(5) 其他人（请注明称谓）：_____

C. 人际交往态度

C1. 你认为担任学生干部对你人际交往能力的提高有帮助吗？
(1) 帮助很大　　(2) 稍微有点帮助　　(3) 没有帮助
(4) 没感觉

C2. 你认为参加学生组织（党团组织、社团组织、学生会）对人际交往能力会：
(1) 大大提高　　(2) 有些提高　　(3) 没有提高
(4) 没感觉

C3. 你认为经常参加社会兼职活动对人际交往能力的提高有帮助吗？
(1) 帮助很大　　(2) 比较有帮助　　(3) 没有帮助
(4) 没感觉

C4. 在你与他人的交往中，你觉得你的人际关系如何：

(1) 关系不错　　(2) 关系一般　　(3) 关系很差
(4) 不清楚

C5. 你认为家庭经济贫困对人际交往有影响吗？
(1) 有很大影响　　(2) 有一定的影响　　(3) 没有影响
(4) 没感觉

C6. 当你与家人意见不同时，你会：
(1) 坚持己见　　(2) 心平气和地商量　　(3) 听家人的
(4) 走开

D. 恋爱行为及影响

D1. 如果你要谈恋爱，你最看重对方什么？
(1) 外貌　　(2) 性格　　(3) 家庭背景　　(4) 价值观
(5) 兴趣爱好　　(6) 品德修养　　(7) 其他（请注明）：＿＿＿＿

D2. 你对大学生未婚同居现象的基本态度是：
(1) 基于爱情即可　　(2) 双方愿意即可　　(3) 应当进行教育
(4) 应受道德谴责　　(5) 其他（请注明）：＿＿＿＿

D3. 你对大学生公共场合的亲密行为有什么看法：
(1) 反对，有损学校形象，败坏校风，十分不文明
(2) 不合适，但这是别人的私事，我们管不着
(3) 两个人的事，不要暴露在公众场合即可
(4) 欣赏他们的勇气，但是我不会这么做
(5) 其他（请注明）：＿＿＿＿

D4. 到目前为止，你谈过恋爱吗？
(1) 谈过　　(2) 现在正在谈
(3) 没谈过（请跳过 D5～D9，直接回答 E 部分的内容）

D5. 你谈恋爱最根本的动机是：
(1) 向往单纯美好的爱情
(2) 寻找终身伴侣，考虑向婚姻方向发展
(3) 有共同的理想追求，在一起时轻松愉快
(4) 出于面子的需要，宿舍其他人都有对象，自己没有感觉没面子

（5）寂寞孤独，寻求感情寄托

（6）其他（请注明）：_____

D6. 在你开始谈恋爱以后，你每月的生活开支：

（1）增加了　（2）减少了　（3）没有变化

D7. 你认为大学生平时的恋爱消费应该由谁来买单？

（1）男生　（2）女生　（3）AA制　（4）谁有钱谁买单

D8. 谈恋爱给你带来的积极影响有（可多选）：

（1）调剂学习，彼此鼓励，共同进步　（2）完善自己，学会成长

（3）共同分担快乐悲伤，生活快乐一点　（4）增强了责任心

（5）比以前更勤快，更注意个人形象

（6）其他（请注明）：_____

D9. 谈恋爱给你带来的不利影响有（可多选）：

（1）浪费时间了，耽误了学业　（2）加重了家庭的经济负担

（3）与同学、家人的交往明显减少，人际关系圈子缩小

（4）失恋给身心带来了较大的伤害

（5）其他（请注明）：_____

E. 家庭环境影响

E1. 你父亲文化程度：

（1）小学及以下　（2）初中　（3）高中（中专、中技）

（4）大专　（5）本科及以上

E2. 你母亲文化程度：

（1）小学及以下　（2）初中　（3）高中（中专、中技）

（4）大专　（5）本科及以上

E3. 你父母相互之间的关系：

（1）非常好　（2）比较好　（3）一般　（4）不太好

（5）很不好

E4. 你与父亲的关系：

（1）非常好　（2）比较好　（3）一般　（4）不太好

（5）很不好

E5. 你与母亲的关系：

(1) 非常好　　(2) 比较好　　(3) 一般　　(4) 不太好
(5) 很不好

E6. 你现在的亲子模式是：
(1) 单亲　　(2) 双亲　　(3) 孤儿　　(4) 其他

E7. 你父母对你采取何种教育方式：
(1) 溺爱型　　(2) 专断型　　(3) 放纵型　　(4) 民主型
(5) 其他

E8. 你的家庭经济类型属于：
(1) 贫困　　(2) 一般　　(3) 小康　　(4) 富裕

E9. 你的家庭文化类型属于：
(1) 学习型　　(2) 消费型　　(3) 生活型　　(4) 其他

E10. 你父母在劳动工作之余从事下列活动：（可多选）
(1) 读书看报　　(2) 看电视、上网娱乐　　(3) 家务劳动
(4) 打麻将、打扑克等　　(5) 从事第二职业
(6) 其他（请注明）：_____

F. 友群环境影响

F1. 你有多少个知心朋友？
(1) 1个也没有　　(2) 1个　　(3) 2—4个　　(4) 5个以上

F2. 你和知心朋友间的交往密度是：
(1) 几乎每天交往　　(2) 每周1—2次　　(3) 每周3—5次
(4) 每月1—2次　　(5) 几个月一次或更少
(6) 其他（请注明）：_____

F3. 你和知心朋友间的关系：
(1) 非常好　　(2) 比较好　　(3) 一般

F4. 知心朋友在你心目中的分量有多重？
(1) 很重　　(2) 较重　　(3) 一般　　(4) 较轻　　(5) 无所谓

F5. 你和知心朋友在一起主要从事活动的情况（可多选）：
(1) 探讨学习　　(2) 聊天谈心　　(3) 运动健身
(4) 吃喝闲逛　　(5) 玩网络游戏　　(6) 其他（请注明）：_____

G. 校园及校园周边环境影响

G1. 你们学校周边的社会治安状况如何?

(1) 很好　(2) 较好　(3) 一般　(4) 较乱　(5) 很乱

G2. 你们学校周边的文化市场管理怎样?

(1) 很严　(2) 较严　(3) 一般　(4) 不严　(5) 无人管理

G3. 你认为学校周边环境对你人际交往的影响:

(1) 很大　(2) 较大　(3) 不大　(4) 没有影响

G4. 校园自然环境和人文环境对大学生人际交往的影响（请在对应方框内画"√"）

测试项目	非常满意	比较满意	有一点满意	不满意	非常不满意
1. 校园绿树成荫，环境优美，令人心情舒展					
2. 教室窗明几净，干净整洁，有学习的氛围					
3. 餐厅干净卫生，饭菜可口，物美价廉					
4. 宿舍宽敞舒适，有家的感觉					
5. 课堂教学井然有序，学习风气良好					
6. 师生课间交流互动，关系融洽					
7. 班主任、辅导员关心学生，与学生关系融洽					
8. 管理制度科学民主，比较人性化					
9. 学生"评优选先"过程与结果公正合理					
10. 学校行政机关办事效率高，服务态度较好					
11. 校园文体活动丰富多彩，提供了较多的交往机会					

H. 现代大众传媒的影响

H1. 除考试阶段以外，你每天上网的时间为:

(1) 1 小时以内　(2) 2—3 小时　(3) 3—5 小时

(4) 5—7 小时　(5) 7 小时以上

H2. 手机、网络等现代大众传媒对大学生人际交往的影响（请在对应方框内画"√"）

测试项目	非常同意	比较同意	有一点同意	不同意	非常不同意
1. 可以更加方便地交流，克服了交往方式的时空障碍					
2. 实现了交往过程中的真正平等					
3. 扩展了人们的交往手段					
4. 增强了人们交往的互动性					
5. 扩大了交往对象的范围，节约了交往成本					
6. 现实中难以启齿的话语可以在网上尽情倾诉和宣泄					
7. 可以向网友宣泄自己的烦恼与困惑，释放压抑的心理					
8. 节约了交往的成本，提高了人际沟通的效率					
9. 网络人际交往传递的信息不对称，真实性值得怀疑					
10. 依赖或迷恋于网络交往，现实的人际交往能力会下降					
11. 迷恋于网络交往，会疏远与舍友、同学和家人的联系					
12. 网络所交朋友良莠不齐，有较大的风险性					
13. 娱乐化与低俗化的内容，容易使人迷失方向					
14. 网友越来越多，情义却越来越淡					
15. 关心你的人多了，可关心的人却越来越虚假					
16. 无法体会到盼望与守候的感觉（如：见面、信件）					
17. 网络交往是没有真实的情感投入					

问卷问答结束，请将你所填的问卷再仔细核对一遍，如有漏答题目，请补上。再次表示诚挚的感谢！

附录 2　大学生人际交往状况访谈提纲

性别：_____　民族：_____　年级：_____
专业：_____
是否贫困生：①是　②否；
你来自：①城市　②农村；
你是否担任学生干部：①是　②否。

1. 你认为大学生的人际交往与中学生的人际交往有哪些方面的不同？

2. 请你谈谈你的交往半径或交往圈子的主要人群有哪些？

3. 你认为大学生在交友时首先应看重对方哪些方面？请列举。

4. 你在与同学或朋友交流时，在什么场合多使用的是家乡话，而在什么场合多使用的又是普通话？

5. 你通常在什么时间、哪些场合与同学或朋友谈心、聊天？

6. 请你谈谈交往能力与学习成绩的关系。

7. 你认为良好的交往能力对你未来的发展会产生哪些方面的影响？

8．如果你认为自己的交往能力不理想，你说说是哪些原因造成的？最根本的原因是什么？

9．如果你想改善自己的交往能力，你认为有哪些可行的方法或途径？

10．你在与你想交往的同学或朋友交流时，最想谈的话题有哪些？

11．对大学目前的师生关系你怎样评价？你认为应该如何改善大学师生之间的交往？

12．你和同学之间有过矛盾和冲突吗？结合自身举例说明。

13．如果说人情、面子、伦理道德等观念对人际交往有影响，请结合你自己的经历举例说明？

14．如果有人带有很强的目的性或功利性与你交往，你会怎么对待？

15．"世界上最远的距离不是天涯海角，而是我站在你面前，你却在玩手机。"结合这句话，谈谈手机、网络对大学生人际交往的影响。

参考文献

一 著作类

[1]《马克思恩格斯选集》第 1 卷，人民出版社 1995 年版。

[2]《马克思恩格斯全集》第 3 卷，人民出版社 1995 年版。

[3]《马克思恩格斯选集》第 4 卷，人民出版社 1995 年版。

[4]《马克思恩格斯全集》第 23 卷，人民出版社 1972 年版。

[5] 汪信砚：《马克思主义哲学概论》，人民出版社 2011 年版。

[6] 范宝舟：《论马克思交往理论及其当代意义》，社会科学文献出版社 2005 年版。

[7] 马克思主义哲学编写组：《马克思主义哲学》，高等教育出版社 2009 年版。

[8] 赵家祥：《普遍交往论和世界历史论》，《马克思主义历史哲学》（第 4 卷），吉林人民出版社 2006 年版。

[9] 赵家祥：《马克思主义哲学教程》，北京大学出版社 2003 年版。

[10] 郑杭生：《社会学概论新修》（第三版），中国人民大学出版社 2003 年版。

[11] 王锐生、陈荷清：《社会哲学导论》，人民出版社 1994 年版。

[12] 风笑天：《社会研究方法》，高等教育出版社 2006 年版。

[13] 徐云杰：《社会调查设计与数据分析——从立题到发表》，重庆大学出版社 2011 年版。

[14] 吴明隆：《问卷统计分析实务——SPSS 操作与应用》，重庆大学出版社 2010 年版。

[15] 孙本文：《社会学原理》（下），商务印书馆 1946 年版。

[16][美] 克特·W. 巴克主编：《社会心理学》，南开大学社会学

系译，南开大学出版社 1984 年版。

[17] 王思斌：《社会学教程》，北京大学出版社 2010 年版。

[18] 王思斌：《社会学教程》（简明版），北京大学出版社 2012 年版。

[19] 风笑天：《社会学导论》（第二版），华中科技大学出版社 2008 年版。

[20] 黎民、张小山主编：《西方社会学理论》，华中科技大学出版社 2005 年版。

[21] 乐国安：《社会心理学》，广东高等教育出版社 2006 年版。

[22] 袁俊昌：《社会心理学纲要》，三环出版社 1990 年版。

[23] 李文华编著：《现代社会心理学》，华中科技大学出版社 2007 年版。

[24] 胡邓：《人际交往从心开始》，机械工业出版社 2008 年版。

[25] 郭民良：《社会主义人际关系指要》，红旗出版社 1993 年版。

[26] 李明、林宁：《人际关系与沟通艺术》，清华大学出版社 2012 年版。

[27] 彭未名：《交往德育论》，山西出版集团·山西教育出版社 2010 年版。

[28] 张天宝：《走向交往实践的主体性教育》，教育科学出版社 2005 年版。

[29] 吕翠凤：《人际交往与成功》，南京大学出版社 2012 年版。

[30] 李丽明：《人际交往学》，贵州人民出版社 2006 年版。

[31] 奚洁人、陈莹：《简明人际关系学》，华东师范大学出版社 1991 年版。

[32] 周向军、高奇：《人际关系学》，山东大学出版社 2010 年版。

[33] 乐国安：《中国人际关系研究》，南开大学出版社 2002 年版。

[34] 王蕾、董志凯、刘功：《人际关系基础》，辽宁大学出版社 1987 年版。

[35] 朱晓平、周峰：《现代人际交往学》，鹭江出版社 1990 年版。

[36] 姚纪纲：《交往的世界——当代交往理论探索》，人民出版社 2002 年版。

[37] 蒋春堂：《公共关系学教程》（新版），武汉大学出版社 1994 年版。

[38] 邵伏先：《人际交往心理学》，重庆出版社 1988 年版。

[39] [美]唐·库什曼等：《人际沟通论》，宋晓亮译，知识出版社1989年版。

[40] 卢新华、康娜：《社交礼仪》，北京大学出版社2007年版。

[41] 金盛华、张杰：《当代社会心理学导论》，北京师范大学出版社1995年版。

[42] 王静：《社会心理学简明教程》，河北教育出版社2010年版。

[43] 李文华编著：《现代社会心理学》，华中科技大学出版社2007年版。

[44] 李中斌、杨成国、胡三嫚等编著：《组织行为学》，中国社会科学出版社2010年版。

[45] 吴远：《组织行为学》，河海大学出版社2004年版。

[46] 郑文哲：《管理学原理》，科学出版社2005年版。

[47] 周世德主编、顾玉珍副主编：《当代西方管理学简明教程》，天津人民出版社2001年版。

[48] 李海峰、张莹主编：《管理学原理与实务》，人民邮电出版社2010年版。

[49] 李国政主编：《管理学》，清华大学出版社2009年版。

[50] 刘建华：《师生交往论——交往视域中的现代师生关系研究》，北京师范大学出版社2011年版。

[51] 王秀阁：《大学生人际交往理论与方法》，人民出版社2010年版。

[52] 高湘萍、崔丽莹：《当代大学生人际关系行为模式研究》，上海社会科学院出版社2008年版。

[53] 桂世权：《大学生人际交往指导》，西南交通大学出版社2007年版。

[54] 沙风、顾坤华：《大学生社交礼仪》，清华大学出版社2011年版。

[55] 杨继忠、胡洁、张洪铖：《大学生礼仪》，北京理工大学出版社2011年版。

[56] 卢志鹏、康青主编：《新编大学生实用礼仪教程》，北京理工大学出版社2009年版。

[57] 董泉增、李剑萍：《大学的管理与质量》，山东大学出版社2007年版。

[58] 王革:《新时期大学生思想政治教育研究》,西北农林科技大学出版社2008年版。

[59] 钟明华、罗明星:《思想道德修养学习指导》,广东高等教育出版社2003年版。

[60] 祁荣新主编:《思想道德修养和法律基础》,南京大学出版社2006年版。

[61] 张耀灿:《思想政治教育学前沿》,人民出版社2006年版。

[62] 《公民建设道德实施纲要》,人民日报出版社2002年版。

[63] 常春娣、张燕云:《大学生心理健康教育》,西南师范大学出版社2008年版。

[64] 康春英、朱为鸿编著:《大学生心理卫生与自我成长》,甘肃民族出版社2005年版。

[65] 李锦云:《大学生心理健康辅导》,北京大学出版社2010年版。

[66] 石红、邓旭阳:《大学新生心理自我保健》,华东理工大学出版社2007年版。

[67] 韩延明:《大学生心理健康教育》,华东师范大学出版社2007年版。

[68] 张丽宏、赵阿勐:《大学生心理健康教育导论》,第二军医大学出版社2008年版。

[69] 朱翠英:《大学生心理健康教育》,中国农业出版社2008年版。

[70] 姚本先:《高等教育心理学》,合肥工业大学出版社2005年版。

[71] 官汉蒙:《大学生心理健康教育教程》,湖南人民出版社2011年版。

[72] 朱孔军:《大学生管理理论与方法》,人民出版社2010年版。

[73] 郑维铭主编:《交流·碰撞·催新:东西文化冲突对当代大学生生活观念的影响》,广东教育出版社2005年版。

[74] 陈向明:《旅居者和"外国人"——留美中国学生跨文化人际交往研究》,湖南教育出版社1998年版。

[75] [苏联]沙·阿·阿莫纳什维利:《学校没有分数行吗?》,朱佩荣译,教育科学出版社1986年版。

[76] 刘献君、郝翔:《思想道德修养》(修订本),武汉大学出版社

2001年版。

[77] [美] 内尔·诺丁斯：《学会关心——教育的另一种模式》，于天龙译，教育科学出版社2003年版。

[78] 肖川：《主体性道德人格教育》，北京师范大学出版社2002年版。

[79] [巴西] 保罗·弗莱雷：《被压迫者教育学》，顾建新等译，华东师范大学出版社2001年版。

[80] 金生鈜：《规训与教化》，教育科学出版社2004年版。

[81] 叶澜：《教育研究方法论初探》，上海教育出版社1996年版。

[82] 张彦：《思想政治教育主体性研究》，广东人民出版社2006年版。

[83] 王学俭、刘强：《新媒体与高校思想政治教育》，人民出版社2012年版。

[84] 金生鈜：《理解与教育——走向哲学解释学的教育哲学导论》，教育科学出版社1997年版。

[85] 教育部高等教育司组编，张广才著：《我是谁》，高等教育出版社2005年版。

[86] 陈鼓应注译：《庄子今注今译》，中华书局1983年版。

[87] 《孟子直解》，徐洪兴撰，复旦大学出版社2004年版。

[88] 《颜氏家训》，檀作文译注，中华书局2007年版。

[89] 李亦园、杨国枢：《中国人的性格》，台湾桂冠图书股份有限公司1989年版。

[90] 李鹏程：《当代文化哲学沉思》（修订版），人民出版社2008年版。

[91] 乐国安：《当代中国人心理》，知识出版社1991年版。

[92] 甘阳、陈来、苏力：《中国大学的人文教育》，生活·读书·新知三联书店2006年版。

[93] 滕守尧：《文化的边缘》，作家出版社1997年版。

[94] 肖巍：《女性主义关怀伦理》，北京出版社1999年版。

[95] [苏] 巴赫金：《文本对话与人文》，白春仁等译，河北教育出版社1998年版。

[96] [法] 布尔迪厄、帕斯隆：《继承人：大学生与文化》，邢克超译，商务印书馆2002年版。

[97] [英] 伯姆：《论对话》，王松涛译，教育科学出版社2004年版。

[99]［英］迈克·彭等：《中国人的心理》，邹海燕等译，新华出版社1990年版。

[100]［德］马丁·布伯：《我与你》，陈维纲译，生活·读书·新知三联书店1986年版。

[101]［德］伽达默尔：《真理与方法》，洪汉鼎译，上海译文出版社1999年版。

[102]［德］加达默尔：《哲学解释学》，夏镇平、宋建平译，上海译文出版社2004年版。

二　期刊论文类

[1] 陶国富：《网络交往的泛化与精神文明的深化》，《社会科学》2001年第6期。

[2] 黄少华：《论网络空间的人际交往》，《社会科学研究》2002年第4期。

[3] 汪怀君：《论网络空间人际交往的伦理困境》，《自然辩证法研究》2005年第7期。

[4] 苏醒：《大学生网络人际交往的伦理困境探析》，《齐齐哈尔大学学报》（哲学社会科学版）2009年第1期。

[5] 孙慧：《网络人际交往的反思——当今网络人际交往对人格发展的负面影响》，《科学·经济·社会》2012年第3期。

[6] 陈志霞：《网络人际交往探析》，《自然辩证法研究》2000年第11期。

[7] 欧阳康：《跨文化理解与交往》，《社会科学战线》1997年第6期。

[8] 杨国章：《交往与文化及其它》，《语言教学与研究》1993年第2期。

[9] 李宁：《现代人际交往与和谐社会构建》，《宁夏大学学报》（人文社会科学版）2007年第4期。

[10] 成云：《贫困与非贫困大学生人际关系差异研究》，《重庆大学学报》（社会科学版）2010年第6期。

[11] 陈智旭：《贫困大学生人际交往问题及对策》，《高教探索》2011年第4期。

[12] 张智勇：《贫困大学生人际交往中的常见心理困扰与调适》，《大庆师范学院学报》2008年第3期。

[13] 陈永涌：《青海少数民族大学生人际交往关系探析》，《青海社会科学》2009年第1期。

[14] 蒲蕊：《师生交往在学校教育中的深层意义》，《教育研究》2002年第2期。

[15] 李家成：《论师生交往的个体生命价值》，《集美大学学报》2002年第1期。

[16] 戚玉觉、姚先本：《师生交往中教师权威消解修正》，《当代教育科学》2004年第14期。

[17] 周廷勇、周作宇：《关于大学师生交往状况的实证研究》，《高等教育研究》2005年第3期。

[18] 邢秀茶、曹雪梅：《大学生人际交往团体心理辅导的实效研究》，《心理科学》2003年第6期。

[19] 郑安云、高新锁、令狐培选：《大学生人际交往小组辅导的理论与实践》，《西北大学学报》（哲学社会科学版）2003年第2期。

[20] 陈菊珍、刘华山：《改善大学生人际交往不良现状的团体辅导实验研究》，《教育研究与实验》2005年第12期。

[21] 王军、赵峰：《工科院校大学生人际交往能力的调查研究》，《安徽工业大学学报》（社会科学版）2007年第4期。

[22] 刘慧：《交往：师生关系的新概念——当代教育转型中师生关系的理论探讨》，《山西大学师范学院学报》2001年第4期。

[23] 林国灿：《纵向人际关系》，《社会心理学研究》1998年第1期。

[24] 翟学伟：《中国人际关系的特质——本土的概念及其模式》，《社会学研究》1993年第4期。

[25] 杨宜音：《试析人际关系的建立与分类——兼与黄国光先生商榷》，《社会学研究》1995年第5期。

[26] 李星万：《论人际关系》，《湘潭大学学报》（社会科学版）1986年第5期。

[27] 陈俊杰、陈震：《"差序格局"再思考》，《科学·经济·社会》

1993 年第 4 期。

[28] [苏联]沙·阿·阿莫纳什维利：《个性的民主化》，朱佩荣译，《外国教育资料》1998 年第 1 期。

[29] 吕梁山：《交往结构及要素浅探》，《辽宁师范大学学报》1997 年第 3 期。

[30] 邱耕田：《差异性原理与科学发展》，《中国社会科学》2013 年第 7 期。

[31] 徐蓉：《对话模式及其在社会领域的适用性》，《学术月刊》2011 年第 6 期。

[32] 李瑾瑜：《布贝尔的师生关系观及其启示》，《西北师大学报》（社会科学版）1997 年第 1 期。

[33] 李海、范树成：《对话德育中学生对话品质的培养》，《教育评论》2011 年第 5 期。

[34] 楚丽霞：《关怀伦理的心理特征及应用价值》，《道德与文明》2006 年第 3 期。

[35] 张向东、舒东：《人际交往的新观念》，《道德与文明》1993 年第 2 期。

[36] 翟学伟：《中国人际心理初探——"脸"与"面子"的研究》，《江海学刊》1991 年第 2 期。

[37] 李伟民：《论人情——关于中国人社会交往的分析和探讨》，《中山大学学报》（社会科学版）1996 年第 2 期。

[38] 徐震虹：《贫困大学生人际交往和人格指向》，《安徽农业大学学报》（社会科学版）2005 年第 2 期。

三　学位论文

[1] 李伟：《贫困大学生人际交往现状研究——以齐齐哈尔大学为例》，硕士学位论文，湖南师范大学，2008 年。

[2] 杨冯：《高校师生关系及师生交往状况调查研究——以上海某高校为例》，硕士学位论文，华东师范大学，2010 年。

[3] 桑伟林：《大学生人际交往能力培养研究——以山东大学为例》，硕士学位论文，山东大学，2010 年。

［4］罗建生：《大学新生人际交往困难文化成因分析——以西南大学为例》，硕士学位论文，西南大学，2009年。

［5］冯培：《组织变革视野下高校学生事务管理模式创新研究》，博士学位论文，北京工业大学，2008年。

［6］刘西华：《"90后"大学生理想信念现状与教育对策研究——以S大学为例》，博士学位论文，山东大学，2013年。

［7］霍军亮：《社会转型期农村基层党员思想建设研究——基于对鄂中东溪镇的考察》，博士学位论文，武汉大学，2013年。

四 电子文献

［1］《教育部关于加强高等学校辅导员班主任队伍建设的意见》，中国教育新闻网（http：//info.jyb.cn/jyzck/200604/t20060403_14216.html）。

［2］《2013全国宣传思想工作会议精神》，引航网（扬州大学党委宣传部）（http：//dwxcb.yzu.edu.cn/art/2013/8/21/art_1925_364479.html）。

后 记

本书是在我博士学位论文的基础上修改而成的。值此论文出版之际，首先要感谢的是我的导师刘基教授。刘老师不嫌弟子之愚钝，收弟子于门下，谆谆教导。导师虽公务繁忙，但对学生的要求却严格有加，论文题目几经导师的指点才得以确定，尤其在调查问卷设计上，当我拿出初稿给导师看时，导师一句，"这么简单的问卷适合做博士论文吗？"导师苛刻的要求使我不敢有丝毫怠慢与马虎，唯恐辜负师命，后来导师给我提出了非常中肯而又关键的修改意见。论文能有今日之成果，离不开导师的辛勤培养，培养教导之恩，怎一个谢字了得。

导师组陈晓龙教授是我硕士时的导师，在攻读博士学位时又能继续聆听恩师教诲，倍感荣幸。陈老师博学睿智，分析问题一针见血，陈老师也经常关心我论文的进展情况，在博士论文的选题、写作过程中曾多次请教陈老师，不仅给予我智慧的启迪，更有人格和学识的滋养。导师组李朝东教授睿智思辨，我能有幸在本科、硕士、博士期间多次聆听李老师的讲课，多次分享他思维与智慧的火花，对于我思维的训练着实发挥了很大的作用。导师组王宗礼教授博闻强记，讲课娓娓道来，游刃有余，听王老师讲课可以说是一种享受，真正让人领略学者风范。在博士论文答辩过程中，西安交通大学马克思主义学院王宏波教授和兰州大学马克思主义学院刘先春教授提出了许多宝贵的意见，在此表示最诚挚的感谢。

西北师范大学社会发展与公共管理学院李怀教授，博士一年级时选听他的《社会调查原理与方法》课，使我获益匪浅。在访谈问卷的设计、论文难点问题的解答上给予我点拨，确有"听君一席话，胜读十年书"的感觉。我的同学,兰州理工大学马克思主义学院社会学博士饶旭鹏对我的问卷设计以及后来的论文提纲也给予了指点。在调查问卷的数据处理上,多次向我工作单位天水师范学院数理统计专业的徐璟璟、孙小科、魏艳华、王丙参老师请教,他们都给我热心帮助和指导,让我一个外行尽快入门。

曾经的同事、同学史小宁博士在我学业之路上给予了更多的帮助与指点,经常与他促膝谈心,交流问题收获颇大。与师兄苏星鸿博士、闫立超博士多次交流,都给我学业经验的分享与建议。与同级好友、同学陈效飞博士、喇维新博士、王守斌博士、赵辉博士、张鲲博士、刘继荣博士、黄玉琴博士经常交流探讨,激发了我思维的灵感,而生活中的互相帮助让人倍感温馨。

论文的写作更离不开家人的大力支持,妻子主动承担更多家务与教育孩子的事务,腾出时间让我从事写作,父母、岳父母的关心与支持是我坚强的后盾。

本书是甘肃省高等学校科研项目和天水师范学院择优资助项目"差异性社会视域下社会主义核心价值观的共识机制研究"的阶段性成果,得到了天水师范学院政治哲学重点学科的资助。中国社会科学出版社马克思主义理论出版中心田文老师为本书的出版付出了辛勤的劳动。在此,一并表示诚挚的感谢。

"路漫漫其修远兮,吾将上下而求索。"大学生人际交往问题是一个现实性、学术性和理论性都很强,并有一定难度的问题。尽管有导师的悉心指导,惜我资质愚钝,学识功底浅薄,虽费尽心力,勉强成文,但拙作浅陋,书中的问题、纰漏甚至错误肯定不少,有些观点和看法也需要进一步地推敲和思考,恳请学界专家、学者和同仁批评指正,不吝赐教。

汪玉峰
2017 年 12 月于天水师范学院